EDIPRESSE
KSIĄŻKI

Beata Pawlikowska

MIĘDZY ŚWIATAMI

Rozdział 1

To było w Sarnath. W muzeum.

Szklane gabloty, wyblakłe fotografie, ta dziwna muzealna cisza, w której słychać szurające kroki gości. Strażnicy przykuci do swoich miejsc. Miejsce wyłączone z realnej rzeczywistości na zewnątrz.

Tam świeci słońce, wieje wiatr, ludzie rozmawiają, fruwają ptaki, pachnie trawa, a tutaj są białe ściany, szklane pudełka i garść gruzów wykopanych spod ziemi. Świętych gruzów, bo Sarnath to słynne i bardzo ważne miejsce w buddyzmie.

Budda wygłosił tutaj swoje pierwsze przemówienie. Najpierw przez czterdzieści dziewięć dni siedział pod drzewem i medytował w milczeniu, potem wstał i szedł przed siebie, aż wreszcie stanął, spotkał pięciu mnichów i zaczął im opowiadać jak to jest z tym wszystkim.

– Religia? – żachnął się. – To jest nieporozumienie! Religia w takim kształcie, jak istnieje we współczesnym świecie, to tylko

Na początku wcale
nie chodziło o
stawianie pomników,
tylko
o prawdę

mglista i niepełna kopia tego, co jest naprawdę ważne. Religia w takim kształcie, jak nas dotychczas uczono, to tylko zestaw formułek, rytuałów, które są pozbawione szczerej duchowości, pogłębiają różnice między ludźmi i nie dają wytchnienia. Są splecione materialistycznym sposobem myślenia, więc nie mogą dać prawdziwej wolności i zbawienia.

Domyślam się, że tak mogło brzmieć to kazanie, bo nie zachował się żaden dowód. Wiadomo tylko tyle, że Budda sprzeciwiał się obowiązującej religii i namawiał do przemiany, ale nie takiej ustanowionej przepisami, tylko prawdziwej, wewnętrznej przemiany każdego człowieka.

Super. O to właśnie chodzi.

Myślę, że na początku każdej religii chodzi właśnie o to, tylko potem ludzie zaczynają tworzyć schemat, wybierają kierownika, zastępców, budują świątynię i przejmują odpowiedzialność za innych – odbierając im jednocześnie poczucie, że są odpowiedzialni za samych siebie.

Potem już nikt nie mówi o tym, że tylko ty znasz swoją duszę i jesteś w stanie naprawić w niej to, co wymaga zmiany. Wyrzucić zło i fałsz, nauczyć się dobra i uczciwości, i konsekwentnie kierować się nim w życiu. Że jesteś odpowiedzialny za swoje życie, za swoje myśli, uczucia i czyny.

Nie, bo gdyby ktoś tak mówił, to organizacja byłaby niepotrzebna. Kto zapłaciłby wtedy kierownikowi, zastępcy i wielkiej rzeszy strażników?

Dlatego we współczesnym świecie religie są zgrupowane w organizacje, które tworzą pozór przestrzeni duchowej, ale wydaje mi się, że w gruncie rzeczy ich celem jest utrzymanie istnienia organizacji, a nie twoje zbawienie.

Wiesz dlaczego tak myślę?

Bo widzę w jaki sposób różne religie obiecują, że zrobią coś za ciebie. Uczą cię zależności. Odbierają ci wolność i świadomość tego, że ty i tylko ty jesteś odpowiedzialny za stan swojej duszy. Jeżeli pielęgnujesz w niej urazę, nienawiść, zazdrość, niechęć i inne destrukcyjne emocje, to choćbyś wykąpał się w święconej wodzie albo dostał tysiąc razy rozgrzeszenie, stan twojej duszy wcale się nie zmieni. Wciąż będziesz złorzeczył, walczył, nienawidził, oszukiwał, kłamał i popełniał to samo zło, które czyniłeś wcześniej.

No i zobacz.

Gdyby zorganizowane, istniejące współcześnie religie były skuteczne, to po kilku tysiącach lat istnienia i opromieniania ludzi swoją światłą radą i przywództwem, na świecie powinien chyba panować pokój i dobro, prawda?

Pewnie powiesz, że to nie jest problem religii, tylko ludzi, którzy są oporni na zmiany, czyli że to nie religie są złe, tylko ludzie.

No, ale wydaje mi się, że skuteczna religia to taka, która trafia do człowieka w taki sposób, że uczy go nowego, prawidłowego, cudownie pięknego sposobu myślenia. Pomaga mu zmienić swoją duszę. Nie rozdaje tylko rozgrzeszeń, rozkazów i nakazów, ale naucza dobrego, mądrego życia.

Ale zobacz.

Gdyby religie rzeczywiście koncentrowały się na nauczaniu dobra, mądrości, samodzielności i odpowiedzialności za swoją duszę, to przestałyby być potrzebne. Bo mądrzy, dobrzy i uczciwi ludzie wychowywaliby swoje dzieci na kolejnych dobrych, mądrych i uczciwych dorosłych, więc nie byłoby zbyt wielu chętnych na rozgrzeszenie, wspólne bicie się w piersi i zapewnianie siebie samego i innych o swojej bezwartościowości.

Nie chodzi o to, żeby się wywyższać. Ani o to, żeby uzurpować sobie władzę nad życiem, której człowiek nigdy nie miał i nie będzie miał.

Chodzi tylko o to, żeby czuć się odpowiedzialnym za to jakim się jest człowiekiem i mieć szczerą chęć naprawienia w sobie tego, co wymaga zmiany.

Powiesz, że człowiek jest zbyt słaby i potrzebuje do tego religii?

Tak i nie.

Jeśli człowiek myśli, że jest zbyt słaby, to jednocześnie sobie daje milczące przyzwolenie na to, żeby tę słabość raz po raz powtarzać. Bo przecież różne religie ciągle ci mówią, że tak, ty jesteś słaby, jesteś niczym, ciągle się potykasz i błądzisz, więc ty sam zaczynasz myśleć o sobie jak o duchowej ofermie, która nigdy nie osiągnie celu.

Zanim przystąpisz do jakiegokolwiek działania, już wiesz, że najprawdopodobniej zaraz się potkniesz i popełnisz błąd, więc właściwie zanim cokolwiek zrobisz, już jesteś gotów za to przepraszać i już planujesz w kalendarzu kiedy będziesz mógł się z tego wyspowiadać.

Zorganizowana religia uczy cię słabości. Trenuje cię w potykaniu się, błądzeniu i proszeniu o wybaczenie.

Rzadko kiedy pomaga ci w osiągnięciu siły ducha.

I o to właśnie chodzi.

Nie o to, żeby odrzucać Boga.

Tylko o to, żeby szukać w nim siły i nieustającej motywacji do działania zamiast potwierdzenia swojej słabości.

To czyni ogromną różnicę.

Dlatego myślę, że Bóg rozumiany jako Duchowy Przewodnik istniał zawsze i zawsze będzie.

A religie to dzieło ludzi, którzy w swojej nieroztropności usiłowali przejąć boskie prowadzenie i wtedy od razu zaczęli błądzić.

No, ale mniejsza z tym.

Wracam do muzeum w Sarnath.

Rozdział 2

Święte miejsce, wykopaliska, pełno posągów Buddy w różnych pozach. Medytującej, pozdrawiającej, nauczającej. Te płaskorzeźby i posągi pochodzą w czasów króla Aśoki, który niespodziewanie przeszedł na buddyzm. Być może zrobił to dlatego, że chciał uzdrowić swoją duszę. A może pomyślał, że jeśli obywatele jego imperium przyjmą buddyjską zasadę niestosowania przemocy, to najłatwiej będzie nimi rządzić. Kto wie.

W każdym razie w III wieku p.n.e. władca indyjskiego imperium Maurjów przyjął buddyzm i zaczął tysiącami wznosić posągi i inne budowle na cześć Buddy.

To było trzysta lat po tym jak Budda wygłosił w Sarnath swoje pierwsze publiczne nauczanie.

I zobacz.

Na początku wcale nie chodziło o stawianie pomników, tylko o prawdę i o to, co jest naprawdę do zrobienia. A potem ludzie skoncentrowali się na budowaniu symboli swojej wiary z kamienia, a to, co w tej wierze było najważniejsze, powoli zaczęło popadać w zapomnienie.

I dlatego później ludzie coraz dalej byli od prawdy, czyli od tego, w jaki sposób można zaprowadzić porządek, równowagę i spokój we własnej duszy, a coraz bardziej czuli się przywiązani do tworzenia zewnętrznych dowodów swojej wiary. Budowali coraz wyższe świątynie, malowali coraz barwniejsze obrazy, komponowali pieśni i modlitwy, organizowali systematycznie odbywające się rytuały i zgromadzenia.

To dawało im poczucie działania.

Chociaż w gruncie rzeczy było tylko powierzchownym tworzeniem pewnej wspólnej iluzji. No bo jeżeli zbudowaliśmy taki wysoki kościół, to chyba mocno wierzymy w Boga, prawda?

A wcale że nie. Wysoki kościół świadczy tylko o tym, że poświęciliście dużo czasu i energii na budowę kamiennych ścian i dachu – zamiast zająć się w tym czasie realnym czynieniem dobra. Spędzić czas ze starymi rodzicami, którzy tęsknią za tobą nawet jeżeli jesteś u nich codziennie. Pobawić się z kotem, dla którego jesteś zastępczą Mamą Kotką – nawet wtedy, kiedy twój kot jest już całkiem dorosły. Pójść do lasu i pozbierać śmieci zostawione tam przez innych ludzi. Nauczyć się sztuki wybaczania, żeby przebaczyć wszystkim, którzy cię skrzywdzili i do których czujesz urazę. Spędzić czas z samym sobą, przyglądając się miotającym tobą uczuciom, żeby wiedzieć jaki jest prawdziwy stan twojej duszy. Spędzić codziennie godzinę na ćwiczeniu umiejętności pozytywnego myślenia i budowaniu poczucia własnej wartości.

To są prawdziwe dowody wiary.

I ten, kto naprawdę wierzy w Boga, nie potrzebuje świątyń z kamienia, obrazów ani posągów.

No, ale byłam w muzeum. W jednym z najbardziej świętych miejsc buddyzmu. Nic więc dziwnego, że wszędzie dookoła stały i wisiały różne „święte" przedmioty. Król Aśoka mocno się postarał.

Wyobraź sobie. Wysoki, silny wojownik, ubrany w królewską szarfę, która szlachetnymi zwojami opasuje mu biodra. Naszyjnik, złote naramienniki i bransolety. Władczy wyraz twarzy, szerokie czoło, bystre spojrzenie. Najpierw zasłynął jako okrutny władca, bezlitosny dla wrogów i zdrajców. Podbijał wioski i miasta, niszczył, palił, zabijał. A potem nagle postanowił wszystko zmienić. Słynny hinduski król przeszedł na buddyzm.

Następna ściana.

Budda siedzący. Budda stojący. Kawałek kamienia z napisem wyrytym w niezrozumiałym języku. Budda leżący. Bogini Tara z idealnie okrągłymi piersiami, które sterczą z jej ciała jak dwie piłki. A tutaj – najsłynniejszy i najcenniejszy eksponat – zwieńczenie kolumny Aśoki, która miała dwadzieścia metrów, a na jej szczycie znajdowały się cztery siedzące lwy – te same, które dzisiaj są w godle Indii.

Ułamane kawałki rzeźb. Głowa jelenia. Głowa człowieka. Szary kamień, z którego wystaje gładka płaskorzeźba głowy gołębia.

Zatrzymałam się.

Te drobne fragmenty życia przemawiały do mnie znacznie mocniej niż przedstawienia świętych postaci. Pewnie dlatego, że powstały nie ze strachu przed władcą i na jego zamówienie, ale z prawdziwej miłości do sztuki.

Gliniany dzbanek. Płaska płytka z terakoty z rysunkiem palmowego liścia.

Widzę w wyobraźni jak ktoś otrzepuje ją z pyłu i przykłada do ściany, a potem ktoś na nią codziennie patrzy, wchodząc bosymi stopami do swojego domu. Tysiąc lat temu. A w tej terakotowej płytce wciąż żyją te wszystkie spojrzenia, westchnienia, smak tamtego powietrza i owoców granatu, które ktoś ze smakiem zjadł opierając się o mur.

Jeszcze jedna gablota. Mały kawałek wypolerowanego szarobrązowego kamienia, w którym wyrzeźbiono skrzydło ptaka z trzema rzędami gładkich piór. Trzeci wiek przed naszą erą. Pięć tysięcy lat temu.

W muzeum nagle robi się pusto.

Przede mną otwierają się tajemnicze drzwi. Przechodzę przez nie natychmiast, bez wahania.

Staję po drugiej stronie.

Na jasnej ziemi, w słońcu.

Słyszę delikatne uderzenia młotka. Ktoś jest w chacie przykrytej suchą trawą.

Wchodzę do środka.

Wyruszam w niezwykłą podróż.

Inną od tych, które można odbyć w poziomie po drodze wytyczonej na ziemi. Albo statkiem po falach oceanu. Albo nawet samolotem, który też leci tylko w jednej przestrzeni, w jednym fizycznym wymiarze.

Tymczasem równolegle istniejących wymiarów jest znacznie więcej.

Wszystko jest ze sobą połączone.
Wszystko to, co było.
Wszystko to, co jest.
I wszystko to, co będzie.

Wszystko jest ze sobą połączone w najbardziej niezwykły, magiczny sposób, jaki można sobie wyobrazić.

A my możemy dowolnie podróżować między wszystkimi światami.

Rozdział 3

Wystarczy tylko otworzyć swój umysł.

Wewnątrz twojej duszy istnieje bardzo dużo przekonań, których nigdy nie podważyłeś, bo nawet nie przyszło ci do głowy, że można to zrobić.

Na przykład wszyscy zawsze powtarzają, że 2 + 2 = 4. To jest oczywiste, prawda? Czy masz jakieś wątpliwości co do tego? Pewnie nie masz.

Chodziłeś do szkoły podstawowej i tam już chyba w drugiej klasie nauczyciel oświadczył, że dwa plus dwa równa się cztery. Wszystkie dzieci powtarzały to posłusznie przez następne lata we wszystkich kolejnych szkołach.

Czy kiedykolwiek wpadłeś na pomysł, żeby sprawdzić czy rzeczywiście tak jest we wszystkich przypadkach?

Pewnie nie.

Przyjąłeś to za pewnik.

Wszyscy tak mówią. Zawsze tak mówią. Nikt nigdy nie napisał ani nie powiedział inaczej, no chyba że zrobił to dla żartu albo jako prowokację.

Zgadza się?

Czy jesteś pewien, że dwa plus dwa równa się cztery?

Pewnie jesteś.

Ale zobacz.

Z czysto życiowego punktu widzenia właściwie to nie ma znaczenia.

Myślę, że ty sam – gdybyś osobiście nazywał rzeczy w swoim świecie – pewnie nigdy nie wpadłbyś na pomysł, żeby sformułować takie równanie. Byłoby ci po prostu do niczego niepotrzebne.

Na widok dwojga rodziców z dwojgiem dzieci pomyślałbyś „rodzina".

Gdybyś zobaczył na stole dwa jabłka na talerzu po lewej stronie i dwa jabłka po prawej stronie, to pomyślałbyś „dużo jabłek" albo „jak te jabłka fajnie pachną, mam ochotę na jedno".

Gdybyś spotkał w lesie dwie wiewiórki na sośnie i dwie wiewiórki na świerku, to też nie myślałbyś o tym, że dwa plus dwa równa się cztery, i pewnie w ogóle nie interesowałoby cię to, że tych wiewiórek jest cztery, tylko powiedziałbyś, że widziałeś „całe stado wiewiórek".

Dwa plus dwa równa się cztery mogłoby dla ciebie nie istnieć.

A jednak istnieje.

I wcale nie dlatego, że ludzie tego potrzebują, tylko dlatego, że jest to jeden z iluzorycznych schematów, które pozornie pomagają uporządkować świat, a w rzeczywistości krępują twoją wolność i sidłają wyobraźnię.

Dwa plus dwa równa się cztery ma sens tylko w matematyce. A matematyka jest tylko zbiorem pewnych umownych haseł, które bez specjalnie stworzonego dla nich kontekstu, po prostu nie istnieją.

W przyrodzie nie istnieje „dwa".

„Dwa" jako liczba zapisana na tablicy.

Nie ma czegoś takiego.

Mogą być dwa lwy na sawannie, ale nawet kiedy to mówię, to oboje widzimy dwa lwy z powiewającą grzywą przechadzające się wśród żółtych afrykańskich traw, a nie dwie liczby, prawda?

Bo słowo „dwa" jest tylko dodatkowym określeniem, które fizycznie nie istnieje.

Lwy istnieją naprawdę.

Dwa to tylko pozór.

Dlatego nie można powiedzieć:

– Dwa przechadzają się po sawannie.

Dwa nie istnieje.

Prawda?

Powiem więcej.

„Dwa" wcale nie jest tym, czym myślałeś, że jest.

Schematy pozornie
porządkują świat,
a w rzeczywistości
Krępują twoją wolność
i sidłają wyobraźnię

No bo czym jest „dwa"? Czymś więcej niż jeden, prawda?

A właśnie że nie.

W języku zuluskim *dwa* oznacza „sam, samotnie, w pojedynkę".

Widzisz?

Jeżeli patrzysz na świat z zuluskiego punktu widzenia, to „dwa" jest czymś pojedynczym, samotnym, pozbawionym towarzystwa.

Tymczasem „dwa" w języku polskim to coś dokładnie przeciwnego, czyli wyposażonego w partnera, w towarzystwie.

I teraz łatwo ci udowodnię, że dwa plus dwa wcale nie równa się cztery.

Ponieważ dwa plus dwa równa się dwa – jeżeli przyjmiemy zuluskie symbole w pierwszej części równania, a polskie na jego końcu.

Zuluskie *dwa* (czyli jeden) plus zuluskie *dwa* (czyli jeden) równa się polskie dwa.

Prawda czy nie?

A zobacz na takie równanie:

Dwa plus dwa równa się *four*.

„Four" oznacza „cztery" po angielsku.

No, ale chyba zgodzisz się ze mną, że *four* nie jest tym samym co *cztery*. Tak samo jak jabłko nie jest tym samym, co pomarańcza. „Four" to jest „four". Inaczej brzmi, inaczej jest napisane, mieszka w innym kraju.

Widzisz?

To wszystko tylko symbole i iluzje, którymi można łatwo manipulować.

Dwa plus dwa w gruncie rzeczy wcale nie równa się cztery.

Dwa plus *dwa* zuluskie równa się dwa.

Dwa plus dwa równa się *quatro.*

Quatro to hiszpańskie słowo używane dla określenia liczby „4". Ale to znaczy, że dwa plus dwa wcale nie zawsze równa się „cztery".

Rozumiesz?

Chodzi mi o to, że nasze umysły zostały w pewien sposób zmanipulowane, żeby jak papugi powtarzać bezmyślnie to, czego zostaliśmy nauczeni.

Przepraszam papugi za to porównanie. Papugi są znacznie bardziej bystre od pokoleń ludzi wytresowanych w jednym, ciasnym, schematycznym sposobie myślenia.

Ten schemat miał nam dać poczucie bezpieczeństwa – kiedy wszystko zostanie nazwane, opatrzone etykietką i umieszczone w segregatorze.

Tyle że schemat nigdy nie wystarcza i wciąż rośnie, wydając na świat następne schematy. Z tego moim zdaniem bierze się wielki chaos, bo ludzie przestają szanować to, co jest prawdziwe i etyczne, na rzecz tego, co jest sztuczne i fałszywe, ale stanowi uporządkowany element schematu. Przestają się kierować na co dzień uczciwością i wiarą w dobro. Zamiast tego stosują się tylko do przepisów. Nie mają problemu z nieetycznym zachowaniem – o ile jest to zachowanie zgodne z zapisami obowiązującego prawa.

Jeśli nieścisłość w jakiejś ustawie pozwala kraść, to ludzie kradną, nie zastanawiając się nad tym czy to jest dobre, czy nie. Trzeba więc pisać następne przepisy – wraz z karami przewidzianymi za ich złamanie – które znów na pewien czas regulują zachowanie ludzi, ale tylko do czasu jak ktoś wpadnie na pomysł jak ten przepis obejść, żeby coś na tym zyskać.

Nasze życie publiczne polega więc na tym, żeby budować gigantyczną, nieustannie rosnącą piramidę przepisów szczegółowo regulujących każdy aspekt życia, a jednocześnie ludzie podlegający tym przepisom przez cały czas starają się znaleźć sposoby, żeby je podważyć, obejść i legalnie zignorować, co prowadzi do następnego rozmnożenia jeszcze bardziej szczegółowych przepisów.

Czy zauważyłeś, że w naszym współczesnym świecie prawie nikt już nie mówi o zwykłej uczciwości? Nikt już nie oczekuje, że ludzie będą po prostu uczciwi.

Mam wrażenie, że ludzie przestają używać swoich umysłów. A raczej – że przestają ich używać w inspirujący, kreatywny sposób.

Koncentrują się na tym jak prześlizgnąć się przez dżunglę przepisów, oszukując ją zgodnie z prawem gdziekolwiek się da. Oszukiwanie zgodnie z prawem to specjalność naszych czasów. Dozwolone jest wszystko, co nie jest zabronione prawem. Może to być nieuczciwe, nieetyczne, niemoralne, złe, ale jeśli jest dopuszczone w świetle przepisów, to ludziom wydaje się, że to jest dobre.

Ale zło nie przestaje być złem, nawet jeśli jakiś przepis nie nazywa go po imieniu. Nieuczciwość pozostaje nieuczciwością, która plami twoją duszę i zatruwa twoje myśli. I co z tego, że zgodnie z prawem można oszukać? Każde takie oszustwo zostaje z tobą jako sprzeniewierzenie się temu, co sam w głębi duszy uważasz za najważniejsze i najbardziej słuszne – czyli uczciwości i kierowaniu się dobrem.

Prawda?

Wiesz dlaczego o tym piszę?

Bo chcę ci wyjaśnić w jaki sposób niepostrzeżenie dałeś się wciągnąć w schemat stworzony z iluzji i nieprawdy, której celem jest produkowanie pieniędzy.

Nasza zachodnia cywilizacja może głosić różne hasła, ale w gruncie rzeczy jest skoncentrowana tylko na jednym: na gromadzeniu pieniędzy i przedmiotów, które za te pieniądze można kupić.

I nawet nie zdajesz sobie sprawy w jaki sposób codziennie i na wiele różnych sposobów przypomina ci o tym, że to jest najważniejsze i że ty też musisz ze wszystkich sił i przez cały czas starać się to zdobyć.

Rozdział 4

Pewnego dnia garncarz wyszedł na drogę i powiesił na kiju garnek. Po to, żeby poinformować nadjeżdżających gości, że niedaleko mieści się jego warsztat i że mogą kupić u niego wyposażenie kuchni.

To była pewnie pierwsza forma reklamy. Chodziło w niej o to, żeby przekazać potencjalnym odbiorcom informację o tym gdzie jest i jaki jest produkt.

Teraz jest zupełnie inaczej. Reklama jest abstrakcyjną formą promowania sprzedaży, prawie w ogóle nie związaną z produktem, który ma sprzedawać. Istnieją wyspecjalizowane biura, które tworzą reklamy na bazie znajomości tego, co się sprzedaje, a nie konkretnego produktu, który jest do sprzedania.

Bo kiedyś chodziło o to, żeby porządny garnek znalazł swojego nabywcę, który takiego garnka potrzebuje.

A teraz chodzi o to, żeby sprzedać milion fabrycznie wyprodukowanych garnków i jak najwięcej na tym zarobić.

Garncarz wyszedł na drogę
i powiesił na kiju
garnek.

To była pewnie pierwsza
forma reklamy.

To jest ogromna różnica.

Kiedyś handel opierał się na dobrym towarze.

Teraz opiera się na nieuczciwej – choć zgodnej z prawem – reklamie.

Kiedyś wytwórca robił niewiele przedmiotów dobrej jakości i dostarczał ludziom to, czego potrzebowali.

Teraz produkuje się miliardy tanich rzeczy, których właściwie nikt nie potrzebuje i które szybko się rozpadają, psują, tracą kształt.

Kiedyś produkowano przedmioty dlatego, że były potrzebne.

Teraz produkuje się masowo rzeczy po to, żeby zarobić pieniądze.

To dotyczy też żywności, która przestała ludzi „żywić", bo jest robiona z najtańszych, bezwartościowych, śmieciowych i syntetycznych składników, które po latach prowadzą do powstawania takich chorób jak nowotwory, cukrzyce, otyłość i wiele innych.

Bo chodzi o pieniądze.

Wszyscy zwariowali na punkcie pieniędzy.

Wiesz po co Europejczycy wyruszali na poszukiwania nowych lądów?

W szkole mówiono nam, że to była era „wielkich odkrywców".

Ale oni nawet nie wysunęliby czubka buta za próg swojego domu, gdyby nie chodziło o pieniądze.

Wcale nie wyruszali w podróż ze szlachetnych pobudek poznawania świata, odkrywania, chęci przeżycia ciekawych przygód ani zebrania nowych doświadczeń.

Płynęli po to, żeby nakraść. I nikt tego nie ukrywał.

Wyprawy organizowano tylko do takich miejsc, gdzie na pewno widziano tubylców ze złotem, szlachetnymi kamieniami albo innymi równie kosztownymi rzeczami – takimi jak choćby przyprawy, które były wtedy bardzo drogie. Niezwykle poszukiwanym celem wypraw były Drzewa Cynamonowe, ale nie dlatego, że są wyjątkowo piękne i ktoś chciałby je choćby raz w życiu zobaczyć. Chodziło o to, żeby zrabować cynamon i sprzedać go za wielkie pieniądze w Europie.

Epoka „wielkich odkryć geograficznych" była w gruncie rzeczy wielkim światowym kryminałem. Europejczycy wsiadali na statki sponsorowane przez władców, a w zamian mieli im przywieźć złoto, bogactwa, przyprawy oraz nowe ziemie, które były na siłę przyłączane do europejskich państw.

Przy okazji szukano nowych dróg i rysowano mapy, żeby łatwiej było wrócić po następne zrabowane kosztowności.

Nic nie było ważne oprócz pieniędzy.

Jeśli tubylcy usiłowali bronić swojej ziemi, byli zabijani tysiącami.

Czy wiesz, że Europejczycy zabili mniej więcej 80% ludzi, których napadli na różnych kontynentach?

W Ameryce Północnej mieszkało kiedyś 60 milionów Indian. Niektórzy na Wielkich Preriach, inni w górach albo na wybrzeżu.

Mieli swoje obyczaje, plemiona, religie, mieli swoją ziemię i wydawało się, że mają przyszłość.

Europejczycy zabili albo doprowadzili do śmierci 55 milionów Indian. Wyobrażasz sobie?

Strzelali do nich, więzili, zmuszali do niewolniczej pracy, celowo zarażali chorobami.

Tak samo było w Ameryce Południowej.

Tak samo było w Australii.

Tak samo było w Afryce.

Europejczycy mieli zbroje, strzelby, statki i armaty. Mieli narzędzia do zabijania.

Czy myślisz, że fakt posiadania narzędzi do zabijania daje im prawo do narzucania innym ludziom swojej woli? Do zabierania im ziemi, zmuszania do zmiany religii, rabowania kosztownych przedmiotów?

To jest tak samo, jakby teraz na polskim polu wylądował statek kosmiczny, z którego wysiadają Marsjanie – przepraszam Marsjan za to porównanie, ale używam tego słowa tylko symbolicznie na określenie kosmity – wyjmują najnowsze, nieznane jeszcze na ziemi laserowe colty i mówią:

– Polacy! Przybyliśmy tu, żeby was ocalić. Wasze dotychczasowe życie było złe i nie prowadziło do niczego dobrego. Poddajcie się nam. Przyjmijcie naszą kosmiczną wiarę. Oddajcie nam waszego premiera. Wyrzeknijcie się prezydenta. Od dzisiaj my będziemy tu rządzić.

Czy znasz choćby jedną osobę, która chciałaby się na to zgodzić?

Ja nie znam.

A ponieważ nie chcielibyśmy wyrazić zgody dobrowolnie, kosmici wyjęliby swoje maksymalistyczne colty i zabiliby 80% Polaków.

A potem twoje dzieci poszłyby do szkoły i uczyłyby się na lekcjach historii o „epoce wielkich odkryć kosmicznych", podczas której dzielni Marsjanie znaleźli drogę do planety Ziemia, wylądowali na polskim polu i nawiązali kontakt z prymitywnymi tubylcami, którzy nigdy wcześniej nie widzieli latającego spodka ani laserowych rewolwerów. Na skutek epoki wielkich odkryć kosmicznych Polska została kosmiwangelizowana, co przyczyniło się do jej szybkiego rozwoju.

Co byś sobie pomyślał?

Marsjanie będą przysięgać, że kosmiwangelizacja Polski jest konieczna i że to jest jedyny sposób, żeby uratować nasz kraj przed upadkiem, rozwiązłością i szatanem.

Widzisz to co ja?

Nigdy nie pokazano nam drugiej strony.

Wszyscy zawsze się upierają, że dwa plus dwa równa się cztery, a wielka epoka odkryć geograficznych przyczyniła się do rozwoju handlu i wiedzy o świecie.

Nikt nam nigdy nie powiedział, że powinniśmy właściwie przeprosić za zło, jakie wyrządziliśmy innym narodom, i że powinniśmy szukać innej, bardziej szlachetnej, etycznej drogi do szczęścia.

Bo tylko ten, kto kieruje się dobrą, uczciwą, szczerą intencją, ma szansę dotrzeć do celu.

Wszyscy inni będą wiecznie błądzić.

Rozdział 5

Pamiętam pierwszy raz kiedy leciałam samolotem. Miałam chyba siedem lat. Mój tata zabrał mnie na wycieczkę do zoo. Polecieliśmy z Koszalina do Poznania samolotem.

Siedziałam przy okrągłym oknie i patrzyłam w dół. Ale tam nic nie było. Tylko chmury jak biały ocean. Patrzyłam więc na ściany, na fotele, dziwiłam się, że w tym samolocie jest tak głośno, a potem znów wróciłam do okna.

– Tatusiu, patrz! – zawołałam. – Tam są takie dwie małe kałuże!

– To nie są kałuże! – roześmiał się mój tata. – To są dwa duże jeziora.

Zmarszczyłam brwi.

Ale zaraz.

Jak mała kałuża może być dużym jeziorem?

To chyba niemożliwe, prawda?

Tak samo jak wielki mróz nie może być wielkim upałem. Albo szary rekin nie może być różowym delfinem. Ani mama nie może być tatą. Tak samo jak tata nie może być mamą, bo oni są dwiema różnymi osobami i nie mogą zamienić się skórami.

No to jak mała kałuża może być dużym jeziorem?

Siedziałam i głowiłam się nad tym. I musiałam w końcu zaakceptować pewien zdumiewający fakt.

Jeśli mała kałuża może być jednocześnie dużym jeziorem, to znaczy, że właściwie nie istnieje możliwość stwierdzenia na pewno czym jest w rzeczywistości to, co mi się czymś wydaje.

I wiesz dlaczego to piszę?

Bo to jest jedna z najbardziej charakterystycznych cech naszej współczesnej, zachodniej cywilizacji.

Nie wiadomo co jest czym.

Nie ma jasnego oznakowania prawdy i fałszu, bo wszyscy już dawno stracili nad tym kontrolę. To właśnie stąd bierze się poczucie chaosu i stres, który na co dzień towarzyszy ludziom w naszej części świata, mieszając im w myślach i odbierając resztki wrażenia, że życie ma jakiś sens.

Nie masz gwarancji, że banknot, jaki bierzesz do ręki, jest prawdziwy.

Nie wiesz czy bank, gdzie złożyłeś oszczędności życia, będzie istniał za tydzień.

Nie wiesz czy minister mówi prawdę kiedy zapewnia, że używa służbowego samochodu tylko do celów służbowych.

Świat nie jest chaosem.

Chaos panuje tylko
w naszych umysłach,
bo nauczono nas
szukać prawdy tam,
gdzie jej nie ma.

Nie wiesz czy ksiądz, któremu się spowiadasz, nie ogląda wieczorami filmów z dziecięcą pornografią.

Nie wiesz czy umowa w kasie pożyczkowej, którą dostajesz do podpisania jest uczciwa, i czy przypadkiem nie zmusi cię do spłacenia długu z 1000% odsetkami.

Nie wiesz czy szynka, którą kupujesz w sklepie jest zrobiona z prawdziwego mięsa, czy z wodnego roztworu różowej, nafaszerowanej chemii mikstury.

Nie wiesz czy lekarz po zbadaniu stawia właściwą diagnozę i czy zaczyna cię skutecznie leczyć.

Nie wiesz czy tanie buty kupione w „korzystnej promocji" w supermarkecie nie rozpadną się po tygodniu.

Nie wiesz już o co chodzi w tej wojnie na wschodzie, bo każdy mówi co innego.

A nikt nie mówi o tym, że bogate kraje chętnie sprzedają biednym krajom broń, bo szybko na tym zyskują duże pieniądze.

I ci, którzy handlują bronią, nie mają nic wspólnego z polityką. Oni tylko zarabiają na życie. Tak samo jak ty, w swoim biurze albo korporacji.

Czy sprawdziłeś kiedykolwiek co sprzedaje twoja korporacja i czy jest to produkt uczciwie pełnowartościowy, który sam chciałbyś sprzedać swoim przyjaciołom?

Czy znasz kogoś, kto odszedł z pracy z powodów etycznych, bo firma, w której był zatrudniony, produkowała niezdrowe słodycze albo soki, dodając do nich (zgodnie z prawem) coraz więcej szkodliwych syntetycznych wzmacniaczy smaku i zapachu?

Pewnie nie.

Bo nikt już nie wie co jest dobre, a co jest złe.
Dobre wydaje się to, co jest zyskowne.
Złe pewnie jest to, co nie przynosi żadnych korzyści.

Jak w takim razie rozpoznać to, co jest prawdziwe, pełnowartościowe, uczciwe i trwałe oraz odróżnić od tego, co jest bezwartościowe, fałszywe, śmieciowe, produkowane masowo tylko dla zysku?

Myślisz, że w takim razie rzeczywiście, nasz świat jest jednym wielkim chaosem, w którym wszystko jest niestałe, płynne i niepewne?

No, ale może jest coś, co wiesz na pewno?
Na przykład to, że dwa plus dwa równa się...?
No właśnie.

Ale nie.
Świat nie jest chaosem.
Chaos panuje tylko w naszych umysłach.
Wiesz dlaczego?
Bo nauczono nas szukać prawdy tam, gdzie jej nie ma.

Rozdział 6

Otwórz opakowanie czekoladowych kulek i zjedz tylko jedną. Ale tylko jedną.

Albo spróbuj zrobić to samo z puszką solonych orzeszków. Zjedz tylko jednego, a resztę postaw obok. Będziesz czuł ich zapach, widział smakowicie zachęcające kulki albo orzechy i na jednym nie będziesz mógł przestać.

Wiesz dlaczego?

Bo zostały wyprodukowane z dodatkiem syntetycznych substancji, które wzmacniają wrażenie smaku i zapachu, i drażnią neurony w twoim mózgu, które pod ich wpływem zostają wprawione w nienaturalnie intensywne drżenie.

Tobie wtedy wydaje się, że coś jest wyjątkowo dobre, masz nieodpartą ochotę przez cały czas to jeść albo pić, trudno ci przestać, jesteś gotów w dziwnym szale zjeść całe opakowanie do ostatniej kulki, ostatniego orzeszka, ostatniego czipsa, ostatniego kawałka.

Zdarza ci się coś takiego?

Tak samo zjada się hamburgera.

To dziwna rzecz.

Nawet kiedy nie masz na niego ochoty, wchodzisz do baru szybkiej obsługi, czujesz ten zapach, i coś niewytłumaczalnego zaczyna się z tobą dziać. Czujesz pragnienie. Nie możesz się doczekać aż dostaniesz swoją bułkę z kotletem, prawda?

Tak samo jest w cukierni. Wchodzisz i czujesz, że aż oczy robią ci się szerokie z podniecenia. Chcesz coś słodkiego! Tylko co? Który z tych fantastycznych lukrowanych pączków? Wiesz jak cudownie będzie wgryźć się w niego, poczuć jak po ustach rozlewa ci się jego smak, połknąć, i znowu wbić w niego zachwycone zęby?

Prawda?

Wiesz dlaczego tak jest?

Bo to nie jest przecież zwykła ochota na jedzenie.

To jest coś więcej. To jest żarliwe oczekiwanie, tęsknota, pragnienie, coś, co właściwie jest poza twoją kontrolą.

Jest tak dlatego, że fabrycznie robiona żywność zawiera różne chemiczne dodatki działające w taki sposób na twój mózg.

Można powiedzieć, że są to substancje uzależniające, ale w inny sposób niż na przykład alkohol. Nie stajesz się uzależniony od konkretnej substancji, tylko od uczucia, które ona w danym momencie w tobie wywołuje, drażniąc komórki nerwowe w mózgu.

Jeszcze jeden drobiazg.

syci i karmi

Kasza gryczana
i warzywa
600 kalorii

porcja solonych
orzeszków ziemnych
600 kalorii

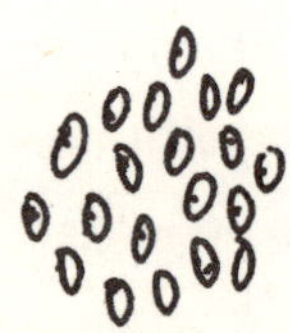

wywołuje ciągły
głód

Te chemiczne substancje dodawane do fabrycznie produkowanego jedzenia drażnią twoje komórki nerwowe w tak agresywny sposób, że komórki muszą zareagować. Zaczynają wtedy drżeć, poruszać się coraz szybciej i szybciej, podrygiwać coraz mocniej i mocniej, aż nie są w stanie tego wytrzymać i umierają.

Można powiedzieć, że dostają ataku serca.

A na ich miejsce nie wyrastają nowe, więc masz ich po prostu stopniowo coraz mniej.[1]

Jeszcze jeden przykład.

Spróbuj jednego dnia zjeść na obiad porcję kaszy gryczanej z warzywnym kotletem o łącznej wartości około sześciuset kalorii.

Następnego dnia zjedz na obiad to samo sześćset kalorii, ale pod postacią stu gramów orzeszków solonych.

I sprawdź jak się będziesz czuł.

Podpowiem ci.

Po pierwszym obiedzie poczujesz się syty. Będziesz miał wrażenie, że się najadłeś i najprawdopodobniej zapomnisz o jedzeniu na następne kilka godzin.

Po drugim obiedzie będziesz wciąż głodny – mimo że jeden i drugi dostarczył ci przecież tej samej ilości energii! Ale będziesz się czuł nienasycony, ręce same będą ci się wyciągały po deser, po przekąskę, po hamburgera, po „coś małego" i tymi „małymi"

---

1 Naprawdę. W nauce nazywa się je ekscytotoksynami. Więcej o tym napisałam w książce „Największe kłamstwa naszej cywilizacji", wyd. Burda Książki 2015.

rzeczami będziesz się napychał do końca dnia – bo po prostu przez cały czas będziesz czuł dziwny głód.

Wiesz dlaczego?

Dlatego że kasza gryczana i warzywa zawierają składniki odżywcze. To są takie substancje, z których twój organizm buduje wszystko, co w nim jest: krew, komórki, tkanki, siłę, zdolność do widzenia, słyszenia, chodzenia, myślenia, trawienia – po prostu wszystko.

W solonych orzeszkach nie ma prawie żadnych wartości odżywczych. I to właśnie dlatego twój organizm ciągle domaga się pożywienia – ponieważ owszem, dostarczyłeś mu czegoś jedzeniopodobnego, ale pozbawionego składników, które są ci niezbędne do życia.

Więc ciągle czujesz to nie dające spokoju łaknienie, a myśli natarczywie krążą tylko wokół tego, co mógłbyś jeszcze zjeść, żeby nasycić wreszcie ten głód.

Rozumiesz?

Nie chodzi o to, że jesteś wyjątkowo głodny.

Chodzi o to, że wrzucasz do swojego organizmu śmieciowe rzeczy, z których twój organizm nie jest w stanie wyciągnąć niczego pożytecznego, co pozwoli mu rozwijać się i poprawnie funkcjonować.

Te śmieciowe rzeczy zawierają wiele chemicznych dodatków, które drażnią twój mózg, przez co dodatkowo nie możesz się skupić i zebrać myśli.

A ponieważ te chemiczne substancje drażniące twój mózg osłabiają twoją zdolność racjonalnego myślenia, to po jednej porcji słonych orzeszków sięgasz po następne kompletnie irracjonalne śmieciowe przekąski, więc kręcisz się w kółko niezaspokojonego głodu, a jedyną konsekwencją takiego zachowania jest to, że przybierasz na wadze i źle się czujesz.

Wiesz o co chodzi?

Nasza zachodnia współczesna cywilizacja jest zbudowana na takich właśnie śmieciowych rzeczach. Nie tylko kulinarnych.

I oczywiście nie jest tak dlatego, że ktoś podjął decyzję, że w takim kierunku zamierzamy podążać. Stało się to siłą rozpędu – ponieważ śmieciowe jedzenie i inne śmieciowe produkty przynoszą największe zyski.

Jest tak także dlatego, że śmieciowe produkty działają uzależniająco na twój mózg, więc nawet jeśli wiesz, że są śmieciowe i bezwartościowe, to sam chętnie po nie sięgasz.

Prawda?

Zobacz jakie produkty są reklamowane w telewizji. Tylko i wyłącznie śmieciowe. Czy widziałeś kiedykolwiek reklamę zdrowego obiadu złożonego z pełnowartościowych składników bez chemii?

Nie.

Mogłeś widzieć coś, co udaje zdrowe, na przykład sos z torebki do „zdrowego" obiadu. Ale ten sos w proszku jest nafaszerowany chemicznymi dodatkami.

Albo margaryna, która udaje zdrową, chociaż w rzeczywistości wszystkie margaryny to bardzo wysoko przetworzony, chemicznie modyfikowany produkt o mikroskopijnych wartościach odżywczych.

Albo może „zdrowe" cukierki albo ciasteczka? Przeczytaj skład na etykiecie, to zobaczysz, że nie ma w nich niczego zdrowego. Jest za to długa lista chemicznych substancji, które zostały dodane do wybielonej, bezwartościowej mąki, żeby nadać jej pozór smaku i zapachu.

I mimo że takie śmieciowe herbatniki albo płatki śniadaniowe nie dają ci żadnych składników budujących twoje życie, to masz wielką przyjemność z ich zjadania. Bo tak na twój mózg działa zawarta w nich chemia.

No, ale to nie jest książka o gotowaniu, prawda? Więc po co właściwie tak szczegółowo zajmuję się tym w jaki sposób powstaje i jak działa śmieciowa żywność?

To proste.

Ponieważ dokładnie na tej samej zasadzie jest skonstruowane pożywienie dla twojego umysłu. Czyli to, co pozornie ma cię karmić intelektualnie, ale w rzeczywistości jest śmieciowym produktem, który cię uzależnia, pustosząc jednocześnie twój mózg.

Wiesz dlaczego to jest ważne?

Bo to ma wpływ na sposób, w jaki jesteś w stanie rozumieć świat.

Rozdział 7

Nie wiem kim jesteś. Nie wiem jak czytasz tę książkę. Może tylko przerzucasz strony, myśląc o czymś innym. Może jesteś właśnie w połowie pudełka z ptasim mleczkiem i większą uwagę przykładasz do poczucia przyjemności, jakim napełniają cię słodkie czekoladki niż do tego, co napisałam w poprzednim rozdziale.

Dlatego przypomnę to, co przed chwilą napisałam:

Prawie całe jedzenie sprzedawane w sklepach i barach jako gotowe do zjedzenia zawiera śmieciowe substancje, które dostarczają ci tylko uczucia przyjemności, ale nie są w stanie trwale zaspokoić twojego głodu, ponieważ są zrobione głównie z bezwartościowych, najtańszych, chemicznie modyfikowanych składników.

Dzięki temu ty jesteś ciągle głodny, więc stajesz się idealnym klientem, który nieustannie kupuje więcej i nigdy nie czuje się syty.

Dokładnie tak samo jest w sferze intelektualnej.

Zanim się oburzysz, proszę, wysłuchaj mnie do końca.

Ile razy powiedziałeś, że w telewizji nie ma już czego oglądać, a jednak wciąż ją włączasz i na coś patrzysz???
Ile razy pomyślałeś, że nie masz już siły słuchać tych kłócących się polityków, a jednak wciąż włączasz radio i słuchasz jak dyskutują???
Czy przypadkiem nie tak samo często, jak sięgasz po słodkiego batona, mimo że obiecywałeś sobie wcześniej, że przestaniesz jeść słodycze???

Czy wiesz, że to jest identyczny rodzaj uzależnienia?

Śmieciowe jedzenie dla ciała jest tym samym, co śmieciowe jedzenie dla umysłu. Daje chwilowe wrażenie zaspokojenia, wywołuje w tobie trudną do powstrzymania chęć, jakąś chorą, kompulsywną ochotę, której nie możesz się oprzeć, mimo że twój racjonalny umysł podpowiada, że wcale tego nie chcesz i nie potrzebujesz.

Prawda?

Włączasz radio. Znowu rozmowa o polityce. Od razu jeżysz się w środku. W głosach wypowiadających się polityków jest coś irytującego, coś, czego nie znosisz, nie chcesz i nie akceptujesz. Teoretycznie w tym momencie powinieneś zgasić radio i posłuchać w zamian ulubionej muzyki albo pouczyć się języka obcego z płyty. Ale ty tego nie robisz.

Niechętnie skrzywiony słuchasz dalej. Coś cię wciąga, coś się zmusza do słuchania mimo że czujesz się coraz bardziej zniechęcony, wkurzony, zły, niezadowolony.

Jest tak?
Wiesz dlaczego tak jest?

Bo to, co podświadomie słyszysz w ich głosach, to kłamstwo. Fałsz. Słyszysz to, z czego oni sami prawdopodobnie nie zdają sobie sprawy, a mianowicie to, że w biznesie zwanym polityką nie ma niczego wartościowego. Nie ma prawdy, nie ma oparcia na uczciwości, nie ma rzetelnej wiedzy ani odpowiedzialności. To tylko chwilowa iluzja służąca zarabianiu pieniędzy.

Iluzja wyjątkowo wciągająca, bo kiedy zaczniesz zajmować się polityką, poczujesz się w „lepszym świecie". Będziesz udzielał wywiadów, ktoś będzie cię fotografował. Poczujesz się ważny, więc za wszelką cenę będziesz usiłował utrzymać tę pozycję. A potem dowiesz się, że jeśli uda ci się dostać do Parlamentu Europejskiego, to do końca życia będziesz dostawał co miesiąc wypłatę w wysokości 5000 euro. Twoim celem będzie więc zostanie europosłem i użyjesz wszystkich znanych ci sposobów, żeby tego dokonać.

Polityka to tylko pieniądze.
Nie ma w niej prawdy ani uczciwości.

Tak, oczywiście, zdarzają się uczciwi ludzie, którzy pracują z pasją i są kompetentni. Ale to jest tak samo jak wśród ludzi zatrudnionych w twoim zakładzie pracy. Dla ilu z nich praca jest czymś więcej niż sposobem na opłacenie rachunków?

Czasem mam wrażenie, że wszystko tu stoi na głowie.

Partie polityczne dostają pieniądze na działalność od państwa. Czyli od ciebie i ode mnie, z naszych podatków. Tak zdecydowali politycy, argumentując, że dzięki temu uniknie się nielegalnego finansowania partii przez właścicieli firm i biznesmenów, którzy mogliby potem wymagać odwdzięczającej się przysługi. To znaczy, że politycy pośrednio w ten sposób publicznie przyznali się, że są nieuczciwi, że istnieje możliwość, że będą zawierali nieetyczne umowy i może się tak zdarzyć, że będą szukali finansowania wśród przestępców handlujących narkotykami. Politycy mówią: dajcie nam pieniądze z budżetu, bo jak nie dacie, to będziemy oszukiwać.

Więc skarbnik wypłaca im miliony złotych na „działalność statutową" – w tym samym kraju, gdzie brakuje nowoczesnych urządzeń do leczenia nowotworów, więc kiedy ktoś poważnie choruje, musi błagać znajomych i nieznajomych o wsparcie w zebraniu stu tysięcy na zabieg w zagranicznej klinice.

Mówią ci, że powinieneś być świadomym obywatelem, więc posłusznie rano włączasz radio i telewizję, kupujesz gazetę.

I jak co rano dowiadujesz się o katastrofie, o aferze, o kłamstwach, o morderstwie, o wojnie, o zamachu, o śmiertelnej chorobie, o fiasku na giełdzie, słyszysz kłócących się polityków, którzy coś sobie zarzucają, widzisz zamaskowanych ludzi z karabinami, tonący statek, spadający samolot, ktoś się z kogoś naśmiewa, ktoś

Śmieciowe jedzenie
i śmieciowe myślenie
zmienia
twoje postrzeganie
rzeczywistości
i zaburza
umiejętność podejmowania
racjonalnych decyzji

mówi o kimś z nienawiścią i pogardą, ktoś został zgwałcony, ktoś zabity, ktoś zatruty.

Codziennie tak samo.

Pamiętasz jak się wtedy czujesz?

Przestałeś się już przejmować, prawda?

No co tam, tyle razy już widziałeś zdjęcie zakrwawionego noża albo śmiertelnie chorych, wycieńczonych ludzi, że zdążyłeś się przyzwyczaić.

Ale czy pamiętasz, że jednocześnie czujesz też dziwny przymus, żeby na to patrzeć? Te przykre, złe, odrażające, czasem smutne i tragiczne rzeczy karmią cię czymś dziwnym, trudnym do określenia. Właściwie jedyne co wiesz to to, że CHCESZ na to patrzeć, mimo że właściwie wcale tego NIE CHCESZ.

Jest tak?

Wiesz dlaczego?

Bo to jest jak narkotyk, który wsącza się w twój umysł. Zalepia go od wewnątrz, unieruchamia twój instynkt samozachowawczy i racjonalność. Blokuje cię od środka. Nie chcesz, ale musisz.

Zapadasz wtedy w podobny rodzaj odrętwienia jak wtedy, kiedy zaczynasz jeść słone czipsy, prawda? To też taki dziwny odruch, którego nie można zatrzymać. Nawet jeżeli powiesz sobie, że zjesz tylko kilka, nie będziesz w stanie się zatrzymać.

Stajesz się uzależniony od śmieciowego jedzenia i śmieciowego pożywienia dla umysłu.

Od tej pory śmieciowy hamburger zawsze będzie ci lepiej smakował niż zdrowe danie. Bez względu na to z czego są zrobione i jaki mają wpływ na twój organizm. Będziesz potrafił wytłumaczyć na czym polega szkodliwość śmieciowego jedzenia, ale jednak wciąż będziesz je jadł. Bo to co wiesz w teorii nie ma dla ciebie znaczenia w praktyce. Po prostu nie jesteś w stanie przestać się truć.

Myślisz, że przesadzam?

Mam dwa koty. Przez pierwszy rok życia karmiłam je śmieciowym jedzeniem. Nie wiedziałam o tym, że karmy dla kotów też są robione z dodatkiem chemicznych świństw nadających im sztuczny smak i zapach. Kupowałam polecane przez weterynarzy popularne karmy i cieszyłam się, że koty zjadają je z takim apetytem.

Potem zaczęłam dociekać z czego właściwie jest zrobiona karma, w której składzie jest tylko 4% „mięsa i produktów ubocznych". Co jest w pozostałych 96%?...

Sprawdziłam co to są „produkty uboczne". Złapałam się za głowę. To śmieci zamiecione spod rzeźni z dodatkiem niestrawnej dla kota kukurydzy, soi i pszenicy oraz chemicznych dodatków wzmacniających smak i zapach.

Kupiłam moim kotom drogą, ale dobrą, zdrową karmę.

Myślałam, że kiedy dostaną do zjedzenia karmę złożoną w 96% z prawdziwego mięsa, to będą zachwycone.

Nawet nie chciały tego ruszyć.

Im zdrowsze jedzenie im kupowałam, tym bardziej odmawiały. Bo zostały wcześniej uzależnione od chemicznych substancji zawartych w śmieciowej karmie.

Tak działa uzależnienie.

Zmienia twoje postrzeganie rzeczywistości, zaburza umiejętność obiektywnej oceny i podejmowanie racjonalnych decyzji.

Czy teraz rozumiesz?

Żyjesz w świecie, który karmi cię śmieciowym jedzeniem i śmieciowym myśleniem.

Tuż obok w zasięgu twoich rąk są zupełnie inne rzeczy – pełnowartościowe, zdrowe, takie, które pomagają ci się rozwijać i dają prawdziwe spełnienie. One są bardzo blisko, tyle że ty najprawdopodobniej nie jesteś w stanie ich dostrzec.

Głównie dlatego, że kiedy zaczyna się nowy dzień, ty jak co rano zjadasz śmieciowy jogurt ze śmieciowymi płatkami śniadaniowymi i karmisz swój umysł śmieciowymi informacjami.

Już wyjaśniam.

Czy potrafisz powiedzieć o czym dzisiaj rano rozmawiali kłócący się politycy? Co zapamiętałeś?

No jak to, rozmawiali przecież na aktualnie wałkowany temat, o którym mówią wszyscy, prawda? No ale co z tego wynikło? Pamiętasz? Pewnie nie. Bo z takich rozmów po prostu nigdy nic nie wynika. One są tylko wypełnieniem czasu, nie niosą żadnych rozwiązań, wniosków ani odkryć. No, może trochę się bardziej wewnętrznie zacząłeś jątrzyć, bo dowiedziałeś się kto jeszcze coś zataił i kogo złapali na kłamstwie.

Czy dla ciebie jako człowieka wynika z tego coś istotnego? Czy po takiej rozmowie czujesz się konstruktywnie pobudzony i zaciekawiony, czy może raczej zmęczony, zniechęcony i rozdrażniony?

I może powiesz, że wcale nie zjadłeś śmieciowych płatków ze śmieciowym jogurtem, bo dbasz o siebie i kupiłeś pełnoziarniste płatki fit? I uwierzyłeś oczywiście obrazkom i napisom na opakowaniu, które zapewniają, że to są najlepsze płatki dla ciebie, które pomogą ci zachować szczupłą sylwetkę i dadzą ci potrzebną porcję witamin?

Gdybyś zajrzał do listy składników użytych do wyprodukowania tych płatków, okazałoby się, że dodano do nich kilka lub kilkanaście syntetycznie uzyskanych substancji, które manipulują twoim zmysłem smaku i zapachu, a także na dłuższą metę manipulują twoim rozumem, ponieważ działają na ciebie uzależniająco[2].

Z politykami jest tak samo.

2 Nie przesadzam. Sprawdź. W składzie znajdziesz pewnie sztuczne słodziki (takie jak np. syrop glukozowo-fruktozowy, wyjątkowo tuczący, bo wywołuje uczucie głodu), olej palmowy, ekstrakt słodu jęczmiennego, emulgator, substancje spulchniające, przeciwzbrylające, regulatory kwasowości itp. – wszystkie te substancje są sztuczne, chemiczne i odkładają się w organizmie jako toksyny.

To co głoszą publicznie, jest tylko napisem reklamowym na opakowaniu.

Chodzi o to, żebyś stał się ich stałym klientem, uzależnionym od codziennej porcji śmieciowego pożywienia.

Rozdział 8

To czym karmisz swoje ciało ma ogromny wpływ na to jak się czujesz i jak długo jesteś silny i zdrowy. To oczywiste, prawda? Zobacz co robią ludzie, którzy pewnego dnia dowiadują się, że mają raka, cukrzycę albo chorobę serca. Nagle zaczynają o siebie dbać. Przestają palić, piją mniej kawy, jedzą chudsze mięso, starają się ograniczyć słodycze i śmieciowe przekąski.

Zazwyczaj robią to dopiero wtedy, kiedy organizm odmówi współpracy. Chcą sobie w ten sposób przedłużyć życie, bo nagle dociera do nich jak kruche jest życie i jak łatwo można je w sobie zniszczyć.

Z umysłem jest podobnie.

Umysł też uzależnia się od pustego, śmieciowego pożywienia.

To dlatego coraz bardziej popularne stają się brukowce zamieszczające na pierwszej stronie szokujące zdjęcia i nagłówki uderzające w czułe emocje.

To dlatego wysoką oglądalność w telewizji mają filmy sensacyjne i kryminalne, gdzie ludzie biją się po twarzach, kopią, strzelają do siebie, mordują, dręczą i nienawidzą.

To jest właśnie śmieciowa rozrywka, która dostarcza twojemu intelektowi pustej masy, która go blokuje, zamula, obciąża, ale nie stymuluje w żaden twórczy, konstruktywny sposób.

Moim zdaniem z biegiem czasu taki umysł staje się częściowo uśpiony, nieaktywny, zatraca stopniowo swoją twórczą, błyskotliwą moc. Traci zdolność trzeźwej, racjonalnej oceny sytuacji, staje się niezdolny do kreowania pomysłów i rozwiązań, przez co ty masz rosnące poczucie stagnacji, zagubienia i nie jesteś w stanie podejmować skutecznych działań.

Naprawdę.

Uważam, że to jest też jedna z najważniejszych przyczyn kryzysu gospodarczego. Ludziom przestało się chcieć. Wolą dostawać kęs zasiłku niż podjąć aktywne działanie na rzecz polepszenia sobie życia.

I na nic będą programy „aktywizacji zawodowej", bo problem leży znacznie głębiej i wymagałby stopniowego wyprowadzania ludzi z letargu intelektualnego spowodowanego przez wszechobecne śmieciowe pożywki umysłowe.

No i wiesz dlaczego o tym piszę?

Po pierwsze po to, żeby ci uświadomić, że być może jesteś intelektualnie uzależniony.

Po drugie po to, żeby pomóc ci uwolnić się od tego uzależnienia.

I po to, żeby ci pokazać jak wygląda świat widziany zdrowym, otwartym umysłem. Bo nawet się nie spodziewasz jak jest pełen cudownych niespodzianek, zdarzeń i niezwykłych tajemnic, które są wszędzie dookoła.

Rozdział 9

Spróbuj zrobić proste doświadczenie.

To znaczy ono jest proste w teorii. Zależnie od obecnego stanu twojego umysłu może się okazać tak trudne, że rzucisz tę książkę w kąt, poślesz za nią przekleństwo i nie będziesz chciał dalej czytać.

Powiesz, że to jest głupie, bez sensu, że ciebie to w ogóle nie interesuje i nie masz na to czasu. Albo przerzucisz winę na mnie i pomyślisz, że mi odbiło, i znajdziesz kilka wystarczająco dla ciebie przekonujących argumentów. Nie krępuj się.

No to wracam do prostego doświadczenia.

Spróbuj przez tydzień całkowicie odłączyć się od śmieciowego pożywienia dla twojego umysłu. Całkowicie przestań słuchać radia i oglądać telewizję. Wiem, że w radiu i w telewizji zdarzają się też wartościowe programy, ale zwykle są zanurzone w gorącym rosole śmieciowych reklam, które agresywnie atakują twój umysł w sposób, z którego nawet nie zdajesz sobie sprawy.

Przestań czytać gazety i śledzić to, co się dzieje na świecie – wahania kursów walut, zabójstwa, zamachy, rozgrywki polityczne, afery, katastrofy. One dotychczas karmiły twój mózg, bo dawały ci pozór aktywności. Ale tylko pozór, bo w rzeczywistości nie stymulowały cię do rozwoju, tylko zatrzymywały w miejscu jako biernego słuchacza.

Zamiast tego zajmij się kreatywnymi zadaniami z listy, jaką sam dla siebie wcześniej przygotujesz.

Proponuję, żeby na tej liście znalazły się takie rzeczy jak:

- wyjście na spacer, żeby posłuchać śpiewu ptaków,
- przeczytanie rozdziału konkretnej, bardzo ciekawej książki,
- krótka sesja medytacji, czyli siedzenia z zamkniętymi oczami i niemyślenia o niczym,
- obejrzenie na YouTubie filmu, który w jakiś sposób poszerza twój światopogląd i wiedzę – na przykład przyrodniczego, biograficznego albo związanego z twoim hobby,
- słuchanie płyty z muzyką, która wprowadza cię w dobry, pozytywny nastrój,
- ćwiczenia fizyczne, czyli prosty układ kilku ćwiczeń wzmacniających ciało,
- rozmowa z twoim dzieckiem na temat związany z jego pasjami, zainteresowaniami albo jego twórczością,
- zabawa z twoim kotem albo psem.

Przestałam oglądać telewizję.

Zaczęłam słuchać jak śpiewają ptaki!

Każda z tych rzeczy w jakiś sposób ożywi twój umysł, dostarczy mu inspiracji, poruszy jego kreatywność, zdolność analizowania, formułowania wniosków, przyciągnie do pełnego uczestniczenia w twoim życiu.

Ja tak zrobiłam.

Pewnego dnia zorientowałam się, że stoję skrzywiona i słucham czegoś, czego nie chcę słuchać. Zgasiłam radio. Zapadła cudowna, piękna cisza. Zaczęłam myśleć czym chciałabym tę ciszę zapełnić.

Włączyłam płytę Stinga. Ach, jak było bosko!

Przestałam surfować na oślep po portalach internetowych. Zamiast tego oglądałam najnowsze naukowe wykłady dotyczące współczesnych fabryk żywności albo zachwycające filmy dokumentalne o życiu baobabów albo motyli.

Przestałam oglądać telewizję.
Zaczęłam słuchać jak śpiewają ptaki.

Nagle uświadomiłam sobie jak mnóstwo czasu wcześniej marnowałam na gapienie się w ekran na coś, co mnie kompletnie nie interesowało. Coś mnie trzymało przed telewizorem, coś mnie zmuszało do słuchania jak się kłócą następni partyjni goście, mimo że tego nie znosiłam.
Przestałam.

Czy wiesz jakie to niesamowite uczucie?

Spróbuj choćby natychmiast zgasić radio albo telewizor kiedy pojawiają się w nim reklamy. Poczujesz ulgę. Tak jakby ktoś zdjął z ciebie niewidoczny ciężar.

Ja się tak właśnie czułam.

Odzyskałam wolność.

Mój umysł przebudził się i zaczął mi podsuwać nowe pomysły.

Myślisz, że potrafisz zrealizować taki eksperyment w swoim własnym życiu?

Odłączyć się od dostaw śmieciowego pożywienia dla umysłu i zastąpić je czymś inspirującym i kreatywnym?

Czy myślisz, że jesteś w stanie zrealizować takie doświadczenie w całkowicie uczciwy sposób? Bez oszukiwania i bez szukania wymówek?

Czy wiesz, że to będzie bardzo trudne?

Twój umysł zapewne od razu podpowie ci w jaki sposób powinieneś to doświadczenie dostosować do siebie. Na przykład, że nie możesz całkowicie wyłączyć radia, bo potrzebujesz informacji o kursie walut. Albo że nie chcesz stracić odcinków ulubionego serialu. Albo kilka innych, równie śliskich, które miałyby ci pomóc wyślizgnąć się z tego doświadczenia.

Jeśli twój umysł jest uzależniony od śmieciowego pożywienia, będzie się go domagał.

Eksperyment polega na tym, żeby świadomie zamienić śmieciowe pożywienie na takie, które jest pełnowartościowe, wspiera twój rozwój i wzmacnia twój intelekt.

Czy myślisz, że jesteś gotowy na takie wyzwanie?

Rozdział 10

Czy wiesz, że to, co wiesz o świecie, wcale niekoniecznie jest prawdą? Przedstawiono ci kiedyś pewne interpretacje różnych faktów, a ponieważ byłeś wtedy mały i mogłeś jedynie słuchać tych, którzy podobno byli mądrzejsi od ciebie, to właściwie nigdy nie miałeś szansy, żeby na nowo przemyśleć pewne sprawy.

Pamiętasz co mówiono ci w szkole o dawnych cywilizacjach?

Czy pamiętasz jak posłusznie powtarzałeś gotowe formułki o tym, że dawne cywilizacje były prymitywne i wyznawały animizm?

Czy pamiętasz, że kiedy wypowiadałeś te słowa „religie animistyczne", to daleko w środku czułeś się *lepszy*?

Czułeś, że należysz do lepszej, bardziej rozwiniętej, mądrzejszej cywilizacji, która wyrosła na gruzach tych dawnych, prymitywnych, naiwnych i niemądrych? Pamiętasz z jaką wyższością brzmiało stwierdzenie, że kiedyś ludzie modlili się do drzew, świętych roślin i zwierząt albo czcili słońce jako boga?

Pamiętasz?

Wyśmiewaliśmy się z tego.

Oni byli biedni, ograniczeni umysłowo, ciemni, niewykształceni, prymitywni.

Za to my jesteśmy światli, nowocześni, mądrzy i inteligentni.

Zwróć uwagę na pewien osobliwy fakt.

W tych dawnych, podobno „ciemnych i prymitywnych" cywilizacjach powstały budowle i dzieła, których nasza współczesna zawansowana nauka nie jest w stanie zrozumieć ani odtworzyć. Ani piramid w Egipcie, ani posągów na Wyspie Wielkanocnej, ani linii na płaskowyżu Nazca, ani kryształowych czaszek, ani gigantycznych kamiennych świątyń rzeźbionych w skale, ani wielu innych zagadek minionych cywilizacji.

Jak myślisz, czy dawne cywilizacje stworzyły te nadzwyczajne, genialne dzieła dlatego, że były głupsze od nas?

No, raczej nie, skoro najwybitniejsi inżynierowie naszych czasów nie są w stanie zaprojektować i wykonać czegoś podobnego.

Ja też kiedyś nie zdawałam sobie z tego sprawy. Nawet z tego, że o tych cywilizacjach mówi się „dawne ludy" zamiast „ludzie". Już to samo słowo wiele zmienia. Kiedy myślisz o „dawnych ludach", widzisz podręcznik, wykresy, nudne teksty i definicje, które musisz wbić sobie do głowy przed klasówką.

Czy przyszło ci kiedyś do głowy, żeby myśleć o nich jak o ludziach – dokładnie takich samych jak ty i ja? Czy wiesz, że gdybyśmy się teraz cofnęli w czasie o tysiąc albo dwa tysiące lat, bylibyśmy tacy sami?

I czy wiesz, że możesz to zrobić?

Czy wiesz, że właściwie robisz to przez cały czas, ale nie zdajesz sobie z tego sprawy?

Bo twoje życie nie jest linią od punktu urodzenia do punktu śmierci. Twoje życie to kłębek energii zawieszony w przestrzeni, na którą składają się wszystkie przeszłe, obecne i przyszłe warstwy czasu, między którymi nieustannie się poruszasz.

One są przeszłe, obecne i przyszłe tylko w kategoriach ludzkiego myślenia. W rzeczywistości są wieczne, więc nie można ich nawet opisać ani zrozumieć.

Ale to nic. Bo można je poczuć. Można ich doświadczać. I można podróżować między światami.

Wydaje mi się, że zawsze to czułam. Zawsze wiedziałam, że to jest możliwe, ale było to dla mnie tak oczywiste i naturalne, że nikomu o tym nie mówiłam. Myślałam po prostu, że wszyscy o tym wiedzą.

Potem zaczęłam chodzić do szkoły i najpierw posłusznie recytowałam formułki o tym, że „dawne ludy" miały „prymitywne wierzenia". Czyli ha, ha, ha, wyznawały prymitywne religie animistyczne. A gdybyś chciał sprawdzić co to znaczy, to natkniesz się na różne skrycie pogardliwe definicje naukowe, na przykład taką, że jest to:

W dawnych cywilizacjach
powstawały budowle
i dzieła,
których nasza wiedza
nie potrafi zrozumieć
ani odtworzyć

„forma wierzeń polegająca na przypisywaniu posiadania duszy zwierzętom, roślinom, zjawiskom, a także tworom przyrody nieożywionej i przedmiotom"[3],

albo „występujący najczęściej w pierwotnych wierzeniach pogląd, że zwierzęta, przedmioty i żywioły posiadają duszę"[4],

albo „pierwotna forma religii, której istota miała się sprowadzać do powszechnej wiary w istnienie niematerialnych i zdolnych do samodzielnej egzystencji dusz, ożywiających wszystkie elementy kosmosu i przyrody, w tym człowieka"[5].

Zobacz.

Te definicje są ograniczające. Zamiast rozwijać cię intelektualnie i duchowo, one zamykają cię w schemacie jako ucznia i wyznawcę tego, co jest powszechnie zatwierdzone do powtarzania.

Zatrzaskują cię w pewnych sztywnych schematach i nie pozwalają ci myśleć dalej, śmielej, jaśniej.

Widzisz to?

No to patrz.

Religie „animistyczne" – już sama nazwa wskazuje, że to jest coś gorszego niż nasze wspaniałe czasy z naszymi humanitarnymi religiami. Bo „animistyczne" kojarzy się ze zwierzęcością, której przypisuje się prymitywne emocje i brak intelektu.

---

3 Encyklopedia internetowa WIEM.

4 Słownik języka polskiego SJP.

5 Encyklopedia PWN.

Zaraz. Chwileczkę.

Zatrzymaj się i popatrz uważnie.

Z jednej strony mamy istoty, które żyją z rytmem natury. Szanują inne formy życia. Nigdy nie zabijają dla przyjemności albo dla zabawy. Jeżeli zabijają, to tylko po to, żeby zaspokoić głód. Nie mają niewolników, nie budują więzień. Nie posiadają i nie gromadzą broni masowego rażenia. Nie niszczą środowiska naturalnego.

Z drugiej strony mamy istoty, które w imię zysku niszczą miejsce, w którym żyją. Zatruwają powietrze, wodę i ziemię. Zabijają dla zabawy i dla rozrywki podczas polowania. Zabijają przedstawicieli własnego gatunku i nieustannie doskonalą produkowanie bardziej skutecznej broni, która pozwoli im jeszcze więcej zabić. Mają niewolników. Budują więzienia dla przedstawicieli własnego gatunku i innych gatunków.

Czy naprawdę uważasz, że jesteśmy przedstawicielami „wyższej" cywilizacji? I czy naprawdę jesteś przekonany o tym, że to my kierujemy się racjonalnym myśleniem i intelektem? Naprawdę?

Wciąż tak myślisz?

A co byś powiedział gdyby słonie żyjące na afrykańskiej sawannie wymyśliły bombę atomową?

Gdyby to nie ludzie ją stworzyli, tylko słonie. Miałyby kilka bomb dobrze schowanych w afrykańskim buszu. Gdyby te bomby wybuchły, zniszczyłyby cały świat.

Czy wiesz co by się wtedy działo?

Stany Zjednoczone zorganizowałyby natychmiast pokojową misję do Afryki. Żołnierze w żelaznych czołgach złapaliby wszystkie słonie i zamknęli w więzieniach – dla naszego dobra, oczywiście. Bo przecież nie można pozwolić na to, żeby na planecie istniało takie zagrożenie jak bomba atomowa, która po prostu rozsypuje wszystko w pył, a ludzi zmienia w kalekie potwory.

Gdyby słonie to wymyśliły, to wszyscy mówiliby, że jest to najbardziej prymitywny, okrutny i bezmyślny gatunek na Ziemi. Bo jak można ryzykować w taki sposób przyszłością całej planety i niewinnych istot?

No jak?...

Dlaczego nikt nie mówi o tym, że to człowiek jest najbardziej prymitywnym gatunkiem na Ziemi, bo sam z własnej woli wytwarza broń masowego rażenia, która zniszczy także jego samego jako gatunek?...

Rozdział 11

Kiedyś tego nie dostrzegałam. Posłusznie recytowałam gotowe formułki, że „religie animistyczne przypisywały posiadanie duszy zwierzętom, roślinom i zjawiskom" i zupełnie nie zdawałam sobie sprawy z tego, że to zdanie jednocześnie kategorycznie stwierdza, że zwierzęta, rośliny i zjawiska nie posiadają duszy, a także pośrednio sugeruje, że są gorsze i niższe wobec istot posiadających duszę, którymi oczywiście jesteśmy tylko my – ludzie.

Tak, to idealnie pasowało do świata szkoły. Wszystko było w nim zamknięte w gotowych definicjach, a my poruszaliśmy się tylko i wyłącznie w ściśle określonych sferach.

Nauczyciel był wyższym bytem, który miał nad tobą władzę.

Rośliny były tylko w doniczkach albo posłusznie rosnące w grządkach.

Jeśli zwierzęta, to tylko na smyczy, w klatce albo pod skalpelem w pracowni biologicznej.

Jeśli wiedza, to tylko dostarczana zgodnie z programem na podstawie beznadziejnie nudnych podręczników.

A więc tak, ja też uwierzyłam w to, że dawne cywilizacje istniały tylko po to, żeby w końcu upaść i zaginąć w zgliszczach, bo były zbyt mało inteligentne.

Wszystko, czego nauczyłam się w szkole, miało mnie utwierdzić w przekonaniu, że to my, ludzie XX wieku, tworzymy najlepszą i najmądrzejszą cywilizację. Bo mamy szczepionki na różne choroby, mamy miasta, kanalizację i elektryczność, mamy nowoczesne metody produkowania żywności i powszechny dostęp do edukacji.

I oczywiście nikt nie mówił o tym, że produkujemy nowoczesnymi metodami najbardziej trującą żywność wszech czasów, ani o tym, że edukacja oznacza w rzeczywistości martwe powtarzanie kompletnie nieprzydatnych formułek, szczepionki robi się z komórek mózgowych obcych gatunków, które zakłócają poprawne działanie ludzkiego organizmu, a w świecie ludzie wciąż strzelają do siebie z rakiet i karabinów – dokładnie tak samo, jak robili to pięćset lat temu.

Żyjemy w kulcie samych siebie.

Wychowuje nas się w przekonaniu, że jesteśmy lepsi i że wszyscy mają nam pokornie służyć.

Kiedyś ludzie hodowali świnie. A teraz? Teraz jest produkcja trzody chlewnej. Masowo, szybko, bez serca, bez wrażliwości, niehumanitarnie, byle jak najszybciej dostarczyć komuś na talerz i zarobić.

Kiedyś każdy wiedział skąd się bierze pieczeń leżąca na półmisku. A teraz? Czy twoje dzieci wiedzą, że szynka i parówka to jest coś zrobionego z żywego zwierzęcia, które musiało zginąć w rzeźni, żeby ktoś przerobił je potem na wędlinę?

Czy kiedykolwiek sięgnąłeś myślami do życia tego zwierzęcia, którego kawałek masz pod nożem?...

Czy naprawdę myślisz, że my jako ludzie jesteśmy lepsi i mamy prawo dowolnie zabijać, więzić i decydować o losie innych gatunków?

No szczerze. Naprawdę tak myślisz?

Pewnie nie.

Myślisz sobie, że owszem, mamy prawo, ale powinniśmy zachować umiar, tak? Jeśli zabijać w rzeźni, to humanitarnie, tak? I to oczywiście my decydujemy o tym co jest humanitarne, a co nie jest, prawda? Można by więc łatwo powiedzieć, że przemysłowe hodowle, gdzie krowy są trzymane przez całe życie w betonie, w sztucznym oświetleniu i sztucznie utrzymywanej temperaturze, w hali pod dachem, to może jest dla nich lepsze niż marznąć na łące podczas deszczu i brudzić się błotem?...

Powiem ci tak.

Nie jesteśmy lepsi.

Nie jesteśmy mądrzejsi.

Jesteśmy trochę inni.

Zajmujemy się w życiu innymi rzeczami.

Nie jesteśmy lepsi
od innych cywilizacji.

Nasz poziom wiedzy jest
dużo mniejszy i bardziej
ograniczony.

W naszym świecie
ludzie skoncentrowali się
na gromadzeniu rzeczy,
wytwarzając jednocześnie
śmieciowe towary,
które mają na chwilę
zaspokoić apetyt,

a na dłuższą metę
uzależniają
fizycznie i emocjonalnie.

Kiedy jesteś w taki sposób
uzależniony,
twój umysł
przestaje myśleć
o innych sprawach –

zajmuje się tylko
uzależnieniem tego,
co ma zaspokoić
twój
kompulsywny głód.

Ale nic nie daje nam prawa do stosowania przemocy, zniewalania ani zabijania innych istot – ani krów, ani pszczół, ani ludzi.

Nie jesteśmy lepsi od innych cywilizacji.

Nie jesteśmy w stanie ich zrozumieć, bo nasz poziom wiedzy jest dramatycznie mniejszy i bardziej ograniczony. To dlatego, że w naszym świecie ludzie skoncentrowali się na zarabianiu pieniędzy i gromadzeniu przedmiotów, jednocześnie wytwarzając coraz więcej śmieciowych towarów, które mają na chwilę zaspokoić apetyt, a na dłuższą metę uzależniają emocjonalnie i fizycznie.

A kiedy jesteś w taki sposób uzależniony, twój umysł przestaje myśleć o innych sprawach, zajmuje się tylko znalezieniem tego, co ma zaspokoić twój kompulsywny głód.

Żyjemy w świecie, gdzie ludzie patrzą, ale przestali widzieć. Słuchają, ale przestali pojmować. Myślą gotowymi schematami, które zakodowała w nich szkoła. I przez cały czas noszą w sobie głębokie podświadome przekonanie, że jesteśmy lepsi.

Nie jesteśmy.

Chcemy myśleć, że jesteśmy, żeby się poczuć bezpiecznie. Żeby nie mieć dojmującego poczucia straty. Żeby nie dręczyć się poczuciem winy albo żalu.

To dlatego tak łatwo i obficie rzucamy słowami „prymitywny", „dawne ludy", „pierwotne wierzenia", „zbieracko-łowieckie", a porównując je z punktu widzenia maszyn, dodajemy lekceważące „słabo rozwinięte" albo „rozkwit i upadek", co od razu sugeruje, że cokolwiek tam istniało, właściwie nie jest warte naszej uwagi, bo i tak było z góry skazane na ruinę jako gorsze i niedoskonałe.

Ale powiem ci coś.

Myślę, że te dawne cywilizacje miały dużo większą znajomość spraw naprawdę ważnych. Rozwijały wiedzę w dziedzinach, o jakich my możemy dzisiaj tylko marzyć. A ich religie animistyczne wcale nie były prymitywne, a wprost przeciwnie – opierały się na realnie istniejących zależnościach i zjawiskach świata naturalnego, który kieruje całym życiem na naszej planecie.

Rozdział 12

Wiem, wszystko wydaje się być takie, jak nas nauczono, że jest. Kiedy widzisz coś znajomego, włącza ci się dawno zapamiętana formułka albo definicja, i właściwie nie ma potrzeby, żeby kwestionować to, co zostało ci przekazane.

Ale zdarzają się takie sytuacje, które są kompletnie różne od wszystkiego, czego doświadczyłeś wcześniej. Nagle masz wrażenie, że musisz się od nowa nauczyć życia, bo wszystko co wiesz, przestaje ci wystarczać do zrozumienia i wytłumaczenia sobie pewnych spraw.

Tak właśnie było ze mną.

Kiedy zaczęłam podróżować, mój świat nagle zmienił się tak radykalnie, że musiałam uczyć się go na nowo. Na początku usiłowałam jeszcze trzymać się kurczowo wszystkiego co wiem, bo wydawało mi się, że przecież gdybym się tego wyrzekła, zostałabym z dręczącą pustką.

Dlatego najpierw uparcie usiłowałam dostosować świat i ludzi do moich przekonań. I pozornie wydawało się, że to jest możliwe. Ale prędzej lub później życie podskakiwało jak dziki, swobodny mustang, a ja spadałam na twarz i uważałam, że to jest bardzo niesprawiedliwe. Boli, zmusza mnie do wysiłku, zasypuje mnie pytaniami, na które nie jestem w stanie znaleźć dobrych odpowiedzi.

Aż pewnego dnia było mi tak ciężko, tak trudno i tak rozpaczliwie, że musiałam się poddać. Szłam przez dżunglę w lodowatym deszczu, który padał od wielu dni.

Czy wiesz jak to jest maszerować przez splątaną gęstwinę roślin z plecakiem i w mokrym ubraniu? W mokrych butach puchną ci poobcierane stopy, na których skóra wygląda tak, jakbyś właśnie wyszedł z kąpieli. Mokra bielizna przy każdym ruchu ociera się o ciało i żłobi w nim coraz głębsze, coraz bardziej czerwone i coraz bardziej bolesne otarcia. Masz gorączkę i niezagojone rany na nogach, ale idziesz. Bo nie ma innej opcji.

Idziesz przez kilka godzin. Przerwa. Odpoczynek. Zjadasz rozmiękłego krakersa. Pijesz trochę zimnej wody o ohydnym smaku kropli jodyny. I idziesz dalej. Utykając na bardziej bolącą nogę, nie powstrzymując łez, które płyną po policzkach mieszając się z kroplami deszczu. Idziesz dalej.

Idziesz dalej.

Po południu przewodnicy stają, więc zrzucasz plecak, padasz na mokrą ziemię. Gdybyś był tam sam, już dawno zginąłbyś

Kiedy zaczęłam
podróżować,
mój świat zmienił się
tak radykalnie,
że musiałam uczyć
się go na nowo

z głodu, chłodu i samotności, zaatakowany przez drapieżniki albo własną rozpacz.

Na szczęście nie jestem sama.

Indianie rozpalają w deszczu ogień. Cudem znajdują w mokrej dżungli takie drewno, które płonie w ognisku. Przynoszą liście palm. Budują szałas. Robią z patyków prostą konstrukcję nad ogniskiem, na której wieszają garnek. Gotują wodę. Zupę. Przynoszą kawałek wędzonego węża.

– Jedz – mówią do mnie.

Jem. Czuję jak wraca płomyk nadziei.

I czuję, że wszystko, co do tej pory wiedziałam o świecie, to kłamstwo.

Ci, którzy mają najmniej, w rzeczywistości mają najwięcej.

Ci, którzy mieli być „prymitywni" są najbardziej rozwinięci.

A ci, o których z politowaniem mówi się, że są tacy „biedni", w gruncie rzeczy są prawdziwymi bogaczami.

Obudziłam się z długiego snu.

Otworzyłam oczy.

I dopiero wtedy zaczęłam widzieć jaka jest prawda.

Prymitywny jest ten, kto ogląda pornografię w Internecie i kupuje brukowca, żeby dowiedzieć się kto kogo i w jaki sposób zarąbał siekierą.

Biedny jest ten, kto mimo posiadania wielkiej liczby przedmiotów nie potrafi się nimi cieszyć.

Głupi jest ten, kto produkuje masowo trującą żywność, powoduje w ten sposób epidemie śmiertelnych chorób, ale wciąż z zadowoleniem przelicza pieniądze, jakie na tym zyskał.

Prymitywna cywilizacja to taka, która oferuje masowo i tanio śmieciowe pożywienie dla ciała i umysłu, bo wyżej stawia pieniądze niż zdrowie i życie swoich własnych obywateli.

Prymitywna cywilizacja to taka, która wyśmiewa się z innych cywilizacji, bo nie jest w stanie ich zrozumieć.

Bogaty jest ten, kto jest wdzięczny za to, co już ma. Bo szczęściem nie jest fakt posiadania wielkiej ilości rzeczy, ale umiejętność i możliwość ich wykorzystania.

Mądry jest ten, kto rozumie przyrodę i jest w stanie współgrać z jej rytmem, ucząc się jak najlepiej wykorzystać to, co ma do zaoferowania, czerpać z jej owoców, bogactw i siły, a jednocześnie dbać o to, żeby nie naruszyć jej równowagi.

Szczęśliwy i spełniony jest ten, kto przez całe życie rozwija swoją inteligencję, siłę ciała i wewnętrzną moc, bo dzięki temu jest w stanie osiągać cele, jakie sobie wyznaczy.

Siedziałam w mokrej dżungli pod dachem z liści palmowych i czułam się jak dziecko.

Wszystko, czego nauczyłam się wcześniej w szkole, było mi nie tylko kompletnie zbędne, ale i blokowało umiejętność postrzegania i rozumienia tego, co dzieje się na świecie.

Ogrzałam się przy ogniu, zjadłam gorący posiłek, położyłam się w hamaku rozwieszonym między dwoma ołówkowymi drzewami i nagle mnie olśniło, że ja ze wszystkimi fajnymi latarkami, scyzorykami, butami, ubraniami i aparatami fotograficznymi nie wiem nic o życiu. I w ogóle nie umiem żyć.

Moje życie skończyłoby się podczas tamtej wyprawy, gdyby nie pomoc Indian. Mogłabym tylko położyć się w deszczu na ziemi w mokrej pelerynie przeciwdeszczowej, mokrym ubraniu, mokrych butach i czekać na wieczny sen. Nic więcej nie umiałam.

Nie schwytałabym węża na kolację, nie zrobiłabym wędki, żeby złowić rybę, nie rozpaliłabym ognia z mokrego drewna, nie zbudowałabym szałasu, nie wyleczyłabym ropiejących ran na nogach.

I zobacz.

Gdyby nagle na Ziemi zabrakło elektryczności, gdyby podczas globalnego trzęsienia rozsypały się domy albo gdyby nagle po prostu stopiłby się cały plastik istniejący dookoła nas, zostalibyśmy z niczym.

Z nadwagą, chorymi sercami, z nowotworami, z przerażeniem, pretensjami, gniewem, żalem, wyzwiskami, z kłótniami kto jest temu winien, i z totalną bezradnością, bo przecież nikt już nie potrafi być samodzielny i odpowiedzialny za swoje życie.

Nasza pozornie najlepsza cywilizacja w historii ludzkości jest w gruncie rzeczy masową fabryką śmieciowych dóbr dla ciała i umysłu, całkowicie uzależnioną od pewnych sztucznie stworzonych narzędzi. Jeżeli ich zabraknie, nagle cywilizacja zgaśnie.

Przeżyją inne. Na przykład cywilizacja amazońska głęboko w tropikalnej puszczy. Cywilizacja papuaska na Borneo. Cywilizacja pigmejska w dżungli Kongo. I kilka innych, skromnych, nie wywyższających się, nie krzyczących i nie walczących.

Tam ludzie zajmują się życiem.
A nie ogłaszaniem, że są lepsi.

A ponieważ zajmują się życiem, nigdy w życiu nie przyszłoby im do głowy, żeby produkować coś masowo na sprzedaż. Mają tylko tyle, ile jest potrzebne, ale jest to najwyższej, stuprocentowej jakości.

Każda strzała do łuku jest najlepsza. Nie ma mowy o tym, żeby wojownik zrobił dwie dobre strzały dla siebie i pięć byle jakich, żeby je tanio sprzedać. Nie istnieje pojęcie bylejakości. Nie ma śmieciowego jedzenia ani innego towaru. Nie ma walki o wyższe obroty. Nie ma pieniędzy. Nie ma reklam.

Jest po prostu to, co jest potrzebne, w takiej ilości jaka jest konieczna, i zawsze w najlepszej jakości, bo wiadomo, że tylko wtedy taki przedmiot będzie skuteczny.

A kiedy żyjesz w świecie, gdzie wszystko jest po prostu najzwyczajniej prawdziwe, uczciwe i pełnowartościowe, to karmisz swoje ciało, swoją duszę i swój umysł tym, co daje im siłę i moc.

To znaczy, że twoje ciało, umysł i dusza są sprawne, zwinne i mocne. Dzięki temu jesteś w stanie dużo zrozumieć, dużo zrobić, zapamiętać i dostrzec. Także to, co istnieje dookoła, ale wydaje się niewidzialne.

Rozdział 13

Zobacz ile rzeczy jest dookoła, których nikt nie potrafi wyjaśnić. Ludzie zajmują się fotografowaniem powierzchni Marsa, wysyłają na orbity kosmiczne pojazdy, produkują nanocząsteczki, czyli cząsteczki o sztucznie zmniejszonej wielkości, ale nie potrafią wyjaśnić jak działa powietrze.

Niby jest, ale tak jakby go nie ma.

Bo czym jest? Niewidzialną substancją, przez którą bez problemu przesuwasz dłoń. Twoje płuca co chwilę nabierają tego powietrza i wychwytują z nich tlen. No ale jak to działa? Jak?... Nikt nie potrafi tego wytłumaczyć ani tym bardziej odtworzyć.

To jest coś, co zostało stworzone przez Naturę w tajemniczy, niemożliwy dla nas do pojęcia sposób.

Albo na przykład rośnięcie.

Czy zastanawiałeś się kiedykolwiek nad tym jak to jest genialnie zaprojektowane? Bo zobacz. Człowiek przychodzi na świat bardzo malutki. Wszystko ma bardzo małe – serce, oczy, skórę. A potem to wszystko razem z nim rośnie, staje się coraz większe i idealnie do niego pasuje. Nigdy przecież nie jest tak, że komuś wyrasta za dużo albo za mało skóry w jakimś miejscu, prawda?

Gdyby człowiek miał to sam zaplanować, to ciągle gdzieś byłoby za dużo albo za mało. Miałbyś za ciasną skórę na kolanie, a za luźną na czaszce. Ale jest tak, że nie musimy się w ogóle o to martwić. To się jakoś samo dzieje magicznym sposobem.

A próbowałeś kiedyś zasiać coś w ziemi? Choćby trochę trawy w pojemniku na balkonie? To jest coś niesamowitego.

Masz małe szare wiórki, zupełnie niepozorne, wyglądające jak odpadki pozostałe po ścieraniu jakiejś szorstkiej powierzchni. Kładziesz je na ziemi. Polewasz wodą. Wystawiasz na słońce. A dwa dni później patrzysz – z szarej ziemi zaczynają wystawać nieprawdopodobne, świeże, zielone, żywe kiełki. Żywe!!! Poruszają się i obracają w stronę słońca! Codziennie są coraz wyższe! Mają niesamowity, cudowny zielony kolor!!!

Te małe źdźbełka młodej trawy to najprawdziwsza forma życia, która powstała na twoich oczach i codziennie zmienia się, rośnie nie tylko wzwyż, ale też na szerokość – dokładnie tak samo, jak rozwija się ludzkie ciało, tyle że szybciej.

Czy myślałeś kiedykolwiek o tym dlaczego tak jest?

Skąd skóra na ludzkim kolanie wie, że ma rosnąć? Albo skąd wie o tym kość pod tą skórą? Skąd małe jak wiórek nasiono trawy wie o tym w jaki sposób otworzyć się i zacząć wypuszczać malutki pęd? No skąd?

Pewnego dnia biegłam przez pole.

Był chyba sierpień, letni świt. Srebrzyste krople rosy na wysokich trawach. Zapach wilgotnej ziemi, szczęśliwe głosy ptaków.

Było bardzo wcześnie. Niebo zasnute śpiącymi chmurami. Mała ścieżka między kępami ziół. Czułam jak w moje buty uderzają krople strząśnięte z potrąconych roślin, wsiąkają w tkaninę, przenikają aż do skarpetki.

Skręciłam w większą drogę i biegłam dalej, na wschód, w stronę lasu. Bez pośpiechu, nie na wyścigi i nie po to, żeby osiągnąć jakiś wynik, raczej tylko po to, żeby rozruszać ciało, dotlenić komórki, poczuć jak płynie we mnie krew.

Prawa noga, lewa noga, krok, krok, krok... Do linii drzew.

Zatrzymałam się.

I wtedy nagle rozstąpiły się chmury i zabłysło słońce.

– O tak! – pomyślałam z radością. – O tak! Tego właśnie było mi potrzeba!

Zamknęłam oczy, wystawiłam twarz do słońca i uśmiechałam się.

I nagle poczułam coś dziwnego.

W tej wielkiej, jasnej, cudownej ciszy poranka na polskim polu, utkanej z szelestu traw, cmoknięć ukrytych cietrzewi, trzepotania liści tańczących z ciepłym wiatrem. Poczułam się tak, jakbym stanęła na czubku świata. Albo znalazła się na innej planecie.

Dlaczego słoń
rośnie taki duży,
a mrówka
zostaje taka mała.

Słońce to wie.

Tak trochę jak być może czujesz się czasami kiedy przybywasz z walizkami do celu podróży i tropikalnego hotelu, gdzie masz spędzić wakacje. Albo tak jak można się poczuć w salonie spa kiedy otwierasz drzwi i ogarnia cię pachnące powietrze splecione z dźwiękami łagodnej muzyki.

Poczułam się tak, jakbym odłączyła się od planety Ziemia. Jakbym znalazła się w zupełnie innym wymiarze. Jakbym została wpuszczona do czarodziejskiej sali, gdzie za chwilę przydarzy się cud.

Stałam z zamkniętymi oczami.

I poczułam jak promienie słońca wnikają we mnie do środka. Poczułam niespodziewanie jak pod ich wpływem zaczynają się poruszać moje komórki. Zamieniają się miejscami! Napełniają się światłem! Odrastają brakujące kawałki! Odżywają, rosną, lśnią, powiększają się tak, jakby opiły się do syta życiodajnym nektarem.

Poczułam, że słońce mnie koduje! Zapisuje we mnie poprawny kod życia i zdrowia. Naprawia to, że zostało naruszone, błędnie ustawione, skrzywione. Tak jakby nasącza mnie koktajlem informacyjnym, którego zadaniem jest właściwe programowanie wszystkiego, co dzieje się w moim organizmie.

To było niesamowite!

I wtedy zrozumiałam jak to jest. Skąd nasiono trawy bierze siłę i wiedzę do stworzenia życia. Skąd płuca wiedzą jak często zaczerpnąć powietrza i jak wyjąć z niego tlen. Dlaczego słoń rośnie taki duży, a mrówka zostaje taka mała.

Słońce to wie.
Nie dlatego, że jest istotą myślącą w naszych kategoriach pojęć.

Raczej dlatego, że jest oceanem wiedzy, którą emanuje za pomocą światła. I koduje wszystkie żywe istoty, zapisując w nich szyfr życia.

Rozdział 14

Spróbuj.

Wystaw twarz do słońca. Bez okularów, bez kremu blokującego promienie UV. Nie w godzinach największego upału, kiedy stężenie światła jest największe i może być szkodliwe. Wcześniej rano albo późno po południu.

Wystaw twarz do słońca, zamknij oczy i obserwuj to, co dzieje się w twoim organizmie. Myślę, że sam to poczujesz.

Słońce zawiera w sobie pewną kosmiczną moc. To siła, która utrzymuje życie na Ziemi i nieustannie stara się zaprowadzić w nim ład i równowagę. Dotyczy to w takim samym stopniu źdźbła trawy, konia, jak i człowieka. Każdy codziennie jest kodowany na nowo. Przez każdą żywą istotę przesącza się zawarty w świetle słonecznym kod życia, który jednocześnie sprawdza czy wszystko jest w należytym porządku, i od razu naprawia to, co zostało wytrącone z prawidłowego miejsca, zniekształcone, zniszczone.

Dotyczy to wszystkich sfer twojego człowieczeństwa, także tych, z których nie zdajesz sobie sprawy. Twojego ciała, twojego umysłu, twojej duszy. Twojej nadświadomości, podświadomości, sfery racjonalnej. Twojej umiejętności akceptowania tego, co jest nowe i upartości, żeby tkwić w tym, co uważasz za wygodne. Jasności twoich myśli i mroków twojej duszy.

Słońce koduje nas na zdrowie, siłę, równowagę, radość, szczęście i zmierzanie do celu.

Jeśli tylko mu na to pozwolisz.

Bo przecież w naszej cywilizacji wszyscy się upierają, że trzeba nosić ciemne okulary przeciwsłoneczne, smarować się kremami z filtrem i unikać słońca. A jednocześnie każą ci leżeć plackiem na plaży i smażyć się w najbardziej gorących, szkodliwych i parzących godzinach, żeby uzyskać brązowy kolor skóry.

Widzisz tę sprzeczność?

Mówią ci, że musisz być opalona, bo wtedy będziesz śliczna. Ale jednocześnie nie pozwalają ci czerpać prawdziwej siły ze słońca, bo grożą ci rakiem i zmarszczkami na twarzy.

Więc nosisz ciemne okulary, smarujesz się kremem z filtrem, a potem posłusznie smażysz się na plaży, żeby pochwalić się opalenizną.

To jest tak, jakbyś trzymał w rękach dojrzałe, słodkie jabłko. Ale wszyscy mówią dookoła:

– Nie wolno jeść tego jabłka! W środku znajdują się szkodliwe pestki, które w dużej ilości mogą ci zaszkodzić! Poza tym z takich

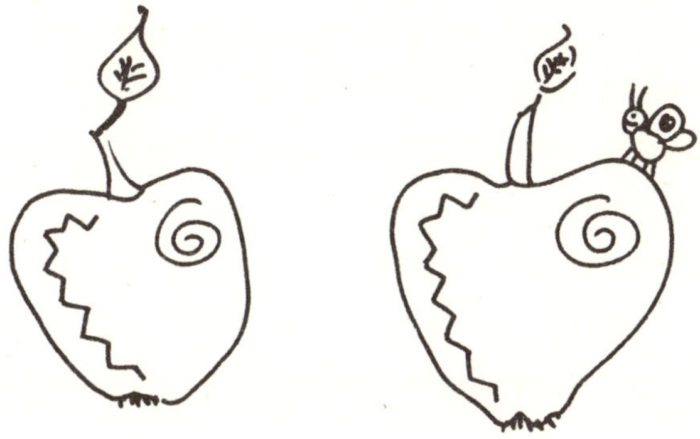

Nie jako wino ani
sok z kartonu.

Jabłko jako jabłko.

Jest pyszne i zdrowe!

jabłek robi się tanie wino z toksycznymi siarkami. Nie jedz tego jabłka! Możesz tylko żuć jego ogonek!

No i częściowo to wszystko jest prawda. Rzeczywiście wewnątrz pestek jabłka jest odrobina cyjanku – ale jeżeli nawet połkniesz pestki jednego jabłka, to taka ilość cyjanku wcale ci nie zaszkodzi, a wprost przeciwnie – niektórzy uważają, że zawarta w nich witamina B_{17} leczy raka.

I tak, rzeczywiście, z jabłek można zrobić tanie wino, które może być toksyczne. Z jabłka można zrobić wiele innych niezdrowych rzeczy, ale nie o to chodzi.

Jabłko to jabłko. Dobra rzecz.

Nie wtedy kiedy jest zmielone na papkę ani jako gotowy sok z kartonu, ani zmiksowane w koktajlu z innymi składnikami. Nie jako wino i nie wtedy kiedy garściami jesz pestki.

Jabłko jako jabłko. Dojrzałe, słodkie, w swojej naturalnej postaci, jest pyszne i zdrowe.

Ze słońcem jest podobnie.

Chodzi o to, żeby korzystać z niego w mądry, umiarkowany sposób. Wtedy poczujesz jakie jest fantastycznie dobre i przyjazne. I wie o tobie znacznie więcej niż ty sam. Przywraca do porządku twoje wewnętrzne informacje, dodaje ci siły, prostuje myśli, czyści twoją duszę i naprawia twoje ciało.

Naprawdę.

Spróbuj.

Stałam wtedy na tym polu wystawiając twarz do słońca i czułam się pełna szczęścia.

– Koduj mnie, koduj – powiedziałam w myślach.

I cieszyłam się jak dziecko.

To jest niesamowite. Myślę, że światło słońca przenosi wszystkie informacje związane z trwaniem życia na Ziemi, ożywia je i uruchamia we wszystkich żywych organizmach – od trawy przez jeże aż po ludzi i wieloryby.

Ono przypomina nam jak oddychać i połykać, jak trawić i pozbywać się resztek, jak rosnąć, patrzeć i widzieć, jak myśleć, marzyć, szukać i znajdować. Ono kieruje drzewa do góry i trzyma je korzeniami w ziemi. Ono sprawia, że mamy pod dostatkiem wszystkiego, co jest nam niezbędnie potrzebne – tlenu, wody, witamin, minerałów, pierwiastków i innych składników.

W świetle słońca znajduje się kod życia.

Nie musimy go rozumieć ani rozszyfrować. Wystarczy, że będziemy z niego czerpać siłę.

I teraz dziwna rzecz.

Przypomnij sobie jak na lekcjach historii z politowaniem opowiadano nam o tym, że „dawne ludy" uważały, że słońce jest Bogiem. I ha, ha, ha, te „dawne ludy" żyły w „prymitywnych cywilizacjach", a te „prymitywne cywilizacje" stanowiły zaledwie „zalążek nowoczesnego świata". Pamiętasz?

Nigdy nie mówiono o dawnych cywilizacjach jako o czymś kompletnym, gotowym, mającym swój głęboki sens w miejscu i czasie, kiedy istniały. Zawsze sugerowano nam, że były niedoskonałe, naiwne, że były tylko maleńkim i niewiele znaczącym wstępem do późniejszego rozwoju ludzkości zmierzającej do naszych wspaniałych nowoczesnych i najbardziej humanitarnych czasów.

Wspomnę tylko o tym, że w naszych najbardziej humanitarnych czasach ludzie zabijają siebie nawzajem z większą łatwością niż kiedykolwiek w historii. Nie tylko dlatego, że mają broń masowego rażenia, która zabija ludzi od razu tysiącami i z bardzo daleka. Także dlatego, że zabijanie stało się popularną rozrywką.

Wszyscy właściwie przez cały czas bawią się w zabijanie.

Zobacz.

Dzieci bawią się w zabijanie w grach komputerowych. One wprawdzie istnieją w Internecie, ale świat wirtualny nie jest już czymś abstrakcyjnym i odległym. Dla wielu ludzi wirtualna rzeczywistość jest o wiele bardziej prawdziwa niż to, co ich otacza na co dzień. Granice już dawno się zatarły. Czasem trudno odróżnić co jest realnie prawdziwe, a co tylko wirtualnie, bo wirtualnie prawdziwe rzeczy stały się równie znaczące i wielowymiarowe jak prawdziwy świat.

Dorośli bawią się w zabijanie zwierząt podczas polowania, bawią się w zabijanie ruchomych celów na strzelnicy oraz bawią się w oglądanie filmów kryminalnych, gdzie co chwilę ktoś kogoś bije i zabija.

Zabijanie się jest modne i popularne.

Filmy sensacyjne są coraz bardziej pełne przemocy. Porównaj choćby wcześniejsze i nowe filmy z serii o Jamesie Bondzie. Kiedyś to była historia z przymrużeniem oka, gdzie niekoniecznie ludzie wbijali sobie gwoździe w twarze. Teraz w nowym Bondzie ciągle ktoś kogoś napada albo jest napadany, co chwilę ktoś komuś robi krzywdę i właściwie nie da się tego filmu oglądać na spokojnie. Przez cały czas dzieje się coś okrutnego, bolesnego, drastycznego albo gwałtownego, a bohaterowie są jak postaci w komputerowej grze – zabijani, ale wciąż się podnoszą i idą dalej, więc znów są zabijani, znów stają, więc znów trzeba do nich strzelać.

Codziennie do śniadania serwisy informacyjne gazet, stacji radiowych i telewizyjnych podają ci zestaw i opis najnowszych zabójstw – a ty się nimi karmisz, połykasz je razem z poranną kawą i nie dziwi cię już to, że ludzie strzelają do siebie na ulicy. Już to znasz. Przyzwyczaiłeś się. Twój umysł już dawno zaakceptował fakt, że zabijanie jest powszechne. Można powiedzieć, że stało się modne i popularne. Po prostu wszyscy to robią.

Zabijanie zawsze jest podszyte strachem albo nienawiścią. Lub jednym i drugim równocześnie. Na takich destrukcyjnych emocjach nie da się zbudować niczego trwałego i mocnego.

I wydaje się, że nikt już nad tym nie panuje, bo przecież nawet to, co miało w ludzi wspierać w dążeniu do dobrego, mądrego życia – czyli religia – też znajduje się w stanie wojny.

Mam na myśli wszystkich ortodoksyjnych wojowników, którzy w imię religii albo innych wartości zbroją swoje umysły w nienawiść, a ręce w karabiny.

Wciąż mam przed oczami scenę z filmu „Boyhood" Gary'ego Linklatera. Główny bohater obchodzi piętnaste urodziny. Jego tata zabiera go na farmę nad jeziorem, gdzie mieszkają rodzice jego nowej żony. Piękne miejsce, ciepli, troskliwi ludzie. Jest tort urodzinowy, wszyscy śpiewają „Sto lat", jest moment, żeby pomyśleć marzenie, zdmuchnąć świeczki i przyjąć życzenia.

Uściski, ucałowania, uśmiechy i trzy urodzinowe prezenty.

Piętnastoletni chłopiec w Stanach Zjednoczonych dostaje na urodziny swoją pierwszą Biblię, na której jest złotymi literami wygrawerowane jego imię i nazwisko.

Dostaje też swój pierwszy ciemny garnitur z błękitną koszulą i krawatem – żeby mógł godnie reprezentować swoją rodzinę podczas ważnych wydarzeń.

I trzeci prezent. Chłopiec dostaje swoją pierwszą strzelbę. Jego dziadek z dumą mówi, że to jest rodzinna tradycja. Jego ojciec dostał tę strzelbę od swojego ojca, a potem przekazał ją jemu. A teraz on z radością przekazuje strzelbę w ręce najmłodszego pokolenia.

Oczywiście nikt nie mówi, że z tej strzelby należy strzelać do ludzi.

Ale nikogo nie dziwi, że w tym ciepłym, katolickim, bardzo religijnym domu Pismo Święte leży tuż obok karabinu. Być może to jest dziwne tylko dla mnie, ale zawsze mi się wydawało, że ideą Boga było kierowanie się w życiu wyłącznie dobrem i miłością, które z całą pewnością wykluczają zadawanie cierpienia i śmierci, a zawierają w sobie przebaczenie, życzliwość i uczciwość.

To jest dla mnie zrozumiałe w tak samo oczywisty i naturalny sposób, jak piąte przykazanie, które jasno mówi: „Nie zabijaj". Bezwarunkowo i we wszystkich sytuacjach.

Rozdział 15

To było w Indiach. Przyjechałam pociągiem do słynnej miejscowości Gaya w stanie Bihar. Właściwie sławna jest Bodh Gaya, czyli osada położona dwanaście kilometrów dalej na południe. To najważniejsze i najbardziej święte miejsce dla wyznawców buddyzmu.

Byłam akurat niedaleko i pomyślałam, że warto zatrzymać się tam na kilka dni, obejrzeć i poczuć je własnym sercem. I może zrozumieć coś istotnego o sobie, o życiu, o Bogu.

Zatrzymałam się w hotelu niedaleko dworca i od razu następnego dnia wcześnie rano rikszą pojechałam do Bodh Gaya.

Kiedyś nazywało się Uruvela i właśnie tutaj, w szóstym wieku przed naszą erą zagubiony w życiu hinduski książę usiadł pod drzewem i postanowił siedzieć tak długo, aż zrozumie o co w tym wszystkim chodzi.

Siedział przez kilka tygodni, zatopiony w głębokiej medytacji, w słońcu i deszczu, w dzień i w nocy, aż w końcu doznał olśnienia i wstał. Nazywał się Siddhartha Gautama, ale jest lepiej znany jako Budda.

To właśnie tutaj, w Bodh Gaya rósł święty figowiec, pod którym Budda medytował. Później dookoła niego zbudowano specjalne kamienne barierki, aż w końcu jeden z władców kazał to drzewo ściąć. Pozostały jednak wielkie buddyjskie świątynie, do których przybywają pielgrzymi, a obok jednej z nich jest nawet nowy święty figowiec wyhodowany podobno z gałązki zdjętej z figowca rosnącego na Sri Lance, który miał wyrosnąć z fragmentu oryginalnego drzewa, pod którym siedział Budda.

Przybyłam więc i ja. Incognito i neutralnie. Nie w celach religijnych czy wyznaniowych, ale po to, żeby zobaczyć jak wygląda i poczuć jego moc.

To było bardzo zdumiewające doświadczenie.
No bo pomyśl.

Buddyzm to nie religia, lecz filozofia. Lekka i czysta. Pracuj nad sobą, bądź życzliwy, staraj się nie krzywdzić żadnej żywej istoty. Unikaj przemocy także pod postacią pożywienia, czyli bądź wegetarianinem. Zachowaj umiar we wszystkich sferach życia. Wystrzegaj się zarówno nadmiernej ascezy, jak i wielkich luksusów. Żyj spokojnie i skromnie, dbaj o czystość swoich myśli i czynów.

Wyobrażałam sobie, że najświętsze miejsce buddyzmu będzie czymś w rodzaju dużego natchnionego ogrodu, gdzie stoją dawne kamienne świątynie i gdzie snują się pogodni mnisi oraz równie optymistyczni przybysze z daleka.

Wysiadłam z rikszy.

Bodh Gaya jest wcale niemała. Wokół tej pierwszej świątyni i drzewa wyrosły dziesiątki innych. Wszyscy chcieli zaznaczyć swoją obecność w świętym miejscu, powstawały więc klasztory i kaplice tybetańskie, chińskie, japońskie, birmańskie, tajskie, wietnamskie, chińskie i inne. Tak jakby każdy naród chciał osobiście podkreślić, że też jest ważny, więc musi koniecznie być obecny ze stałym przedstawicielstwem mnichów, ołtarzy i obrazów.

Ale to jeszcze byłam gotowa zrozumieć. Być może buddyjski mnich potrzebuje w ten sposób utrzymać łączność ze źródłem. Może symbolicznie to pomaga w osiągnięciu doskonałego stanu skupienia uwagi na tym, co jest najważniejsze. A może nawet w tym miejscu kryje się jakaś tajemna moc i dlatego zbudowano tutaj tak dużo nowych świątyń i klasztorów.

Postój rikszarzy. Ulice. Domy. Hotele. Restauracje.

I szyldy. Szłam, a oczy robiły mi się coraz większe ze zdziwienia. Kafejka internetowa Budda, Hotel Budda, Schronisko Budda, Biuro Oświeconych Podróży Budda, Światowe Pamiątki Budda, Hotel pod Świętym Figowcem, Restauracja Buddyjski Smak, Sklep Budda, Kawiarnia Buddyjski Zakątek, o rety, rety!...

Bodh Gaya to wielki kurort! Obok świątyń i klasztorów są tu dziesiątki hoteli i restauracji z międzynarodowym menu. Jedzenie włoskie, tajskie, chińskie, indyjskie – jakie chcesz. Dania z kurczaków, jagniąt i cieląt, które musiały zostać wcześniej zabite. Jest pełno biur podróży, budek z pamiątkami i fast foodem.

– Kup różaniec! Tanio, tanio!

– A może kupisz szal? Prawdziwa paszmina! Dobra cena! Specjalnie dla ciebie!

Różańce z buddyjskich paciorków, posążki Buddy, mandale, poduszki do medytacji, szale, masaże, jest nawet kawa z ekspresu i Internet.

Ucieknę. Poszukam tych prawdziwych miejsc, gdzie ludzie medytują w skupieniu, gdzie widać coś więcej oprócz handlu, pieniędzy, reklam i innych oznak świata materialistycznego, który przecież ma niewiele wspólnego z buddyzmem.

Najważniejsza budowla. Mahabodhi, czyli „Świątynia Wielkiego Przebudzenia". Ma kształt potężnego czworokątnego stożka o wysokości 55 metrów. Zbudowana z szarego kamienia zdobionego rzeźbami. Wszędzie dookoła ludzie pogrążeni w modlitwie. Niektórzy milczą, inni śpiewają albo szepczą. Składają kwiaty, dotykają czołem ziemi albo siedzą bez ruchu z zamkniętymi oczami.

Usiadłam i ja. Na murku pod płotem obwieszonym girlandami.

Siedziałam i patrzyłam.

A potem nawet przestałam patrzeć, tylko zawisłam wzrokiem w powietrzu, myślami w medytacyjnym kosmosie, gdzie wszystko dzieje się samo.

I nagle dostrzegłam dziwną rzecz.

Ci wszyscy ludzie modlili się do kamieni. Do szarych kamiennych ścian. Do kamiennych posągów. Do kamiennych rzeźb i do obrazów zawieszonych na kamiennych murach.

Składali cześć nieruchomym, zimnym, szarym kamieniom. Dla kamieni przynosili żywe kwiaty, które ścięli w ogrodach. Szarym kamieniom składali w ofierze ich piękne, pachnące, delikatne płatki. Ale dlaczego odebrali życie kwiatom, żeby ofiarować je wyrzeźbionym kamieniom?...

Czy to nie powinno być odwrotnie?

Jeżeli mamy szanować każdą formę życia, to dlaczego codziennie ścina się miliony żywych kwiatów, żeby przynieść je do kamiennych świątyń, nanizać na sznurki i te umierające, więdnące girlandy wieszać na kamiennych posągach?...

No i czy przypadkiem wiara w Boga nie jest raczej sposobem myślenia i stylem życia, a nie oddawaniem czci obrazkom i kamieniom?...

O rety, rety!...

Ludzie zamienili wiarę w religię.

Obwieszają obrazkami sklepy, domy, restauracji i riksze „na szczęście", tak jakby obecność obrazka mogła coś zmienić.

A Bóg? Gdzie on jest w tym wszystkim?

Wydaje się, że został sprowadzony do roli naiwnego służącego, którego można przekupić, oszukać i zmanipulować. Jeśli ja ci przyniosę ofiarę, to ty spełnisz moje życzenie i będziesz dla mnie dobry. To taki nieszkodliwy starszy gość, który ma nam służyć, choć czasem nie chce.

Bóg w świetle ludzkich religii jest jak osioł, który ma wykonywać polecenia i spełniać marzenia, a w zamian ludzie przyjdą do kościoła, odprawią rytuał, udadzą się na pielgrzymkę albo wrzucą datek do skrzynki. Żeby tego osła udobruchać, bo wtedy on będzie miły i zrobi dla mnie to, na czym mi zależy.

Czasem mam wrażenie, że ludzie traktują Boga jak człowieka, który ma słabości i którego można przekupić.

To jest religia.

Ale to nie jest życie z Bogiem.

I zobacz jaki to biznes. Ile figurek Buddy codziennie się tutaj sprzedaje, bo przecież każdy chce ją mieć. Na szczęście. Na pomyślność. Na pamiątkę.

A może religia została wymyślona przez kupców? Bo właściwie to jest najlepszy towar – duchowy, każdego można na niego namówić, nie psuje się i nie traci na wartości.

I zobacz ile cierpienia wyrządza się w imię religii – składanie zwierząt w ofierze, rytualne zabijanie i te miliony girland ze świeżych kwiatów, które wiesza się na kamiennych posągach.

Kapłan rozrzuca świeże, żywe kwiaty podczas ceremonii. Bramin nad Gangesem rozrywa palcami żywe kwiaty i rzuca je na wodę dla Sziwy.

Galeria multimedialna: zeskanuj zdjęcie i zobacz fotografie z Bodhgaya.

Dlaczego codziennie
ścina się miliony
żywych kwiatów,
żeby wieszać je
w więdnących girlandach
na kamiennych
posągach?

Czy to nie jest dziwne? Dla mnie tak, bo te kwiaty lepiej niech żyją w spokoju na swoim drzewie.

Bóg przecież nie potrzebuje żywych kwiatów, które zostały ścięte nożem albo siłą oderwane od łodyg. One wszystkie już dawno należą do niego.

Bóg nie potrzebuje niczego od ciebie.

To ty potrzebujesz Boga. Ale nie obrazka czy posągu. Nie świątyni, kamiennego muru ani figurki zrobionej podczas hurtowej produkcji w chińskiej fabryce, dla niepoznaki podpisanej „Made in R.C.". Twój plastikowy Bóg *made in China* nie brzmi najlepiej, dlatego niektórzy piszą R.C., czyli „Republika Chińska".

Ty potrzebujesz Boga. Ale nie w złoconych świątyniach. Tylko we własnym sercu. Potrzebujesz prawdy, uczciwości i miłości, bo wtedy sam stajesz się wcieleniem Boga i włączasz się w jego moc.

I teraz zobacz.

Dawne cywilizacje czciły słońce.

W naszej cywilizacji uważa się, że to była bardziej prymitywna forma religii. Ale gdyby tak przyjrzeć się temu bez uprzedzeń i obiektywnie, to myślę, że za bardziej prymitywne można uznać modlenie się do zimnego kamiennego muru, gdzie człowiek wykuł dłutem rzeźbę.

Dawni ludzie modlili się do żywych drzew, żywych gór i żywego słońca. I wiedzieli o tym, że światło słoneczne przenosi wszystkie najważniejsze informacje o życiu. Jest czymś takim jak serce wielkiego komputera, który nieustannie wysyła strumień poprawnych kodów istnienia do wszystkich innych mniejszych urządzeń peryferyjnych, które są do niego podpięte.

Takich jak ty i ja.

Wszystkie drzewa, kwiaty i zebry na sawannie. Rysie i tygrysy. Słowiki i sowy. Opieńki i wodorosty. Owies i truskawki. Jasnowłosi Norwegowie, ciemnoocy Kolumbijczycy, wysocy, szczupli Masajowie, zwinni Indianie, pszenni Polacy i Aborygeni z antypodów.

Dopóki wszyscy znajdujemy się w zasięgu słonecznego streamingu życiowych kodów, istniejemy.

Czym w tym kontekście jest okazanie wdzięczności słońcu, jeśli nie całkowicie naturalnym odruchem podziękowania za wszystko, co mam?...

Rozdział 16

Chcę ci tylko pokazać, że nauczono nas wielu rzeczy, które są niekoniecznie prawdziwe. I ulepiły nasz sposób myślenia, mimo że najczęściej w ogóle nie zdajemy sobie z tego sprawy.

Są rzeczy, o których pewnie nigdy nie myślałeś, bo uważasz, że są niemożliwe. Są miejsca, do których nigdy się nie wybrałeś, bo powstrzymało cię to, co o nich wiesz.

Ja też tak kiedyś myślałam. I to było moje największe odkrycie.

Żadne miejsce właściwie nie jest takie, jak opisuje je ktoś inny. Bo każdy patrzy inaczej, każdy widzi świat przez pryzmat tego, co wcześniej zapamiętał. I nie istnieją właściwie żadne obiektywne kategorie oceniania świata. Każde jego opisanie jest splecione z faktów i złudzeń. Po prostu. To są te złudzenia, które każdy z nas nosi w sobie, nie będąc najczęściej świadomym ich istnienia.

Kiedy wyjeżdżasz z Europy do Afryki, podświadomie spodziewasz się spotkać „biednych”. Bo w naszej kulturze przyjęło się myśleć, że biedny jest ten, kto mało posiada. I z tym wiąże się jeszcze jedno, jeszcze bardziej błędne, instynktowne przekonanie, że jeśli mało posiada, to na pewno jest z tego powodu nieszczęśliwy.

Ale to jest nieprawda.

A właściwie inaczej powiem. To może być prawda w przypadku niektórych osób. Ale znam równie wiele – a może nawet więcej – takich, dla których to nie ma nic wspólnego z rzeczywistością.

Ale zobacz.

Gdybyś ty był jednym z takich ludzi i szykowałbyś się do wyprawy do Afryki, to twoje instynktowne myślenie byłoby zupełnie inne.

Nie myślałbyś już o tym, że spotkasz „biednych ludzi", dla których chciałabyś zabrać kilka prezentów.

Pomyślałbyś raczej, że jedziesz na spotkanie szczęśliwych ludzi, którzy nie potrzebują do szczęścia wielu przedmiotów, bo umieją je znaleźć w inny sposób. Choćby podczas porannego spaceru wśród śpiewu ptaków.

To właśnie zrozumiałam podczas podróży po świecie.

I wtedy zauważyłam, że równie fascynującym miejscem jak dżungla amazońska czy Ocean Indyjski jest mój własny umysł. I że w nim też znajdują się rzeczy, z których kompletnie nie zdawałam sobie sprawy.

To tak, jakbyś opowiadał komuś o tropikalnej puszczy. Nigdy tam nie byłeś, ale czytałeś parę reportaży i widziałeś kilka zdjęć.

Na ich podstawie stworzyłeś sobie jakiś obraz. Zapewne myślisz, że w tej puszczy jest pełno robaków, na drzewach dojrzewają słodkie owoce, a nocą szuka się miejsca do rozstawienia namiotu.

Przyjedź. Zobaczysz, że to co wcześniej myślałeś i czego byłeś pewien, w ogóle nie istnieje. Wszystko jest zupełnie, zupełnie inaczej.

A ty przecież nawet w ogóle nie miałeś najmniejszego wpływu na to jak sobie tę dżunglę wyobrażasz, prawda? Taki jej obraz po prostu powstał w twoim umyśle, a ty posłusznie w niego uwierzyłeś – bo po prostu nie wiedziałeś, że jest inaczej.

Tak to jest.

Nasz umysł to potężne narzędzie. Fantastyczne i wszechstronne. Często jednak jest zapchane śmieciowymi, nigdy nie weryfikowanymi informacjami, które zalegają w nim jak szlam. Obciążają i spowalniają jego działanie. Blokują ci dostęp do jego głębszych warstw, gdzie mógłbyś znaleźć wsparcie dla bardziej kreatywnych działań, inspirujących odkryć i genialnych pomysłów.

To tak, jakbyś codziennie od urodzenia dostawał gotowy pakiet śniadaniowy. Wrzucasz go do ust, nie zastanawiając się nawet co w nim jest, z czego się składa i jak został zrobiony. Zjadasz i czujesz się syty, więc nie masz najmniejszej potrzeby osobistego poszukiwania rozwiązań związanych ze śniadaniem.

Ale wyobraź sobie, że pewnego dnia odkładasz pakiet śniadaniowy na bok. Jesteś głodny. Musisz sam zrobić coś do jedzenia. Twój senny umysł jest zmuszony do tego, żeby się przebudzić. No bo jeśli przez trzydzieści lat codziennie o tej samej porze otrzymywał gotowe pudełko z pożywieniem, to usnął. Nie był potrzebny, więc odpoczywał.

Ale teraz jest inaczej. Musisz od nowa zaprojektować, zrozumieć i stworzyć projekt pod tytułem „Śniadanie". Od odkrycia czym są i gdzie można zdobyć płatki owsiane, przez kolejne etapy odkrywania, że można je doprawić cynamonem, a jeśli dodasz daktyli, to będą naturalnie słodkie i zdrowe.

Twój umysł budzi się i zaczyna zadawać mnóstwo pytań. O te płatki owsiane, owies i pole, na którym rośnie, o daktyle, Afrykę, pustynię, oazę i słonie, o cynamon, wyprawy handlowe, statki, ocean i Indie.

I niespodziewanie cały twój świat się zmienia.

Zaczyna lśnić, mienić się kolorami, jest cały zbudowany z fascynujących, drobnych fragmentów, a twój mózg nie może się doczekać, żeby je poznać, obejrzeć z bliska, zrozumieć i na nowo zapisać ich prawdziwe znaczenie.

Tak właśnie było ze mną.

Po kolei odkrywałam różne zdumiewające rzeczy.

Najpierw to, że świat wcale nie jest taki, jak mi się wydawało. Dżungla nie jest taka, jak myślałam, a mieszkający w niej Indianie wcale nie są „biedni", a wprost przeciwnie, są prawdziwymi bogaczami.

Podróżowałam po następnych krajach i kontynentach i wszędzie na nowo zapisywałam wszystko, co wiem. Zatrzymywałam się, odrzucałam wszystko, co wiem, i na nowo uczyłam się myśleć, widzieć i rozumieć.

Potem stopniowo zaczęłam te podróże przekładać też na zmiany, jakie odbywały się w moim sposobie myślenia i funkcjonowania.

Wędrowałam po różnych krajach i przekraczałam fizyczne granice, ale jednocześnie odbywałam taką samą podróż w głąb mojego umysłu.

Wtedy zaczęłam dostrzegać zależności pomiędzy tym co jem i piję, a tym jak się czuję i jak sprawny jest mój organizm.

Wyciągałam wnioski. Formułowałam na nowo moje przekonania odnośnie wszystkiego, co znam. Tak, to właśnie wtedy przestałam pić alkohol, jeść śmieciowe jedzenie i żywić się równie śmieciowymi informacjami.

To było niesamowite!

Wyobraź sobie, że masz samochód, do którego wlewasz zawsze to samo paliwo. Jeździsz nim od lat i przyzwyczaiłeś się, że czasem nie może ruszyć, ma słabe przyśpieszenie, zamarzają ci szyby i coś stuka pod kierownicą. No, po prostu tak jest.

Pewnego dnia otwierają nową stację benzynową. Zupełnie innej firmy, z innym paliwem. Ta stacja jest wprawdzie dalej za miastem, trzeba poczekać w kolejce i zapłacić gotówką, ale myślisz sobie, że może warto spróbować.

Tego dnia nie zatrzymujesz się więc na swojej wygodnej stacji, gdzie wszyscy cię znają, gdzie masz blisko i możesz tankować na kredyt.

Jedziesz dalej. Za miasto. Do tej nowej stacji.
Tankujesz. Ruszysz. I nie wierzysz własnym oczom.
– Jezu!!! – myślisz sobie. – Jak to możliwe??!!!

Twój samochód rusza z miejsca jak strzała. Przestał stukać. Zaczęło działać ogrzewanie na szybie. Masz wrażenie, że dostałeś w prezencie zupełnie nowe auto, mimo że zmieniłeś tylko paliwo, którym je karmisz.

Tak samo jest z jedzeniem.
Naprawdę.
Wiem, od razu się krzywisz i nie podoba ci się, że o tym piszę, bo wolisz zostać przy swoich przyzwyczajeniach i smakach. Przecież wcale nie jest tak źle, prawda? Nie znosisz kiedy ktoś próbuje ci zobrzydzić jedzenie mięsa albo picie alkoholu.
Wiem. Rozumiem. Każdy ma swoje ścieżki i żyje zgodnie z własnymi decyzjami.
Chcę ci tylko zwrócić uwagę na pewien fakt.

To co czytasz w mojej książce niekoniecznie jest tym, co ja w niej napisałam.
Twój umysł odbiera niektóre informacje w pewien bardzo szczególny dla ciebie sposób. Twój umysł filtruje to co ja piszę przez to, co wcześniej zostało w nim zapisane i zapamiętane. Przez wszystkie twoje przekonania, lęki i uprzedzenia.

W książce „W dżungli zdrowia" napisałam, że kiedy przestałam jeść mięso i inne rzeczy zawierające białko zwierząt, czyli sery, mleko, jogurty itd., to moje ciało i mój umysł ożyły i zaczęły sprawniej działać.

Niedługo potem dostałam maila od kogoś, kto podpisał się jako Krzysiek, i w krótkich oburzonych słowach informował mnie, że wyrzuca tę książkę do kosza, bo jakim prawem ja sugeruję, że on jest gorszym i mniej inteligentnym człowiekiem ode mnie, ponieważ on – w przeciwieństwie do mnie – spożywa mięso.

Zobacz.

On zobaczył coś, czego ja w ogóle nie napisałam i nawet nie miałam na myśli.

Ja napisałam tylko o sobie. Że kiedy przestałam jeść mięso i nabiał poczułam się lepiej, lżej, czyściej, mój umysł zaczął sprawniej działać, a ciało stało się silniejsze i bardziej sprawne.

Pan Krzysiek odczytał to jako atak i agresywną próbę wpłynięcia na jego wybory i styl życia, a nawet oskarżenie, że jeśli je mięso, to jest mniej inteligentny.

Widzisz?

Jeśli zareagował tak gwałtownie, to pewnie dotknęłam go w czuły punkt. Może w swoim dorosłym życiu pan Krzysiek czuje się zniewolony przez pracę, której nie lubi, ale boi się ją stracić, bo dodatkowo zniewalają go cztery kredyty, które wziął w lepszych czasach? A może tkwi w nieszczęśliwym związku, ale nie ma odwagi spojrzeć prawdzie w oczy, bo najbardziej na świecie boi się zostać sam?

Kiedy czujesz się w taki sposób zniewolony, wewnętrznie zmęczony i zagubiony, przesadnie będziesz reagował na zachowania i słowa innych ludzi, bo w każdym podświadomie będziesz doszukiwał się nieuczciwości, wywyższania się albo próby poniżenia ciebie.

Rozumiesz?

Nosisz w swoim umyśle pewne blokady, które nie pozwalają ci ujrzeć świata takim, jaki jest naprawdę. Widzisz go przez pryzmat swoich uprzedzeń, lęków i wyuczonych schematów.

Żyjesz w taki sposób wśród czterdziestu milionów innych osób, które siłą rozpędu myślą podobnie. Wśród brukowców, które codziennie rano rzucają ci trochę intelektualnej padliny, żeby uśpić twój umysł. Wśród środków masowego przekazu, które taśmowo powtarzają zestaw obowiązujących danego dnia depesz przygotowanych przez agencje prasowe.

Wszystko jest zawsze takie samo. Tylko pozornie dni się czymś od siebie różnią. W gruncie rzeczy wszystko zawsze jest takie samo. Jest zgodne z obowiązującą doktryną i schematem.

Media zgodnie atakują tego, kto jest akurat po przeciwnej stronie niż alianse polityczne zawarte przez państwo. Kiedyś dyżurnym złym, winnym wielu przestępstw chłopcem do bicia i wyśmiewania był prezydent USA razem ze swoimi imperialistycznymi kolegami. Bo wtedy byliśmy związani sojuszami z Rosją. A teraz jesteśmy związani sojuszami z USA, więc dyżurnym winowajcą oraz obiektem krytyki, dowcipów, drwin i szyderstw jest prezydent Rosji.

Niewiele się zmieniło od czasów zimnej wojny. Tylko obiekt.

I tak jest ze wszystkim.

Życie jest jak pociągowy koń, który powoli i z mozołem unosi cię naprzód. Nie musisz się nawet martwić dokąd ani którędy. Bo przecież ktoś inny o to dba. Ty tylko jesteś wygodnym pasażerem.

Jesz to, co ci sprzedają w sklepach. Pijesz to, co reklamują. Zarabiasz i wydajesz. Zawsze masz za mało. I ciągle masz jakieś drapiące wrażenie, że to nie tak miało być.

Rozdział 17

Powiem ci co zrobiłam.

Odkryłam zupełnie inny świat. A najdziwniejsze jest to, że on zawsze był w zasięgu mojej ręki, tyle że ja wcześniej nie umiałam go dostrzec.

Czułam, że on tam jest.

W jednej z książek napisałam, że byłam jak Neo z Matrixa, który zawsze miał dziwne wrażenie, że to, na co patrzy, i to, co ludzie nazywają „wszystkim", jest tylko cząstką czegoś znacznie większego. Czegoś, co jest inne od tego, co dotychczas udało nam się zrozumieć i opisać. Bo przecież to, co opisaliśmy w zgrabnych definicjach, to tylko fragment, który jesteśmy pojąć naszymi umysłami.

Zawsze wiedziałam, że jest coś więcej.

I zawsze szukałam przejścia prowadzącego tam na drugą stronę.

I jeszcze coś. Wiedziałam, że to, czego szukam, wcale nie znajduje się na innych planetach. I że wcale nie trzeba wsiadać do rakiety kosmicznej, żeby tam dotrzeć. Tym bardziej, że rakieta kosmiczna to tylko bardzo prymitywne narzędzie służące do badania tego, co człowiek jest w stanie zmierzyć, dotknąć i co pasuje do piramidy już gotowych prac naukowych.

Wiedziałam, że to jest bardzo blisko.
Nie na zewnątrz, ale pomiędzy.

Nie w sposób, jaki został dotychczas opisany, ale w taki, jaki umyka naszym pojęciom, przekracza wszystkie wyobrażenia i nie daje się jednoznacznie sklasyfikować. Także dlatego, że nieustannie się zmienia. A zmienia się w odpowiedzi na energię, jaką każdy z nas emanuje z siebie. To jest moc złożona ze świadomych i nieświadomych emocji, które kierują twoim myśleniem, odczuwaniem i postępowaniem, na jakie decydujesz się w ich konsekwencji.

Wtedy tego jeszcze nie wiedziałam.
I to właściwie nie jest istotne.

Bo zobacz.
Nie chodzi o to, żeby znów ograniczyć pewne pojęcie poprzez zamknięcie go w definicji. Kiedy uwierzysz w definicję, sam kierujesz swoim umysłem w taki sposób, żeby pozostać w jej granicach. Czyli sam nieświadomie odbierasz sobie możliwość odkrycia i doświadczenia czegoś zupełnie nowego.
Tak, świat jest taki, jak się wydaje.

Ale jednocześnie jest znacznie większy i zupełnie inny niż myślisz.

Bo wszystko zależy od sposobu, w jaki na niego patrzysz.

Pewne uporządkowanie spraw i pojęć jest przydatne, bo pozwala ludziom komunikować się na podobnym poziomie abstrakcji. Kiedy na skrzyżowaniu zapala się zielone światło, to nikomu już nie trzeba dodatkowo tłumaczyć, że to oznacza pozwolenie na ruszenie z miejsca. Tak się kiedyś umówiliśmy i wszyscy o tym pamiętają.

Tak samo jest z liczbami. Umówiliśmy się, że pięćset i pięćset tworzą tysiąc. A dwa plus dwa to jest cztery. I na tym najprostszym podstawowym poziomie rzeczywiście tak jest.

To daje ludziom poczucie bezpieczeństwa. Mają wrażenie, że opisali świat, że go rozumieją, a więc w pewien sposób nad nim panują.

Ale to tylko złudzenie.

Jeżeli odbierzesz ludziom komputery i wyłączysz prąd, jeżeli ukryjesz wszystkie samochody, autobusy, samoloty, rowery, tratwy i inne pojazdy, zabierzesz telefony, megafony i głośniki, jeśli spłoną ich ubrania, to powstanie chaos. Nagle ludzie odkryją, że są najbardziej kruchymi istotami na ziemi, a zniszczyć może je nawet zmieniająca się temperatura, śnieg albo nadmiar gorąca. Nie będzie już wtedy prezydentów i żebraków, bo kiedy wszyscy mają nic, to stają się sobie równi. To tylko nieporadne istoty ludzkie, które bez swoich technologicznych zabawek są bezradne jak dzieci.

Zresztą tak przecież czasami jest.

Kilka lat temu pod koniec grudnia postanowiłam polecieć do Australii. Kupiłam bilet, przyjechałam na lotnisko. Padał śnieg. Samoloty przestały latać. Udało mi się wylecieć z Warszawy z kilkugodzinnym opóźnieniem, dotarłam do Frankfurtu i tam okazało się, że lotnisko jest sparaliżowane. Bo śniegu jest za dużo.

Wszędzie w halach i korytarzach stały łóżka polowe. W koszach przywożono ciasteczka i wodę. Bo całe życie zatrzymało się z powodu zimy. Nikt nie mógł lecieć dalej. Wszyscy musieli czekać.

No, ale z cywilizacją jest tak samo jak z każdym pojedynczym człowiekiem.

Weź takiego gościa, który co rano jedzie do pracy. Wypił na śniadanie kawę z mlekiem chociaż wie, że po mleku ma biegunkę i bóle brzucha. Łyknął pigułkę na nietolerancję laktozy, bo słyszał w radiu, że to pomaga. I nie zarejestrował faktu, że ta informacja była zawarta w reklamie komercyjnego leku, więc nie można jej uznać za obiektywny komunikat, a jedynie za hasło promocyjne, czyli coś, co w takim samym stopniu może być prawdą, jak i kłamstwem.

– No jedź, jedź! – krzyczy znad kierownicy do kierowcy poprzedzającego samochodu.

Jest zima, ma zamknięte okna, więc nikt go nie usłyszy, ale takie pokrzykiwanie z jednoczesnym waleniem ręką w kierownicę daje mu poczucie władzy i kontroli. Ma wrażenie, że on też się tu liczy. Zaznacza swoją obecność. Daje znać, że jest wkurzony. Stoi w jednym z trzech sznurów aut unieruchomionych przez światła w porannym korku na ulicy prowadzącej do centrum.

Nie ma absolutnie żadnej kontroli nad tym, co dzieje się dookoła. Nie może nawet wstać i wyjść, bo przecież nie zostawi swojego samochodu na środku drogi. Więc siedzi w środku i jeśli świat pozwoli, posłusznie posuwa się naprzód o kolejne metry.

Włącza radio, sprzecza się ze spikerem. Wścieka się na słowa cytowanego polityka. Nerwowo każe wycieraczkom czyścić szybę z deszczu i śniegu. Ma poczucie kontroli. Ale w gruncie rzeczy jest całkowicie bezradny wobec wszystkiego, co go otacza – i pogody, i śniegu, i korka, i zepsutych świateł, i innych kierowców, i zbyt wąskich ulic, i organizacji ruchu w mieście, i wskazówek zegara, które nieubłaganie przesuwają się w stronę tego miejsca na tarczy, które łączy się z pośpiechem, niecierpliwością, zażenowaniem, wściekłością i nienawiścią do tych, którzy zmuszają go do podbicia karty na portierni. Bo znowu się spóźni.

Myślę, że gdzieś zawsze czułam, że jest coś więcej.

Podróżowanie po świecie pozwoliło mi poznać inne kultury, co było pierwszym fizycznym i namacalnym dowodem na to, że życie może być zupełnie inne. Zupełnie, kompletnie, całkowicie różne od tego, do czego jesteśmy przyzwyczajeni, bo zostaliśmy w tym wychowani i instynktownie uznaliśmy za uniwersalne i najlepsze.

Podczas tych wędrówek po materialnej rzeczywistości zdarzały mi się też bardzo niezwykłe chwile kiedy czułam, że otwieram drzwi do innej, równoległej rzeczywistości. Składającej się z nieskończenie wielu kolejnych warstw.

Nie śpieszyłam się.

Prawda
nie potrzebuje
napojów z liany ani
meksykańskich grzybków,
proszków ani mantr.

Ona sama do ciebie przyjdzie
Kiedy będziesz gotowy
dopuścić ją do
swojego umysłu

Nie podążałam za żadnym wcześniej opracowanym schematem. I nigdy nie wierzyłam w mechaniczne powtarzanie pewnych czynności, które miałyby przynieść „magiczne" rezultaty.

Dlatego nie chciałam uczestniczyć w żadnych „pradawnych rytuałach" organizowanych w Europie na wzór czegoś, co oryginalnie odbywa się w zupełnie innych okolicznościach.

Robienie czegoś dlatego, że tak to robi ktoś inny, oczekiwanie, że przyniesie to określony efekt, chęć użycia tego jako narzędzia do wyczyszczenia swojej duszy lub umysłu – moim zdaniem to nie może działać.

Mechaniczne odtwarzanie pewnego ceremoniału może dać tylko iluzję zmiany albo krótkotrwałej poprawy.

Używanie do tego celu różnych rekwizytów to tylko zabawa w tworzenie następnych iluzji.

To, czego w rzeczywistości szukasz, to Prawda. Ona nie potrzebuje ani dymu papierosowego, ani napojów z liany, ani meksykańskich grzybków, ani mantr z zaklęciami, ani tabletek, ani proszków czy zaczarowanych krzeseł.

Ona sama do ciebie przyjdzie kiedy będziesz w stanie dopuścić ją do swojego umysłu.

Ogarnie cię jak podmuch ciepłego powietrza po długiej zimie. Po prostu nagle w nią wejdziesz i od razu będziesz wiedział, że trafiłeś w sedno. Bo staniesz się z nią najzwyczajniej jednością. To takie uczucie jak znaleźć brakującą połowę samego siebie.

Nie drugiego człowieka, który wydaje się ciebie uzupełniać. Owszem, masz takie wrażenie, ale jest tak tylko dlatego, że patrzysz na niego z pragnieniem, żeby tak się stało. Widzisz tylko to, co chcesz zobaczyć, a resztę pomijasz, bo nie pasuje ci do obrazu, jaki chciałabyś stworzyć.

Mija czas. Powoli, stopniowo zaczynasz dostrzegać, że ten ktoś w rzeczywistości coraz mniej do ciebie pasuje. Myślisz, że on się zmienił i jesteś rozczarowana, ale w gruncie rzeczy on jest taki sam jak był. To ty przestałaś dopisywać mu to, co bardzo chciałaś, żeby on miał, ale czego nigdy w nim nie było.

To nie znaczy, że nie ma szczęśliwej miłości.

To znaczy tylko tyle, że drugi człowiek nie jest po to, żeby ciebie uzdrowić, ocalić i napełnić prawdą.

To jest zadanie z osobna dla każdego z nas.

I właśnie kiedy wdepniesz w swoją strefę prawdy, poczujesz się wreszcie kompletny, pełny i spełniony.

Rozdział 18

Zaczęłam szukać zależności. Dlaczego czasem czuję się lepiej, a czasem gorzej. Czasem mój umysł jest sprawny i bystry, a czasem wydaje się, że zrobienie prostej rzeczy przekracza moje możliwości. Czasem czuję się fantastycznie, a czasem łapię przeziębienie.

Robiłam eksperymenty, obserwowałam jak zachowuje się moje ciało, umysł i dusza w zależności od tego co jem, kiedy, ile, jak to przygotowuję, czym zajmuję się podczas jedzenia. Szukałam czegoś, co będzie powtarzalne. I znalazłam.

Umysł, dusza i ciało są ze sobą sprzęgnięte wieloma zależnościami. To co znajduje się w jednym, ma wpływ na pozostałe. Także na najprostszym fizycznym poziomie.

Odkryłam na przykład, że niektóre rodzaje pożywienia w taki sposób atakują komórki, że organizm musi wszystkie siły skoncentrować na nieustannym odbudowywaniu zniszczeń. Fizycznie to się przekłada na poczucie słabości, różnych bóli, wysypek i innych oznak zakłóceń w funkcjonowaniu przemiany materii.

I całkiem logiczne jest to, że w takiej sytuacji ty jako ty nie masz już najzwyczajniej siły, żeby z polotem korzystać ze swoich mocy umysłowych. Bo twoje moce leżą zmęczone w twojej czaszce jak pęczek zwiędłego koperku w oczekiwaniu na lepsze czasy.

Z mojego punktu widzenia było oczywiste, że postanawiam przestać odżywiać się takimi rzeczami.

To właśnie dlatego przestałam jeść rzeczy z fabryki żywności, czyli jakiekolwiek przetworzone produkty. Nie dlatego, że kotlet sam w sobie jest zły, ale dlatego, że ten kotlet robi się z dodatkiem mnóstwa syntetycznych substancji, które atakują organizm od środka.

I skoro jesteśmy przy kotletach.

Przestałam jeść mięso, bo czułam, że jest ciężkie i w pewien sposób obce. Miałam wrażenie, że jest jak obcy przybysz z innej planety, który nie pasuje do reszty i wymaga od mojego organizmu bardzo skomplikowanej i ciężkiej pracy pochłaniającej mnóstwo życiowej energii, którą można by wykorzystać w inny sposób.

I rzeczywiście. Głównie dlatego, że mięso dostępne w naszej cywilizacji pochodzi z haniebnych miejsc podobnych do obozów koncentracyjnych, gdzie zwierzęta są trzymane w niewoli, traktowane jak przedmioty i karmione chemicznym jedzeniem z hormonami wzrostu i antybiotykami.

To jest chore i nieszczęśliwe mięso od równie nieszczęśliwych istot. To nie może być ani dobre, ani zdrowe. I z całą pewnością nie służy rozwojowi twojej wewnętrznej siły.

Odkryłam najdziwniejszą rzecz: że ludzie usiłują karmić swoje emocje, zatruwając jednocześnie swoje ciało. Podczas gdy w rzeczywistości powinno się świadomie karmić swoje ciało, bo dzięki temu siłę i moc będą miały też twoja dusza i umysł.

Ludzie sięgają po śmieciowe jedzenie po to, żeby dostarczyć sobie pewnej przyjemności, bo przecież chemiczne dodatki atakują komórki nerwowe w mózgu. Poczucia bezpieczeństwa, które pewnie kojarzy im się ze słodkimi smakami pocieszenia albo nagrody, jakie dostawali w dzieciństwie. Uzależniają się od nich jak od marihuany.

Ale niestety wszystkie śmieciowe produkty wnoszą do twojego organizmu tylko bezwartościową masę pozbawioną składników odżywczych, z których twój organizm nie może tworzyć siły. Ze śmieciowego paliwa powstaje śmieciowa energia, której ilości wystarczają na zaspokojenie najważniejszych życiowych procesów, ale nie na więcej.

Zrozumiałam to metodą prób i błędów, eksperymentując przez kilkanaście lat z różnymi sposobami odżywiania się.

Konsekwentnie i uparcie kolejno odstawiałam wszystko, co jest szkodliwe albo śmieciowe. Przestałam jeść mięso, mleko, sery i inne produkty mleczne, przestałam pić alkohol, przestałam kupować półprodukty i gotowe rzeczy do zjedzenia.

To wydaje się skomplikowane, ale jest naprawdę proste.

Chodzi tylko o to, że zamiast kupić zupę w proszku, ja kupuję włoszczyznę i sama gotuję ją z kaszą i naturalnymi przyprawami.

Mam pewność, że nie jem chemicznych substancji, które są dodawane do wszystkich fabrycznie robionych rzeczy, żeby wzmocnić ich smak, zapach, zabarwić i zakonserwować, żeby mogły stać miesiącami na półce.

A jednocześnie poczułam w sobie porządek, równowagę, jedność. Już nie musiałam walczyć z moim ciałem, bo przestało chorować. Ani zmagać się z moim umysłem, bo stał się jasny i konkretny.

To było fantastyczne.

Ale to był dopiero początek.

Potem odkryłam, że moje postrzeganie tego, co istnieje dookoła, jest zawsze skażone tym, co noszę w duszy, w podświadomości i w moich myślach.

Zaczęłam więc szukać sposobu, żeby oczyścić swój umysł. Uwolnić od tego, co go zaśmieca, co instynktownie dąży do naginania pewnych faktów, co nie pozwala mi zobaczyć więcej niż tylko to, co jest widoczne na pierwszy rzut oka.

Ćwiczyłam więc myślenie i wyciąganie wniosków, ale także niemyślenie i nieuleganie chęci wydawania oceny tego, na co patrzę. To drugie było znacznie trudniejsze.

Nauczono nas osądzania. Wszyscy wszystkich przez cały czas osądzają, czyli wydają pewien emocjonalny wyrok oparty na własnym światopoglądzie, czyli całkowicie subiektywny, skażony własnymi lękami i nieuświadomionymi kompleksami. Krótko mówiąc: kompletnie nikomu do niczego niepotrzebny.

To jest jedno z najbardziej śmieciowych – czyli bezwartościowych – zajęć, jakie można sobie wyobrazić. Pochłania dużo energii i czasu, wywołuje złudzenie twórczego myślenia i pozwala się wywyższyć, co daje chorobliwe, fałszywe poczucie bezpieczeństwa.

Zobacz.

Przestrzeń publiczna jest tak skonstruowana, że wszyscy osądzają wszystkich.

Kiedy ktoś coś powie albo zrobi, natychmiast wszyscy zaczynają wyrażać swoją opinię na ten temat. Jedni mówią, że to było mądre, a inni, że to było głupie. Jedni, że potrzebne, a inni, że zbędne. Jedni, że to było piękne, a inni, że brzydkie.

Cały ten czas poświęcony na gadanie można by poświęcić na robienie czegoś konstruktywnego. Czy wiesz o ile szybciej można by wtedy załatwić wszystkie sprawy?

Ale nie. Ludzie mniej zajmują się robieniem, a więcej opowiadaniem sobie o tym co uważają na temat tego co robi ktoś inny.

Nie o tym CO ROBI ktoś inny, tylko o tym co ONI NA TEN TEMAT SĄDZĄ. Oceniają czy to jest fajne albo słuszne, zgadują dlaczego ten ktoś to robi, usiłują się domyśleć jakie ma ukryte intencje, snują przypuszczenia, zastanawiają się do czego to doprowadzi, czyli zajmują swoje umysły myśleniem o rzeczach, na które nie mają wpływu i o których w gruncie rzeczy nie mają pojęcia, bo są to teoretyczne rozważania o tym co być może było, być może jest i być może będzie.

Wszyscy ciągle osądzają.

W szkole osądzają cię za wyniki w nauce i zachowanie. Osądzają twój wygląd, twoje włosy, ozdoby, jakie wieszasz sobie na szyi, i buty, w jakich chodzisz. Oceniają twoje wypracowanie, twoją wypowiedź, twoje przekonania, twoje wiersze i doświadczenia chemiczne.

Musisz stawiać się na egzaminach, gdzie oceniają cię jeszcze dokładniej.

A kiedy myślisz, że zdałeś maturę i że wreszcie cały ten szkolny przymus oceniająco-krytykujący jest już poza tobą, nagle odkrywasz, że wcale nie, bo przecież cała dorosłość jest złożona dokładnie z tego samego.

Zmuszają cię, żebyś bez przerwy oceniał, osądzał i szufladkował.

Mówią ci, że musisz opowiedzieć się po jakiejś stronie, czyli że musisz kogoś kochać i kogoś nienawidzić.

Każą ci się co chwilę określać w gigantycznej liczbie kategorii. Czy jesteś wierzący, czy niewierzący, czy biały, czy czarny, czy liberalny, czy konserwatywny, czy masz duże gospodarstwo domowe czy małe, czy jesteś z klasy średniej, czy nieśredniej, czy masz wykształcenie podstawowe czy wyższe, czy masz zdolność kredytową, czy nie.

Nie zostawią cię w spokoju. I nie pozwolą ci po prostu być.

Będą cię codziennie atakować śmieciowymi doniesieniami o tym jaki ktoś jest, a ktoś inny nie jest, co zrobił, a czego nie zrobił i czy to jest dobre, czy złe. Zmuszają cię, żebyś uczestniczył w osądzaniu i zajmowaniu stron.

Będą cię kłuć kontrowersyjnymi opiniami, żeby cię sprowokować i wciągnąć do nieustającego szumu śmieciowej wiedzy dla śmieciowych umysłów.

Zauważyłam to mniej więcej w tym samym czasie kiedy zrozumiałam na czym polega śmieciowość niektórych produktów żywnościowych.

Tak jak coś mnie wcześniej ciągnęło do hot doga ze stacji benzynowej, tak ciągnęło mnie też do nagłówków z portali plotkarskich.

Najpierw sprawdziłam co jest takiego w tym hot dogu, że ma taką magnetyczną moc. Odkryłam syntetyczne wspomagacze smaku i zapachu, które agresywnie atakują komórki nerwowe, zmuszając je do nienaturalnie wzmożonej aktywności prowadzącej ostatecznie do ich wyczerpania i śmierci.

Złudzenie przyjemności smaku hot doga bierze się z chorobliwie rozdygotanych neuronów, które wysyłają zakłócone sygnały. A potem konają i giną bezpowrotnie.

Zrozumiałam to. Zobaczyłam to w wyobraźni.

Dziwisz się, że nigdy już później nie kupiłam hot doga i nie miałam na niego ochoty?...

A potem pomyślałam, rety, ale to jest dziwne, bo w bardzo podobny sposób ciągnie mnie do sprawdzania codziennie rano o czym się pisze, o czym się mówi, kto kogo zaatakował słowami, kto zaliczył wpadkę, a kto został oskarżony o udział w aferze.

I nagle dostrzegłam, że to są kompletnie nieważne i powierzchowne informacje. One trwają tylko przez kilkanaście minut,

Śmieciowe informacje
nie służą rozwojowi
twojego umysłu.

Mają go tylko
chwilowo zapchać czymś,
co udaje wiedzę.

Tak samo jak
hamburger chwilowo
zapycha żołądek, ale
nie przynosi żadnych
korzyści.
Oprócz syntetycznie
wygenerowanej
iluzji smaku.

a potem znikają pod warstwą następnych, równie agresywnie kłujących emocje.

Zostaje kłębowisko afer, słów, oskarżeń, ocen, kłamstw i prawd zmieszanych ze sobą w sposób niemożliwy do odczytania. I ciągle napływają nowe. Nie jest tak, że możesz dowiedzieć się jaka ostatecznie jest prawda stojąca za danym doniesieniem prasowym. Wszystko ginie we mgle wielomiesięcznych albo wieloletnich procesów sądowych oraz pod lawinami nowych agresywnych informacji.

I nagle zrozumiałam, że właśnie na tym polega ich śmieciowość.

Są bezwartościowe. Nie służą rozwojowi twojego umysłu, mają go tylko chwilowo zapchać czymś, co udaje wiedzę.

Tak samo jak hamburger chwilowo zapycha żołądek, ale nie przynosi żadnych realnych korzyści. Z wyjątkiem syntetycznie wygenerowanej iluzji smaku.

I to była druga rzecz, jaką zrobiłam.

Najpierw przestałam karmić moje ciało śmieciowym jedzeniem.

Potem przestałam dostarczać śmieciowej pożywki mojemu umysłowi.

Ha!

Moje ciało stało się zdrowsze i silniejsze.

I tak samo odżył mój umysł. I dusza.

To było fantastyczne uczucie!!!

Rozdział 19

Jest taki film pt. „Dawca pamięci" („The Giver") z 2014 r. Futurystyczny świat pełen dobrych, grzecznych i miłych osób. Wszyscy mają takie same stroje, takie same rowery i takie same plecaki. Wolno chodzić tylko po wyznaczonych drogach. Nie wolno się dotykać. Rodziny są dobierane przez władze. Nie przemocą i nie wbrew czyjejś woli. Po prostu określona kobieta otrzymuje przydział do określonego mężczyzny, a następnie oni oboje otrzymują przydział określonych dzieci do wychowania.

Czysty, sprawiedliwy, dobrze zorganizowany system.
Nikt nie narzeka. Wszyscy są zadowoleni.

I wszyscy codziennie rano przed wyjściem z domu zatrzymują się przy drzwiach, gdzie specjalne urządzenie podaje im pigułkę do połknięcia. To część systemu.

Kiedy jesteś wewnątrz systemu jako jeden z jego elementów, wiele rzeczy postrzegasz jako oczywiste i naturalne, ponieważ nigdy nie przyszło ci do głowy, żeby się zastanowić czym one w istocie są i do czego prowadzą.

To jest właśnie na przykład tak jak z oglądaniem telewizji w naszych czasach.

Telewizja jest integralną częścią naszej cywilizacji. Każdy ma telewizor, każdy jest przyzwyczajony do tego, że włącza go pilotem i śledzi co dzieje się na ekranie.[6] Twój umysł przyzwyczaja się do tej określonej aktywności. Posłusznie ogląda morderstwa, rozpadające się pojazdy w filmach katastroficznych, miałkie treści reality show, agresywne wypowiedzi atakujących się osób publicznych, wybuchy bomb, reklamy margaryny, proszku do prania i suplementu diety, i wiele innych rzeczy, które wypływają z telewizora i trzymają cię przed ekranem dziwną, magnetycznie przyciągającą siłą.

Twój umysł posłusznie trawi te wszystkie informacje. Buduje z nich w twojej podświadomości pewną wizję świata. Nawet pewnie nie zdajesz sobie sprawy z tego, że nosisz ciągle w pamięci te wszystkie wojny, przekleństwa, nieprawdziwe kłopoty bohaterów serialu obyczajowego, spojrzenie mordercy, zwłoki nieboszczyka, strach na widok broni gotowej do strzału.

Gdybyś podjął niepojętą zapewne z twojego punktu widzenia decyzję o dokonaniu wysiłku, żeby przestać oglądać telewizję,

---

6 „Każdy" w uogólnieniu zbiorowości. Ja nie oglądam telewizji i wiem, że takich osób jest więcej.

nagle zobaczyłbyś, że świat wygląda zupełnie inaczej niż ci się wydawało. Twój umysł co innego ci podpowiada, twoje wnioski są inne, a ty w ogóle jesteś jakiś spokojniejszy, masz lepszy humor, więcej siły, no i możesz wreszcie zająć się czymś, na co ciągle brakowało ci czasu.

W tym filmie jest tak samo.

Każdy obywatel codziennie rano od zawsze pobiera pigułkę wygenerowaną dla niego przez system. Nikt właściwie nie zastanawia się co w niej jest i po co.

System działa poprawnie. Wszyscy mają to, co powinni mieć. Robią to, co do nich należy. Każdy otrzymuje przydział do pracy, a wyboru dokonuje specjalna komisja, biorąc pod uwagę indywidualne predyspozycje.

Jest w tym państwie jeszcze jeden, sekretny zawód. To człowiek, który przechowuje w swojej pamięci wszystko, co zdarzyło się wcześniej w historii świata. To jest właśnie tytułowy „Dawca pamięci", w roli którego występuje Jeff Bridges.

I do niego pewnego dnia trafia młody chłopak. Ma się przyuczyć do zawodu. Został przez Szanowną Komisję (której przewodniczy Meryl Streep) wybrany jako następca Jeffa Bridgesa.

Dawca pamięci mówi chłopakowi, że musi przestać brać codzienną poranną pigułkę, ale nikt nie może się o tym dowiedzieć.

I tak chłopak zaczyna czuć. Zaczyna mieć emocje. Zaczyna kochać, pragnąć, tęsknić, dostrzegać zło.

Bo ta pigułka ma wszystkim stępić zmysły. Odebrać ludziom zdolność do odczuwania emocji i postrzegania prawdziwej natury rzeczy. Na przykład obywatele pracujący w szpitalu na oddziale noworodków zawsze przestrzegają obowiązującej procedury. Kładą na wagę noworodka, oglądają go i jeżeli jest za mały, ma jakieś wady albo w inny sposób nie spełnia przepisów, mają mu zrobić zastrzyk, który usypia go na zawsze, a następnie umieścić w odpowiednim pojemniku na odpady.

Dorosły człowiek w białym fartuchu kładzie dziecko na wadze, stwierdza zbyt niską wagę, sięga więc po strzykawkę. Dziecko płacze, więc dorosły pociesza, że za chwileczkę już będzie po wszystkim, a potem całkowicie bez emocji, bez współczucia, bez żalu czy smutku robi śmiertelny zastrzyk. Dziecko przestaje się ruszać, dorosły umieszcza je w przepisowym opakowaniu i wrzuca do odpowiedniego pojemnika. I przystępuje do obróbki następnego niemowlęcia.

Myślisz, że to okrutne? Wzdrygasz się na samą myśl?

A czy wiesz, że to wcale nie jest tak bardzo odległe od tego, co dzieje się w naszym świecie tu i teraz?

Zadam ci tylko jedno, proste pytanie.

Czy dbasz o to, żeby kupować wyłącznie produkty pozyskane od zwierząt w etyczny sposób, czyli taki, który nie zadaje im cierpienia?

Czy kiedykolwiek przyszło ci do głowy, żeby sprawdzić w jaki sposób zostało zabite zwierzę, z którego skóry została zrobiona twoja torebka, buty, płaszcz?

Galeria multimedialna: zeskanuj zdjęcie i zobacz zwiastun filmu „Dawca pamięci”.

Dawca Pamięci

Czy wiesz, że na niektórych fermach ludzie żywcem zdzierają skórę ze zwierząt? Czy wiesz, że zwierzęta przeznaczone na śmierć są trzymane w haniebnych, okrutnych warunkach, są chore, bite i źle traktowane?

No właśnie.
Coś ci się pewnie obiło o uszy.
Ale co z tego, że ci się obiło?
Pewnie nic.

Nosisz swoją skórzaną kurtkę, smarujesz się kremem ze składników testowanych na zwierzętach, jesz szynkę ze świni, która całe życie spędziła w ciasnym betonowym boksie unurzana we własne odchody.

Gdyby tak spojrzeć na to z daleka, okazałoby się, że właściwie to, co robili tamci ludzie w filmowym szpitalu, wcale nie jest tak odległe od tego, co robią ludzie w prawdziwym świecie.

Nie czują w sobie wrażliwości, żeby wczuć się w sytuację innych osób.

Nie są w stanie dostrzec cierpienia drugiej istoty i nie są w stanie się mu sprzeciwić.

Weźmy na przykład naukowców, którzy prowadzą doświadczenia na zwierzętach. Na szympansach, które są na tyle podobne do nas, że myślą, analizują, okazują radość, smutek i inne emocje. Wyobraź sobie naukowca, który codziennie podaje szympansom różne dawki trucizn, żeby sprawdzić który i w jaki sposób najszybciej umrze. Zwierzęta w laboratorium są trzymane w klatkach, nie mają możliwości kontaktu z prawdziwym światem, ze słońcem, wiatrem i wolnością. Są z góry skazane na śmierć podczas eksperymentów naukowych.

A ludzie jeszcze mają odwagę twierdzić, że to jest działanie dla dobra ludzkości.

Zadawanie komuś cierpienia, świadomie wywoływanie w nim choroby, robienie medycznych eksperymentów na żywym organizmie, przetrzymywanie przez całe życie w więzieniu – to ma być dobre????.... To ma wnieść do historii ludzkości coś dobrego???.....

Czy widzisz to co ja?

Przecież to jest jeszcze bardziej okrutne niż podanie śmiertelnego zastrzyku noworodkowi, który nie spełnia wymogów przepisów na życie.

Wiesz dlaczego o tym piszę?

Bo chcę zwrócić twoją uwagę na to, że prawdopodobnie jesteś taki jak obywatel państwa z filmu „Dawca pamięci". Nawet nie zauważyłeś kiedy twój umysł przestał widzieć co jest dobre, a co jest złe, co jest dla ciebie pożyteczne, a co szkodliwe. Zacząłeś po prostu żywić się śmieciową papką dostarczaną co rano do twojego domu pod postacią bezwartościowych treści dla twojego umysłu i równie bezwartościowej masy masowo produkowanego jedzenia. Wszystko jest gotowe do spożycia. Tanio trafia na twój stół. I zamula cię od środka tak, że zaczynasz działać jak robot.

Nic cię właściwie nie obchodzi, bo wychodzisz z założenia, że „ktoś o to dba". Żądasz szybkich i tanich rozwiązań dla twoich potrzeb. Chcesz mieć dostęp do darmowych filmów w Internecie, pornografii, ulubionego jedzenia i urlopu all inclusive kupionego w promocji.

Jesteś wkurzony jak ktoś zaczyna mówić o tym, że kury trzymane na przemysłowych fermach są nieszczęśliwe, sztucznie tuczone, chore, karmione antybiotykami, a jajka i mięso od nich pochodzące zawierają ślady lekarstw, hormonów wzrostu i innych toksycznych, niezdrowych substancji.

Ty *nie chcesz* o tym wiedzieć.

Wychodzisz z założenia, że są instytucje, które powinny się tym zająć, prawda? Że przecież za to urzędnicy biorą pieniądze z twoich podatków, żeby zajmować się takimi rzeczami. Także po to, żeby nikt nie psuł twojego samopoczucia opowieściami o tym, że codziennie zjadasz chore mięso od cierpiących ptaków.

Nie chcesz o tym wiedzieć. Nawet jeżeli to jest prawda, to ty po prostu nie chcesz o tym wiedzieć.

Nie obchodzi cię ani ta kura, ani krowa w obozie koncentracyjnym (czyli przemysłowej hodowli), ani lisy w hodowli na futra. Najchętniej wolałbyś odsunąć te obrazy od siebie i żyć spokojnie. Niech ktoś inny się tym zajmie, bo są przecież urzędy, które mają o to dbać.

Ale czy to nie jest tak samo jak ludźmi w tym filmie?

Oni też zrzekli się osobistej odpowiedzialności za to, co dzieje się w ich państwie. Słabsze i mniejsze noworodki trzeba zabijać.

A więc brali strzykawki i zabijali. A u nas? Słabsze i mniejsze istoty można dręczyć i zabijać dla zysku, żeby mieć więcej pieniędzy. Czy naprawdę się na to zgadzasz?

I tak to jest.

Najpierw umywasz ręce i zaczynasz się zgadzać na zło, które ktoś czyni w twoim imieniu. Czujesz się usprawiedliwiony, bo ty nie robisz nic złego. To ktoś inny robi, nie ty.

Potem twoja obojętność stopniowo staje się coraz większa. Jesteś gotów zgodzić się na coraz więcej. Twoja wrażliwość maleje i kurczy się w sposób dla ciebie niedostrzegalny.

Mówią w wiadomościach, że ktoś ma zostać zlikwidowany. Wydano oficjalny nakaz znalezienia i zlikwidowania kogoś przez policję. Czy zwracasz uwagę na to, że chodzi o pościg za człowiekiem, który ma zostać zabity? Czy rozumiesz i czujesz sercem co to właściwie znaczy? I czy dostrzegasz różnicę w słowach, jakich używa się w zależności od tego kto zabija kogo?

Kiedy twój system, twoje państwo chce kogoś zabić, to mówi o tym, że ktoś ma być zlikwidowany.

Kiedy śmierć zadaje ktoś uznawany przez wroga twojego państwa, wszyscy mówią o morderstwie albo zabójstwie.

Dzień po dniu, powoli i subtelnie, zatrzaskują się coraz bardziej bramy twojego umysłu i serca.

Stajesz się posłusznym obywatelem, który widzi tylko to, na co wolno mu patrzeć. Myślisz w taki sposób, jak wolno myśleć. I oczywiście zupełnie nie zdajesz sobie z tego sprawy.

Rozdział 20

Tak, tego nauczyłam się podczas samotnych podróży.

Zaczęłam czuć się odpowiedzialna za moje życie. Za wszystko, co się w nim znajduje. Bo kiedy spojrzałam wstecz, łatwo znalazłam prawdziwe źródła wszystkich późniejszych zdarzeń. Zarówno tych złych, jak i tych dobrych.

Znalazłam w sobie odwagę, żeby spojrzeć na rzeczywistość i nazwać po imieniu to, co się w nim dzieje.

Nauczyłam się też patrzeć. Patrzeć w taki sposób, żeby *widzieć*, a nie tylko dotykać oczami. Widzieć głębiej, dalej, także to, co jest z pozoru niewidoczne. Patrzeć naprawdę, moją własną duszą, a nie według wskazówek, jakie zostały mi narzucone.

Twój umysł jest trochę jak dom albo mieszkanie. Wchodzisz do środka i poruszasz się zgodnie z korytarzami, jakie ktoś zbudował między wewnętrznymi ścianami. I pewnie nigdy nie przyjdzie ci do głowy, żeby zburzyć te ściany i zaprojektować wnętrze jeszcze raz, na nowo, świadomie. Dostosować je do twoich indywidualnych potrzeb i możliwości.

Zobacz. Nawet w nieuchwytnej dziedzinie sztuki jesteśmy przez system wytresowani do myślenia w ramach ściśle wyznaczonych granic.

Czy ktoś pokazał ci kiedyś obraz i zapytał:

– Co czujesz? Czy to cię inspiruje? A jeśli tak, to do czego?

Pewnie nie. Nie pozwolą ci po prostu patrzeć na obraz Picassa. Chłonąć go duszą, wyobraźnią, podświadomością, sercem. Pozwolić mu się zabrać w tajemniczą, nieokreśloną, płynną krainę zmysłów, myśli, wspomnień, odkryć, skojarzeń.

Nie. Zamiast tego każą ci wiedzieć jaki to styl, kiedy powstał, jaką techniką został wykonany, w którym roku, w jakiej fazie twórczości artysty, co przedstawia, dlaczego akurat to i co artysta chciał przez niego powiedzieć. Czasem dodają ile kosztuje ten obraz, tak jakby chcieli ci zasugerować, że jest bardziej cenny, bo ktoś chce zapłacić za niego milion.

A to jest nieważne.

Liczy się tak naprawdę to, co czujesz stojąc przed tym obrazem. Czy masz ochotę się w nim zatopić, dać się unieść na fali czegoś przedziwnego, co nie ma nazwy i nie musi jej mieć. To jest coś, co nie potrzebuje definicji, bo jest silniejsze niż słowa.

Stoisz i patrzysz na obraz. Nie tylko na to, co znajduje się na płótnie w policzalnej ilości dotknięć pędzla. Patrzysz dalej.

Twój umysł jest trochę
jak dom albo mieszkanie.
Wchodzisz do środka
i poruszasz się zgodnie
z korytarzami,
które ktoś zbudował
między wewnętrznymi
ścianami.

I pewnie nigdy
nie przyjdzie ci do głowy,
żeby zburzyć te ściany
i zaprojektować
wnętrze jeszcze raz,
na nowo, świadomie.

Dostosować je do twoich
indywidualnych
potrzeb
i możliwości.

Mijasz oczami konkretne kształty na tym obrazie. Nie musisz ich nazywać. Nie musisz wiedzieć jaki to gatunek ptaka albo owocu. Przechodzisz obok nich. Unosisz się i fruniesz dalej, w głąb. Coś cię porywa ze sobą. Czujesz emocje. Odbierasz przedziwne wrażenia. Niektóre z nich zostawione przez duszę artysty podczas tworzenia. Inne z połączenia barw i linii. Jeszcze inne powstają w momencie kiedy spotykają się z nimi twoje nieuświadomione myśli i pragnienia.

Czy próbowałeś kiedyś spojrzeć na obraz w taki sposób?

Pewnie nie.

Bo nauczono cię, że obraz jest płaską, zamkniętą całością z etykietką, na której jest napisane to, co potrzebujesz wiedzieć. Że rok 1936, obraz namalowany w Paryżu, olej, węgiel i piasek na płótnie, 50 cm x 61 cm, i już. I że Pablo Picasso, więc sławny. A jeżeli trafisz na przewodnika uważanego za znawcę sztuki, to z pewnością usłyszysz też, że to jest obraz kubistyczny, że Picasso zastosował w nim „odważne zaokrąglone linie i łuki strukturalne oraz różnorodne kolory, odchodząc od stylistyki monochromatycznej". I pomyślisz sobie wtedy:

– No tak, to jest zupełnie nie dla mnie. To jest obce. Nie rozumiem tego, nie znam się na tym, to jest dla kogoś innego.

I pewnie będziesz też miał wrażenie, że ten Picasso to po prostu geniusz, który w jednym palcu ma „łuki strukturalne, stylistykę monochromatyczną, zasady kubizmu oraz śmiałe łamanie schematów".

Tymczasem w rzeczywistości było tak, że człowiek o brązowych oczach stanął przed białym płótnem i zapełnił go tym, co mu w duszy grało. Używając do tego pędzla, palety i farb wyciskanych z tubek. Tylko tyle. Jestem pewna, że podczas malowania obrazu ani razu nie pomyślał o strukturach, stylistykach ani zasadach. On po prostu malował. Nie starał się powielić żadnego wzoru ani podążać za schematem. Bo wzory i schematy powstają później. Wtedy, kiedy naukowiec siada za biurkiem i zaczyna wymyślać formułki i tworzyć klasyfikacje dla wszystkiego, co widzi.

Artysta nie musi tego robić i choć nie mam na to żadnego dowodu, jestem pewna, że tak właśnie malował Picasso.

Przełożył na płótno fragment swojej duszy. Jest bardzo możliwe, że kiedy kładł na płótnie pierwsze linie, nie miał pojęcia jak będzie wyglądało skończone dzieło, bo ono tworzyło się razem z nim w czasie kiedy było malowane. Tak jakby każde dotknięcie pędzlem powoływało do życia kolejny fragment nie istniejącego wcześniej bytu, który współgrał z tym, co czuje i myśli artysta, a jednocześnie kierował go dalej ku trudnej do przewidzenia przyszłości. Artysta nie zatrzymuje się wtedy i nie zaczyna pytać jaki to styl, w którym nurcie i w jaki sposób powinien prowadzić pędzel po płótnie. On po prostu to robi. Kieruje nim natchnienie. Czyli inspiracja, której nie da się zamknąć w żadnej definicji, formułce ani gotowym przepisie.

Tak powstaje sztuka.

I od ciebie zależy czy będziesz w stanie odbierać tę sztukę w równie natchniony sposób, czy zatrzymasz się na poziomie zestawu faktów i pójdziesz dalej.

Ale zobacz co może się stać.

Kiedy stajesz przed dziełem sztuki albo dziełem natury i odruchowo próbujesz ubrać je w słowa, i odtwarzasz przygotowane wcześniej definicje, sam siebie ograniczasz. Poruszasz się wtedy tylko w sferze tego, co już zostało nazwane, zmierzone i zbadane. Czyli jesteś odtwórcą, który może jedynie dopasować fragmenty gotowej wiedzy.

Sprawdzasz jaki tytuł ma obraz, w którym roku został namalowany, z jakiej epoki pochodzi, komu został zadedykowany, jaką techniką został wykonany, jak nazywa się autor, w jakiej jest kolekcji. To puste, nic nie znaczące informacje. Nic nie poczujesz. No, może zmarszczysz czoło na widok informacji o tym jaka jest jego cena. I pójdziesz dalej.

Nic się nie zmieni w twoim świecie. Schemat bycia w biurze zostanie gładko zamieniony na schemat zwiedzania muzeum. Schemat myślenia o tym jak przejść przez ulicę zostanie zastąpiony przez schemat postrzegania obrazu.

Tak cię pewnie nauczono w szkole, prawda?

U mnie w szkole tak było. Każde dzieło sztuki – czy to wiersz, czy obraz, czy powieść – było rozkładane na elementy pierwsze jak podczas sekcji zwłok. Każdy element miał gotową szufladkę, do której należało go wrzucić. Wszystko musiało zostać uporządkowane i zmierzone, przypięte teoretyczną szpilką w odpowiednim miejscu teoretycznej gabloty szkolnej wiedzy.

Buntowałam się. Nie znosiłam wypracowań z cyklu „Charakterystyka Barbary z „Nocy i dni"" i tego, że oczekiwano ode mnie tekstu złożonego z nudnych, martwych podręcznikowych wyrażeń w stylu „zamożna, podupadła szlachta ziemiańska".

Walczyłam. Pisałam wypracowania na zupełnie inne tematy, rysowałam w zeszytach, podczas klasówek pisałam opowiadania.

Uciekałam przed schematami.

Czułam, że każdy schemat jest jak potworne mechaniczne zwierzę, które połyka cię i zamyka w więzieniu mechanicznego, uporządkowanego świata ze ściśle wyznaczonymi granicami.

Szybko uczysz się gdzie są ściany i nigdy już nie próbujesz ich przekraczać. Żyjesz odtąd w płaskim, jednowymiarowym, nudnym świecie, który usiłujesz ubarwiać krótkimi przyjemnościami płynącymi z Internetu, telewizji albo śmieciowego jedzenia. I myślisz, że takie jest życie.

Ale ono jest zupełnie inne.

Naprawdę.

Bo granice wyznaczone w twojej głowie stoją tak tylko do momentu, kiedy uświadomisz sobie, że możesz je zburzyć. I zbudować coś od nowa.

Rozdział 21

Spróbuj.

Nie musisz mieć żadnych dodatkowych narzędzi ani tajemnej wiedzy. Twój umysł sam cię poprowadzi jeśli tylko mu na to pozwolisz.

Każdy z nas przez cały czas ma dostęp do wszystkich innych współistniejących wymiarów. Rzeczywistości, sposobów myślenia, możliwości i dróg.

Jedyna różnica między ludźmi polega na tym, że niektórzy przez całe życie śpią poruszając się w granicach utartych schematów. A inni mają odwagę wyruszyć w nieznane.

Spróbuj zrobić małe doświadczenie.

Znajdź obraz, który ci się podoba. Nieważne kto go namalował, kiedy i za ile. Skoncentruj się na tym, żeby to było coś, co w jakiś tajemniczy sposób cię porusza. Obraz, na który chcesz patrzeć, który lubisz, który cię przyciąga do siebie.

Umieść go w niewielkiej odległości od siebie, około metra. To nie musi być prawdziwy żywy obraz na płótnie. Wystarczy fotografia na ekranie komputera albo reprodukcja w kalendarzu.

Znajdź taki moment, kiedy możesz swobodnie i bez pośpiechu poświęcić na to czas.

I patrz.

Nie szukaj niczego, nie nastawiaj się na mistyczne doznanie i nie zastanawiaj się nad tym, co widzisz. Tylko patrz.

Pozwól, żeby twoje oczy zatopiły się w tym obrazie. I podążaj za nimi. Najprawdopodobniej stanie się tak, że twoje oczy najpierw przesuną się po całości, w pewien sposób połkną pełen obraz i zapiszą w twojej podświadomości jego kopię, z której potem zaczną się wyłaniać zupełnie nowe rzeczy, z których wcześniej nie zdawałeś sobie sprawy.

Większość ludzi zatrzymuje się na tym pierwszym powierzchownym poziomie. Widzą płótno, na którym znajduje się dzbanek z kwiatami albo pole pełne dojrzałego zboża. Ich umysły zapisują w podręcznej pamięci całość tego obrazu, a następnie są karmione pustymi informacjami o tym w jakiej technice obraz został namalowany, jakie ma wymiary i gdzie wisi jego oryginał.

To tak, jakbyś miał maleńką, świeżo wykiełkowaną roślinę i podlewał ją suchą konewką. Nic z niej nie wyrośnie. Nawet nie zdążysz się zorientować, że coś cudownego już wykiełkowało w twojej duszy, bo zginie zanim będzie miało szansę wypuścić pierwszy listek.

Spróbuj więc inaczej.

Patrz tam, gdzie chcą patrzeć twoje oczy. Nie zastanawiaj się dlaczego tak jest ani czym dokładnie jest to, na co patrzysz. Czekaj na to, co stanie się dalej.

Budzi się twoja dusza. To ona przecież kieruje twoimi oczami. Idź za nimi.

Wtedy właśnie dostrzeżesz w tym obrazie coś, na co wcześniej w ogóle nie zwróciłeś uwagi. Niby nieważny element, być może ukryty gdzieś z boku, ale jednak to właśnie on przyciąga twoją uwagę i to na niego chcesz patrzeć.

To patrz.

Nie kombinuj, nie próbuj nazywać tego wrażenia ani ubierać go w intelektualne wywody. Tylko patrz. Stań za swoimi oczami i czekaj na to, co stanie się dalej.

Otwórz myśli. Poczuj jak chłoniesz barwy, kształty i linie, jak one przenikają do twojego umysłu, układają się w nim, tworzą wzory. Nie próbuj ich odczytać ani nazywać. Tylko odbieraj docierające do ciebie wrażenia.

Patrzysz na ten obraz, ogarniasz go wzrokiem, ale twoje oczy znowu prowadzą cię w to jedno wybrane miejsce. Nie rozumiesz dlaczego, bo przecież nie ma tam niczego nadzwyczajnie szczególnego, ale zgadzasz się na to. Patrzysz znów na wybrany przez twoją duszę fragment. Nie przez przypadek.

Patrz tam, gdzie chcą
patrzeć twoje oczy.
Nie zastanawiaj się
dlaczego tak jest.
Czekaj na to,
co stanie się dalej.

Tam najprawdopodobniej znajduje się miejsce, przez które możesz wejść dalej do środka.

I znów nie wymaga to od ciebie żadnej wiedzy i żadnego przygotowania.

Nawet lepiej jeżeli nie wiesz nic o tym obrazie, jego autorze ani mechanizmie funkcjonowania umysłu. Bo im więcej znasz naukowych teorii, tym bardziej jesteś gotowy się w nich zagubić i wpaść w kolejny schemat, nie zdając sobie oczywiście sprawy z tego, że jest schematem.

To stanie się samo.

Nie musisz wiedzieć jak to zrobić ani kiedy. Jedyne, co masz zrobić, to stanąć przed wybranym przez siebie obrazem i patrzeć. I nie natężaj się specjalnie podczas tego patrzenia. Nie zachowuj się jak mag podczas czarownej prezentacji. Nikomu nie musisz niczego udowodnić. Przed nikim nie musisz się popisać. To jest coś, co odbywa się tylko między tobą a tobą, czyli pomiędzy twoim świadomym, racjonalnym umysłem, wyszkolonym i wytrenowanym w podążaniu za schematami – a twoją wolną, swobodną, otwartą duszą, która ma dostęp do wszystkich tajemnic świata.

I ona cię poprowadzi.

Więc patrz.

Przesuwaj się oczami po obrazie. Lekko, bez przymusu, bez naciskania, że musisz coś znaleźć.

Po prostu patrz. Otwórz umysł i pozwól, żeby rejestrował także to, czego nie rozumiesz i nie znasz. Twoje oczy są teraz twoimi przewodnikami, które mają wiedzieć więcej niż ty.

Najpierw zatrzymają się w miejscu, które dla ciebie nie wydaje się specjalnie atrakcyjne. I będą wracały do tego miejsca. A jeżeli będziesz w stanie puścić się swoich przypuszczeń, świadomych myśli i dociekań, zabiorą cię ze sobą dalej. Będziesz miał wtedy wrażenie jakbyś patrzył na ten obraz od wewnątrz. Tak jakbyś przeniknął pod jego skórę i znalazł się w jego środku.

I wtedy poczujesz co naprawdę się w nim kryje.

Nie tylko to, co zostało w nim zapisane. Także to wszystko, co istnieje w nim bez udziału nas, ludzi. Poza wolą jego twórcy i publiczności. Co jest w nim samym i co powstało z chwilowego połączenia różnych chwil wraz ze wszystkim, co w tym chwilach było zapisane. Od zapachu powietrza, bicie serca i szum wiatru, przez życie budzące się kiełkującym zbożu, cień skrzydeł ptaka lecącego po niebie, smak jagód, odgłos kroków, aż po chłód nadciągającego wieczoru, pełne oczekiwania spojrzenie na drzwi, samotność, marzenie, spełnienie. Wszystko, co było i jest. I to co będzie.

Zanurzysz się w tym obrazie jak w miękkim oceanie wrażeń. Jak we śnie, kiedy płyniesz przed siebie popychany przez tajemną siłę. Kiedy wszystko dzieje się samo, bez twojego udziału.

Poza twoją kontrolą i decyzją, ale jednocześnie dopiero wtedy zaczynasz rozumieć jak bardzo ograniczone jest to wszystko, co mógłbyś osobiście wymyślić i zaprojektować.

Płyniesz więc naprzód jak zafascynowany pasażer przez wielkie, bogate, wielowymiarowe światy, które dają ci poczucie niezwykłego sensu, porządku i spełnienia, napełniając jednocześnie apetytem na więcej, inspiracją i siłą.

To niesamowite wrażenie.

Rozdział 22

Najpierw buntowałam się przeciwko temu, co dawało poczucie zniewolenia. Nie znosiłam kiedy ktoś mnie do czegoś zmuszał. Nie znosiłam zakazów, sztywnych reguł, przepisów ani tego, że kazano mi myśleć w określony sposób. Dlatego uciekałam ze szkoły, a jeżeli do niej przychodziłam, to po to, żeby okazać sprzeciw i bunt.

Szukałam nowych rozwiązań, nowych dróg. Kiedy wszyscy rysowali na papierze, ja malowałam na kamieniach albo na płatach styropianu. Kiedy dziewczyny podczas lekcji przeglądały się w lusterkach i wymieniały tuszem do rzęs, ja przychodziłam rozczochrana i w starym swetrze. Kiedy po maturze najlepsi poszli się uczyć dalej na uniwersytety, ja zwiałam ze studiów i zaczęłam pisać książki.

Ale to było łatwe.

Wyraźnie widziałam czego nie chcę i co do mnie nie pasuje. Nie chciałam uczyć się gotowych formułek, nudzić podczas wykładów i stresować przed kartkówką. To było dobre w podstawówce, kiedy dzieci nie mają żadnego wyboru. Ja mam wybór. I nie zgadzam się robić tego, co uważam za stratę czasu.

Odchodzę więc, zamykam za sobą drzwi, a studia nie biegną za mną i nie namawiają, żebym wróciła. Jestem wolna.

To znaczy tak mi się wtedy wydawało.
Że jestem wolna i podejmuję świadome decyzje.
Żyłam w takim przekonaniu przez kilka lat.

Gdyby ktoś mnie wtedy zapytał, odpowiedziałabym, że wszystko jest dokładnie tak, jak chcę. Tak jak sobie zaplanowałam i jak chcę, żeby było. Bo bardzo chciałam w to wierzyć. Nigdy w życiu nawet przed samą sobą nie byłabym wtedy w stanie się przyznać, że jest inaczej. Że w gruncie rzeczy wcale nie panuję nad tym co się dzieje i czuję się w tym zagubiona. Bo bardzo długo udawałam przed samą sobą, że daję sobie radę i mam wszystko pod kontrolą. Ale nie miałam. Ani w miłości, ani w pracy twórczej, ani w sferze mojej duszy, ani umysłu, ani ciała.

Szłam w zaparte. Przed samą sobą, oczywiście, bo nie musiałam się przed nikim tłumaczyć. Ale kłamstwa, w jakie wierzysz, bo bardzo chcesz w nie wierzyć, są najtrudniejsze do obnażenia.

Wymagają największej odwagi, bo musisz wtedy w pewien sposób stanąć całkowicie bezbronny przed samym sobą. I sama myśl o tym, że można uczciwymi, jednoznacznymi słowami nazwać to, co naprawdę się w tobie dzieje, jest przerażająca.

Spróbuj przymierzyć się do tego, żeby spojrzeć na siebie w lustrze i powiedzieć do siebie na głos swój największy lęk. To bardzo trudne. Tak samo trudne jak uświadomienie sobie tego, czym ten lęk jest w istocie, skąd się wziął i z czym jest związany.

Ludzie zwykle odwracają wtedy wzrok. Nie chcą o tym myśleć. Ignorują takie wyzwanie. Znajdują dziesięć powodów dlaczego to nie jest ważne ani potrzebne. Ale w rzeczywistości chodzi tylko o to, żeby odsunąć to od siebie, bo wygodniej jest żyć w iluzji.

Iluzja jest miła. Iluzja usypia. Pozwala zapaść się w przyjemny stan odrętwienia, kiedy nic nie czujesz, udajesz, że nic nie wiesz i chcesz, żeby wszystko kręciło się samo.

Ale w życiu tak się nie da.

Iluzja będzie jak tratwa, na której śpisz. Prędzej czy później okaże się, że na twojej drodze jest wodospad, a ty lecisz w dół na pysk i rozbijasz się o skały.

I ja też spadałam. Płakałam, nienawidziłam, złorzeczyłam. A potem wstawałam uparcie i szłam dalej. I dalej. I dalej.

Aż pewnego dnia zauważyłam, że kłamię. Usłyszałam kłamstwo we własnych myślach. Nikt o nim nie wiedział, tylko ja. Ale to nie dawało mi spokoju.

No i życie czasem stawało dęba jak szalony rumak, a ja znowu leciałam na ziemię w gryzący kurz drogi, rozbijałam sobie nos, płakałam i spadałam na dno rozpaczy.

Kręciłam się w kółko.

Iluzja jest jak tratwa,
na której śpisz
zmierzając prosto
do wodospadu

I gdzieś to kółko postanowiłam złapać. Obejrzeć. Przyjrzeć mu się z bliska.

I wiesz co odkryłam?

Że te wszystkie życiowe zakręty, karkołomne zdarzenia, dramatyczne przypadki, rozczarowania, niesprawiedliwości, oszustwa i wpadki – wszystkie powstają z nawarstwionej iluzji. Z kłamstw, jakie nosisz w sobie, choć najczęściej w ogóle nie zdajesz sobie z tego sprawy.

Na przykład z głęboko ukrywanego strachu przed utratą poczucia bezpieczeństwa. Jeśli ten strach kieruje twoimi myślami, to będziesz ciągle starał się budować fałszywe kryjówki. Jak struś na pustyni, który na widok zbliżającego się niebezpieczeństwa chowa głowę w piasek i wierzy w to, że uniknie zagrożenia. Mimo że przecież cały jego wielki zadek sterczy na pustyni jak kolumna Zygmunta. I przepraszam strusie, bo wiem, że w rzeczywistości nie wsadzacie głów do piasku, a czasem tylko pod skrzydło.

Tak czy inaczej, kiedy budujesz sobie małe kłamstewka, wydaje ci się, że możesz łatwiej żyć. Na przykład kupujesz więcej rzeczy niż naprawdę potrzebujesz, bo to ci daje iluzję obfitości, bogactwa, co w twojej podświadomości przekłada się na poczucie bezpieczeństwa.

Ale te kłamstwa pozostają kłamstwami.

Im więcej ich jest, tym bardziej masz wrażenie, że tracisz grunt pod nogami. Myślisz, że to świat wali ci się na głowę, ale w rzeczywistości ten chaos jest jasną i bezpośrednią konsekwencją wszystkiego, w co wierzysz: twoich iluzji, kłamstw, przekonań i lęków.

Kiedy to zrozumiałam, zatrzymałam się i postanowiłam posprzątać w mojej głowie.

Zaczęłam od nazwania po imieniu różnych myśli i uczuć, jakie pojawiały się w mojej duszy. Bo one przecież były jak rośliny, które wyrastały z nasion rzuconych kiedyś dawno w moim umyśle. Niektóre piękne jak róże, ale inne agresywne i destrukcyjne jak chwasty, które zagłuszały porządek i ład.

Skąd się wzięły? Dlaczego tak bujnie rosną? Dlaczego zabierają mi światło i spokój?

Jestem uparta. A kiedy się uprę, to będę iść wytrwale tak długo, aż znajdę właściwą drogę.

Zaczęłam szukać odpowiedzi. I znalazłam. A potem rozpoczęłam akcję oczyszczania ogrodu moich myśli. O tym napisałam w książkach z serii „W dżungli podświadomości".

Wtedy wpadłam na następny trop. Odkryłam, że bardzo ważna jest też woda, której używasz do podlewania ogrodu swojego umysłu i duszy. Czy to, co jesz i pijesz na co dzień. O tym napisałam w serii „W dżungli zdrowia".

Równocześnie przez kilkanaście lat wysyłałam siebie na trudne, samotne wyprawy do najbardziej odległych i niebezpiecznych miejsc na świecie, gdzie pobierałam niekończące się życiowe szkolenia z zakresu mnogości potencjalnych sposobów myślenia, życia, odczuwania, reagowania i po prostu *bycia*.

To było najtrudniejsze.

Tak jak łatwo było kiedyś burzyć schematy szkoły i buntować się przeciwko przepisom, które mi się nie podobały, tak bardzo trudno było uświadomić sobie, że noszę w sobie głęboko wyrzeźbione gotowe schematy i formułki, które niezauważalnie dla mnie samej zniewalają moje myśli.

To było trudne, ale i najbardziej niesamowite. Fascynujące. Czułam się tak, jakbym została wpuszczona do podziemnego grobowca starożytnej piramidy, gdzie leżą mumie. Wszyscy na powierzchni mówią:

– Nie, no coś ty, tych mumii nie wolno dotykać. One tam leżą od tysięcy lat i jest im tam dobrze. Daj spokój, zajmij się czymś pożytecznym. Wyjdź za mąż.

A ja schodzę po schodkach coraz niżej i niżej. Idę przez wąskie korytarze. Czuję pod palcami rzędy liter wyrytych na ścianie i mam wrażenie, że w tajemniczy sposób prowadzą mnie dalej. Słyszę tych, którzy się ze mnie śmieją. Przekręcają moje słowa, przypisują mi rzeczy, których nie powiedziałam, drwią i szydzą, a potem machają ręką i wracają do piętrzących się aktualnych spraw pieniędzy, polityki, obnażania prywatności i żerowania na prowokacyjnych wypowiedziach, które pojawiają się w przestrzeni publicznej jak świeża dostawa padliny dla sępów.

Tak jest skonstruowana sieć środków masowego przekazu. Zobacz jak często pojawia się w nich ktoś, kto mówi coś, co budzi fale oburzenia. Na przykład polityk oświadcza, że ludzie są zmęczeni pracą i trzeba dać wszystkim rok urlopu. Wiadomo, że to bez sensu, niewykonalne i niemądre, ale chwilowo jest „kontrowersyjne". Czyli wszyscy zaczynają to komentować, prześwietlać ze wszystkich stron, wyśmiewać, ale i zawsze znajdą się tacy, którzy będą przyklaskiwać.

Na tym polega zabawa opiniami, która toczy się w środkach masowego przekazu. Kiedyś myśleliśmy, że gazety, radia i telewizje będą dostarczały informacji i szerzyły mądrość, ale na razie jest tak, że najchętniej rzuca się na środek publicznego stołu jakąś świeżą, ociekającą absurdem wypowiedź zwaną „kontrowersyjną", i wszyscy przybiegają, żeby się jej przyjrzeć i głośno wypowiedzieć swoje zdanie. I nic z tego nie wynika.

Bo kilka godzin później pojawia się nowa „kontrowersyjna" wypowiedź, tym razem z ust celebryty, który chce zwrócić na siebie uwagę. I wtedy wszyscy biegną do niego, świecą reflektorami, prześcigają się w cytatach, interpretacjach oraz swoich czasem równie „kontrowersyjnych" komentarzach i tak się to wszystko toczy.

Byle tylko było dużo światła i dużo hałasu.

No i jest.

Ale mniejsza z tym. Idę dalej. Zupełnie sama. Kończy się jeden korytarz, zaczyna następny. Nie ma wskazówek. Ale pytam siebie czy to jest dobra droga i zanim usłyszę odpowiedź, moje stopy niosą mnie dalej. Nie zatrzymują się. Myśli przystają z wahaniem, ale stopy wędrują. Wędrują. Wędrują.

I nagle wiem. Wchodzę do komnaty.

– Co tak długo? – pytają mumie.

O rety!

– To wy żyjecie? – pytam zdumiona.

– A kto powiedział, że nie?

– No, wszyscy tak mówią.

– Kto „wszyscy"?

– No wszyscy. Wszyscy, zawsze, już w szkole tak mówili.

– Ale kto?

Zamykam usta i milczę. Bo uświadamiam sobie nagle, że właściwie to ja nie wiem kto tak mówił! Jakoś tak przyjęło się myśleć. Gdzieś dookoła zawsze krążyły okruchy informacji, z których wynikało, że tak jest. Chyba rzeczywiście nikt nie powiedział konkretnie, że jest jak jest, tylko mnóstwo rzeczy kryło się w niedopowiedzeniach, sugestiach, domysłach, tak jakby one wynikały w oczywisty sposób z tego, co robimy, w co wierzymy i do czego publicznie się przyznajemy.

Mumie w podziemiach. Wszyscy myślą, że one leżą w martwych sarkofagach obrośnięte w pajęczyny i pleśnie, że lepiej ich nie dotykać, nie zbliżać się, nawet o nich głośno nie wspominać.

A ja schodzę pod piramidy, wędruję samotnie przez wilgotne, ciemne korytarze, cudem znajduję właściwą drogę, wchodzę do ogromnej, oświetlonej komnaty i co widzę?...

To wcale nie są martwe, nieme mumie zawinięte w bandaże! To są żywe istoty, a każda z nich ma do opowiedzenia fascynującą historię.

Choćby ta mumia alkoholowa. Nikt nie chce do niej podejść. Nikt nie odważy się głośno powiedzieć, że alkohol niszczy twoje komórki, zmienia działanie twojego organizmu, przysparza kłopotów, prowadzi do trzęsawiska, wywołuje choroby i uzależnia. Bo jeśli powiesz to głośno, nikt nie będzie cię lubił. Wyśmieją cię. Powiedzą, że ci odbiło. Bo przecież wszyscy piją, a alkohol jest dla ludzi.

No ale czy kiedykolwiek sprawdziłeś jak to jest naprawdę???!!! Czy kiedykolwiek zainteresowałeś się tym jak w rzeczywistości alkohol działa na twoje komórki, na twój umysł, na twoją duszę, na twoje ciało???....

Albo ta mumia śmieciowego jedzenia.

– Nie przesadzaj – odpowiedzą. – To nie może być aż takie złe.

Będą tak powtarzać, bo tak zostali nauczeni. A poza tym chcą zachować dostęp do śmieciowego jedzenia i do alkoholu, bo czerpią z tego coś, czego nie chcą rozumieć ani zgłębiać, ale co daje im chwilę wytchnienia. Nawet jeżeli ta chwila jest nieprawdą.

Rozdział 23

I to jest właśnie to, co ja zrobiłam.
Poszłam zbadać te mumie.

Mumię o tym, że alkohol jest bezpieczny. Mumię o tym, że europejski światopogląd jest najlepszy. Mumię o tym, że trzeba liczyć kalorie. Mumię o tym, że wszyscy jesteśmy skazani na choroby. Mumię o tym, że wystarczy łykać suplementy diety, żeby być zdrowym, szczupłym i zadowolonym. Mumię o tym, że trzeba robić to, co wszyscy. Mumię o tym, że trzeba się zbroić i być gotowym do wojny. Mumię o tym, że ważne jest tylko to, co zostanie zmierzone i otrzyma naukową definicję. I setki innych mumii, które odkrywałam w następnych komnatach.

Wszystkie były chętne do rozmowy. Wystarczyło zadać kilka prostych pytań. I mieć odpowiednio jasny umysł, żeby zrozumieć co oznaczają odpowiedzi.

Mieć odwagę, żeby przyznać, że przez pół życia razem z innymi bezmyślnie biłam pokłony piramidom i nigdy nie sprawdziłam z czego są naprawdę zbudowane.

I mieć jeszcze więcej odwagi, żeby zabrać głos w tej sprawie.

Bo zobacz. **Wszystko jest ze sobą powiązane. To co myślisz i to co robisz. To co robisz i co życie przynosi ci w odpowiedzi.**

Widziałam to w moich własnych doświadczeniach. Kiedyś wlewałam w siebie alkohol, byle więcej, żeby szybko poczuć jak działa. Podążałam za radami „dietetyków", trując się niskokalorycznymi produktami, które zamiast cukru miały tuczący syrop glukozowy. Uważałam, że życie powinno być wygodne, a świat ma obowiązek, żeby mi to zapewnić. Traktowałam zwierzęta jak niewolników na służbie „lepszej" rasy. Karmiłam się codziennymi śmieciowymi porcjami informacji ze świata polityki. Litowałam się nad „prymitywnymi" Indianami i „biednymi" Murzynkami w Afryce. Kupowałam dużo i tanio. Chciałam dużo mieć. Więcej niż potrzebuję, ale chciałam mieć poczucie, że mnie na to stać, a więc jestem „bogata".

A w rzeczywistości byłam biedniejsza niż najskromniejsza bakteria ukrywająca się w szczelinie między zębami.

Byłam bogata w kłamstwa, iluzje, fałszywe przekonania, chorobliwe ambicje i poczucie wyższości wymieszane z litością.

Byłam uboga w prawdę.

I to właśnie dlatego czułam się nieszczęśliwa.

Wygodnie było mi wierzyć w gotowe definicje i przekonania podsuwane przez system. Ktoś miał o mnie dbać, ktoś miał za mnie decydować o tym co jest słuszne i mądre, a co nie.

Więc jeśli słyszałam, że my jesteśmy dobrzy, a oni są źli, to uważałam, że tak, oczywiście, musimy im pokazać kto tu rządzi. Wysyłać żołnierzy na wojnę? No tak, oczywiście, przecież jesteśmy częścią paktu. Trzeba „zlikwidować" wrogów paktu? No tak, jasne, bo przecież jeżeli my ich nie „zlikwidujemy", to oni zlikwidują nas. No to róbcie tę wojnę. Pokażcie w telewizji jakie macie fajne karabiny i jak chodzicie w pyle irackich dróg w komandoskich mundurach. No, rzeczywiście, mamy siłę. Tak myślałam.

I zobacz jak wygodnie popiera się wojnę kiedy siedzisz rozparty w fotelu przed telewizorem i jesz śmieciowe paluszki z makiem, od których nie możesz się oderwać. Jesteś ciepły, senny, leniwy, masz poczucie dobrobytu. A tu jeszcze słyszysz, że ktoś staje w twojej obronie. No super, po prostu idealny świat.

Ale gdybyś miał wstać z tego fotela, włożyć wysokie buty i pójść tam w ten pył, w to skwarne miasteczko, gdzie w chatach kryją się przerażeni ludzie?

A gdyby to oni pewnego dnia przyszli do twojego miasteczka? Ty siedzisz w fotelu i jesz słone paluszki, a tu na ulice wjeżdża czołg i ktoś mówi:

– Wasz kraj jest zły! Nasz kraj jest dobry! Od dzisiaj my tu przejmujemy władzę!

Zgodziłbyś się?

Uwierzyłbyś, że polski prezydent szykował tajemną bombę albo w inny sposób zagrażał „światowemu pokojowi"?

Czy pozwoliłbyś, żeby uzbrojeni żołnierze obcego, dalekiego kraju mówili ci w co wierzyć, jak głosować, z kim się spotykać?

Pewnie nie.

A to jest właśnie wojna widziana od drugiej strony. Z wnętrza zwykłego domu, który stał w miasteczku na przedmieściach Bagdadu.

I czy widzisz, że ktoś usiłuje utrzymać „światowy pokój" za pomocą wojny? Wierzysz, że to jest możliwe? Ja myślę, że nie.

Przemoc zawsze wywołuje przemoc.

Zobacz co się stało kiedy jakieś wojsko napadało na Polskę. Wtedy wszyscy stawali się żołnierzami. Ludzie, którzy na co dzień byli spokojnymi obywatelami zainteresowanymi obejrzeniem serialu w telewizji, pracą i wakacjami, nagle zaczynali organizować podziemne grupy oporu. Kupowali broń, uczyli się strzelać, byli gotowi do walki.

Tak samo jest wszędzie na świecie.

Agresja rodzi agresję.

Nienawiść rodzi nienawiść.

A ludzie w obliczu paraliżującego strachu o własne życie stają się nieobliczalni.

Tak jest na każdej wojnie.

Wszystko
jest ze sobą
powiązane.

To co myślisz
i to co robisz.

To co robisz
i to, co życie
przynosi ci
w odpowiedzi.

Zyskuje tylko ten, kto sprzedaje broń. Wszyscy inni tracą. A razem z każdym skrzywdzonym człowiekiem traci też ludzkość.

Strach, nienawiść, chęć zysku, urażona duma to najgorsi przewodnicy, jakich można sobie wyobrazić. Podjudzają do złości, pogardy i okrucieństwa, które stają się tak wielkie, że przesłaniają wszystko inne. Idą dalej na wojnę, walczą, strzelają, zabierają, zabijają. Czy myślisz, że mają szansę na pozytywne zwycięstwo i dobre życie, skoro od dawna są już ślepi?...

Czy wiesz, że żołnierzy uczy się jak mają odciąć się od swoich emocji, żeby podczas spotkania z wrogiem unikać „identyfikowania się z nim, odczuwania wyrzutów sumienia lub współczucia z powodu zadawania cierpienia"?

Czy wiesz co to oznacza?

Żołnierzy uczy się, żeby przestali być ludźmi. To dlatego są w stanie popełniać niezrozumiale okrutne czyny. Tak miało być. Ktoś wcześniej tak to właśnie zaplanował. Bo na tym polega wojna.

I czy wiesz, że tacy ludzie są zniszczeni wewnętrznie do końca życia?

Muszą odrzucić wszystko, w co wcześniej wierzyli. Że trzeba się troszczyć i współczuć, że trzeba być dobrym, opiekować się bezradnymi, pomóc tym, którzy potrzebują pomocy.

To jest to, w co w głębi duszy wierzy każdy z nas. Dobro jest szlachetne i pozytywne. Przynosi radość, poczucie pełni i sensu, daje poczucie bezpieczeństwa. Niezależnie od tego po której jesteś stronie – czy jesteś tym, który czyni dobro, czy tym, który je otrzymuje. Dobro jest po prostu dobre. Uzdrawia, koi, daje wewnętrzne ciepło i wytchnienie. To jest najbardziej naturalna rzecz, do jakiej dąży każdy z nas.

A teraz wyobraź sobie, że musisz odciąć się od tego pojęcia. Stłumić je w sobie. Zgasić. Bo jeżeli gdzieś jakąś cząsteczką siebie będziesz wciąż wierzył w dobro, sprawiedliwość i współczucie, to będziesz złym żołnierzem.

Musisz przestać być człowiekiem. Stać się emocjonalnie zamrożonym robotem gotowym do zabicia dziecka – jeżeli to dziecko będzie stało po niewłaściwej stronie granicy.

Musisz złamać i podeptać własną duszę. To jest trudne na początku. Potem jest coraz łatwiej, bo twoja psychika przyzwyczaja się do nowego sposobu myślenia i zakazu odczuwania. Ale to jest tak samo jak wtedy, kiedy stopniowo przyzwyczajasz się do coraz większych dawek narkotyków. Przychodzi moment, kiedy one przejmują władzę na twoim organizmem, i nic już więcej nie zależy od ciebie. Nie masz już duszy ani racjonalnego umysłu. Jesteś robotem, który automatycznie wykonuje niezbędne czynności.

Z wojną jest tak samo.

Żołnierze wracający do domów z wojny są połamani wewnętrznie. Chorzy emocjonalnie. Czasem do końca życia.

Tak działa zło. Szerzy się i uzależnia jak narkotyk. Zmienia ludzi. A kiedy ludzie stają się emocjonalnie zniszczeni, zaczyna upadać cała cywilizacja i cały świat.

I właśnie dlatego o tym mówię.
Zawsze warto wspierać dobro.
Zawsze warto zabierać głos w jego obronie.

Warto myśleć. Zastanawiać się, pytać, dociekać.
Patrzeć i starać się zobaczyć. A kiedy coś wydaje ci się zastanawiające, sprawdzić jakie jest naprawdę.

Środki masowego przekazu karmią się łatwostrawną papką, która jest równomiernie rozsmarowywana na powierzchni różnych spraw. Wielu ludzi zadowala się codziennymi łyżeczkami tej śmieciowej masy, która pozornie porządkuje świat i dostarcza chwilę przyjemności.

Ale to tylko pozór.
To tylko iluzja stworzona na potrzeby zarabiania pieniędzy poprzez sprzedaż egzemplarzy pisma albo odsłon portalu internetowego.
To śmieciowa porcja ułudy, która usypia twój umysł i karmi cię odrobiną syntetycznej słodyczy.

Warto szukać dalej.
Warto otrząsnąć się z umysłowego odrętwienia, szukać, uczyć się, rozumieć, pogłębiać, poszerzać swój sposób widzenia, myślenia i doświadczania. Wtedy stajesz się częścią wielkiej kosmicznej prawdy. I nigdy już więcej nie będziesz chciał się zgodzić na żaden fałsz.

Rozdział 24

I teraz wrócę do tego, od czego zaczęłam.

Do Sarnath.

Małej wioski niedaleko Varanasi w północno-wschodnich Indiach.

Pojechałam tam z ciekawości, żeby zobaczyć jak wygląda słynna buddyjska świątynia zbudowana półtora tysiąca lat temu.

Lubię takie miejsca. Nie dlatego, że są zabytkami. Myślę raczej, że stanowią coś w rodzaju drzwi, które prowadzą do innych, równoległych światów. Tak jak ten pozornie nieznaczący punkt w obrazie, który przyciąga twoją uwagę, a potem pozwala ci wejść głębiej. Do środka.

I żeby nie było wątpliwości.

Tych równoległych rzeczywistości jest znacznie więcej. Układają się nie tylko w sposób dostępny naszej percepcji. Nie tylko w pionie lub w poziomie, obok siebie albo jedne na drugich.

Galeria multimedialna: zeskanuj zdjęcie i zobacz fotografie z Sarnath.

Słynna świątynia
w Sarnath
ma kształt walca
rozszerzającego się
na dole

To co wiemy o istnieniu jest ograniczone naszymi możliwościami postrzegania.

Jestem przekonana o tym, że można istnieć na wiele dodatkowych sposobów, tyle że dostępna nam w tej chwili nauka nie potrafi tego wytłumaczyć. Może kiedyś ludzkości dane to będzie odkryć i pojąć, a może nie. To nieważne. Ważne, że tak jest.

Jest tak, jak jest. A nie tak, jak nam się wydaje.

Ta słynna świątynia w Sarnath ma kształt walca rozszerzającego się na dole. Nie wchodzi się do środka, bo buddyjskie świątynie są raczej strażnicami relikwi niż kaplicami, gdzie zbierają się wierni.

Należy obejść ją wkoło, poświęcając ten czas na rozmyślania. Bo to podobno właśnie tutaj kiedyś znajdował się park jeleni, w którym Budda wygłosił swoje pierwsze przemówienie do pięciu mnichów.

Obeszłam świątynię. Na płocie było pełno buddyjskich chorągiewek w pięciu kolorach. Lśniły w słońcu i furkotały na wietrze, tak jakby chciały mnie zabrać gdzieś dalej.

Niewiele tam było do zwiedzania. Ruiny kamiennej budowli, malowidła na ścianach, kolumna. Bardziej ciekawiła mnie chińska staruszeczka w jedwabnej spódnicy, wspierająca się na ramieniu miłej, uśmiechniętej, czarnowłosej wnuczki.

No i było też muzeum.

Niski, długi, biały budynek w tropikalnym stylu. W środku białe sale.

Strażnicy. Turyści.

Słynna rzeźba czterech lwów, które siedzą plecami do siebie na małym okrągłym stołeczku umieszczonym na rozkwitających płatkach lotosu. Kiedyś to był wierzchołek kolumny symbolizującej władzę króla Aśoki.

Szelest stóp zwiedzających. Baczne spojrzenia strażników. Białe ściany. Idę dalej.

I nagle stanęłam.

Niby nic.

To tak jak z tym obrazem, na który patrzysz, ale właściwie nie widzisz o czym ten obraz opowiada, bo twoje oczy uparcie wędrują w jeden zakątek i tam chcą się zatrzymać jak wielbłąd, który staje przy oczku wodnym podczas wędrówki przez pustynię.

Stoję. Patrzę.

I nagle czuję, że sala dookoła mnie przestaje istnieć. Rozpływa się, unosi jak mgła. Ona wciąż tam jest gdybym jej potrzebowała, ale jednocześnie zupełnie jej nie ma.

A ja podążam za moimi oczami.

I nagle widzę, że patrzę na kamień. Ten sam, który przed chwilą widziałam w gablocie. Tyle że ten kamień leży teraz w dłoniach rzeźbiarza, które są moimi dłońmi.

Czuję wagę tego kamienia, jego chłód.

Jestem dwa i pół tysiąca lat temu. Siedzę w chacie na niskim stołku.

Słyszę szmer na zewnątrz, słyszę wiatr. Coś się przesypuje, szumi, ale jest dość cicho.

Pochylam się, czuję jak napinają się mięśnie mojego karku, a oczy dotykają kamienia. Jestem rzeźbiarzem i wracam do pracy.

Wygładzam palcem krawędź pióra kamiennego ptaka. Czy jest już gładkie i bez skazy? Czy jeszcze trzeba nad nim popracować, usunąć mikroskopijne szczerbki. Jeszcze trochę. Delikatnie, powoli, w skupieniu.

Następne pióro.

Znów słyszę wiatr.

Otwierają się następne drzwi.

Nie zatrzymuję się.

Jestem jak statek unoszony przez nurt wody. Płynę razem z nią i nie pytam dokąd mnie prowadzi.

I nagle czuję, że coś się zmieniło.

Rozglądam się i nagle rozumiem, że jestem teraz kamieniem w dłoniach rzeźbiarza.

Czuję jak mnie dotykają, czuję ich ciepło i drobny biały pył, który osiadł mu na skórze. To nas łączy w pewien niezwykły sposób. Rzeźbiarz wie, że jest w tym momencie w pewien sposób także kamieniem. Dzięki temu czuje którędy biegną jego wewnętrzne połączenia, skąd pochodzi i jakie jest jego przeznaczenie. Wie to w sposób niemożliwy do wytłumaczenia. Może nawet nie wie o tym, że to wie, ale to pozwala mu obrócić kamień na właściwą stronę i szlifować go tak, żeby wydobyć z niego największe piękno.

W tym samym czasie kamień staje się częścią rzeźbiarza poprzez ciepło i moc palców, które czuje na sobie.

Wiem jak to jest, bo przecież przed chwilą patrzyłam na kamień będąc oczami rzeźbiarza, a potem przesunęłam się dalej, w inny byt, i teraz czuję, że jestem kamieniem.

Rzeźbiarz nie strzepuje pyłu z palców, więc i on, i ja, jesteśmy nim przykryci. Ten pył jest mostem między nami.

Czuję jak rzeźbiarz dotyka oczami miękką linię wyrzeźbioną w moim ciele i jego łagodność udziela mi się, napełnia mnie, oddycham nią i zatrzymuję ją w sobie. To ona daje mi moc i tą mocą będę się dzielił przez całą wieczność z każdym, kto pojawi się w moim życiu.

Ze mną.

Ze mną rzeźbiarzem w trzecim wieku przed naszą erą.

Ze mną kamieniem.

Ze mną kapłanem, który umieści mnie kamień w świętym miejscu.

Ze mną francuskim turystą w muzeum.

Ze mną Polką stojącą przed szybą, za którą leżę jako kamień z wyrzeźbionym skrzydłem ptaka.

Czuję tę moc w sobie.

Bo wszystko jest połączone. To co było, to jest i to co będzie. Dzieje się równocześnie w wielu równoległych płaszczyznach, które istnieją w sobie i obok siebie w sposób umykający przyjętym zasadom. One są jeśli ty w nich jesteś. Nie ma ich kiedy ciebie nie ma. One są kiedy się w nich pojawiasz, ale gdybyś się nie pojawił, one będą istniały i nie istniały jednocześnie. A to, że zdarzyło ci się do jednej z nich trafić, zmienia ciebie na zawsze, choć jednocześnie w większym wymiarze nie ma wielkiego znaczenia.

Jest i nie jest.

Nie można tego udowodnić. Można tego doświadczyć. A jeśli doświadczenie nie jest wystarczającym dowodem, to nic nie może nim być.

Ten dawny rzeźbiarz siedzący w chacie na niskim stołku na zawsze zostanie we mnie. Jak cząstka powietrza, która zawsze wszędzie się zmieści. A jakaś odrobina mnie pozostanie w jego świecie, w tamtej chacie oświetlonej popołudniowym słońcem. Ale nie dlatego, że coś zostanie zabrane stąd i umieszczone tam lub odwrotnie. Tylko dlatego, że to co było tam, istnieje równocześnie w tym, co jest teraz i co wkrótce się zdarzy. Nie dlatego, że panuje ogromny tłok niewytłumaczalnych zdarzeń. Tylko dlatego, że wszystko jest ze sobą połączone i istnieje równolegle. Możesz przenieść się tam jeśli zechcesz.

Tak jak ja byłam w świecie rzeźbiarza pracującego nad jasnoszarym kawałkiem kamienia, tak i on był w moim. Przeżył ten sam magiczny moment kiedy przeniósł się w czasie i przestrzeni, żeby doświadczyć mojej rzeczywistości. I tak jak on zostanie we mnie, tak ja będę w nim.

On wiedział, że ja przyjdę tam kiedyś do muzeum w Sarnath i zatrzymam się przy tej gablocie.

I on poczuł dokładnie to samo co ja kiedy tam w końcu dotarłam.

Kiedy siedział zatopiony w pracy, dotykając palcem gładkiej krawędzi pióra w czymś, co miało się stać kamiennym ptakiem. Ale z jakiegoś powodu nigdy tej rzeźby nie ukończył.

Rozdział 25

Warto wstać przed świtem. W chłodnej górskiej ciemności spływającej ze skał. Wyślizgnąć się spod dwóch koców, czym prędzej narzucić sweter i zapalić światło z nadzieją na iluzję ciepła.

Bo jest zimno. Bose stopy usiłują uciec od lodowatej podłogi. Skarpetki, buty, jedna koszulka, druga, bluzka termiczna z długim rękawem, pierwszy polar... zaraz. Jeśli włożę dwa, jeden na pewno będę musiała nosić w plecaku. Kiedy wstanie słońce i obleje wierzchołki gór, zrobi się gorąco. A więc jeden, ten cienki. Chustka na szyję. Musi wystarczyć.

Wychodzę skulona w noc.

Jest zupełnie ciemno. Andyjska noc. Granatowa, obsypana diamentami gwiazd i milcząca jak śmierć, bo kto tylko może, czeka w ukryciu na dzień.

Noce są okrutne. Puste, zimne i twarde jak skały.

Słyszę miękkie uderzenia butów o ziemię, krzyczy zaskoczony ptak. W oddali migoczą światła samochodów. Tak, to jest ten czas.

Jeżeli chcesz dotrzeć do Machu Picchu przed świtem, musisz wyjść z hotelu około czwartej rano.

Małe autobusy tłoczą się na jezdni jak stadko zbyt wcześnie obudzonych prosiaków. Zamglone szyby, pogrążone w drzemce fotele, wpół otwarte drzwi, tak jakby chciały się otworzyć, ale niespodziewanie z powrotem zapadły w sen.

Kilku kierowców w kurtkach z postawionymi kołnierzami. Rozcierają dłonie, czekając aż pobudzająco zaczną działać liście koki trzymane w ustach.

Pierwszy autobus. Gotowy do drogi. Wsiadam do środka razem z kilkoma Japończykami. Trzeba poczekać aż zbierze się więcej pasażerów. Dziesięć minut, piętnaście. Z ciemności wyłania się nagle grupa drobnych Peruwiańczyków. Ruszamy!

Droga wspina się między zboczami gór. Czasem spływają z nich błotne lawiny albo spada deszcz kamieni. Wtedy szlak zostaje zamknięty. Machu Picchu zostaje odcięte od świata i nie wiadomo co się w nim wtedy właściwie dzieje.

Ale na razie nie pada. Autobus wspina się posłusznie coraz wyżej i wyżej, podskakuje na dziurach, sapie i rzęzi na ostrych zakrętach. Ale jedzie. I unosi nas coraz wyżej do bram tajemniczego miasta.

Machu Picchu zostało zbudowane przez Inków w Ameryce Południowej. Umieszczone na szczycie góry wśród innych, wyższych gór. Dobrze ukryte. Nigdy nie zostało znalezione przez konkwistadorów.

Było wyjątkowym miastem pod specjalną ochroną. Nikt nie mógł tu po prostu przyjechać, nie mówiąc już o tym, że obywatele w Imperium Inków nie mogli swobodnie podróżować. Każdy miał do wykonania przydzieloną pracę, a lenistwo karano jak największe przewinienie.

Bywali tu więc kapłani i uczeni poszukujący odpowiedzi na ważne pytania. Przybywali władcy i Dziewice Słońca. Być może odbywały się tu ceremonie i rytuały, a to, co współcześnie uważa się za obserwatorium astronomiczne, rzeczywiście służyło do badania zależności między ruchem planet, gwiazdami a Ziemią.

Myślę, że w niektórych dziedzinach Inkowie wiedzieli znacznie więcej niż my.

To prawda, nie mieli telefonów komórkowych, ale może wcale ich nie potrzebowali. Bo przecież telefon komórkowy to przyrząd zbudowany z fizycznych materiałów, służący porozumiewaniu się na odległość – pod warunkiem oczywiście, że zostanie wpięty w sieć przesyłania sygnałów.

Ale być może do przekazywania komunikatów wcale nie potrzeba dodatkowych narzędzi.

Bo zobacz. Żeby użyć komórki, musisz mieć najpierw myśl, potem przełożyć ją na słowa, potem do słowa wypowiedzieć do mikrofonu wbudowanego w telefon, a dopiero potem twój komunikat zostaje przekazany dalej po sieci elektromagnetycznych połączeń.

A gdyby tak móc po prostu wysłać myśl?...

Nie twierdzę, że tak było.

Chcę tylko powiedzieć, że to jest możliwe.

Jest to możliwe w zakresie niedostępnym chwilowo naszym umysłom, ale to, że tego w tej chwili nie jesteśmy w stanie nazwać i wytłumaczyć, wcale nie oznacza, że to nie istnieje.

Machu Picchu jest magiczne.

Mam to wrażenie za każdym razem, kiedy tam jestem.

Na zdjęciach wydaje się małe, ale w rzeczywistości jest ogromne. Leży na powierzchni trzynastu kilometrów kwadratowych, falami spływając po łagodnych zboczach. Wąskie ścieżki zawsze prowadzą do kamiennych schodów. Wędruje się do góry i w dół, między niskimi domami z szarych kamieni.

Wszystko tu wygląda tak samo jak w czasach inkaskich. Nie ma tylko dachów, które były zrobione z trawy, więc zdmuchnął je wiatr.

Weszłam na Huayna Picchu, czyli na stromy, stożkowaty szczyt wyrastający z Machu Picchu do błękitnego nieba.

A potem jeszcze dalej. Po wąskiej ścieżynce wspinającej się na zbocze przez dżunglę nad przepaścią. Aż do gigantycznej pionowej szarej skały, na której wisiał maleńki most. Niewątpliwie zbudowany ludzkimi rękami. Cztery deski przerzucone nad otchłanią. Dwie kamienne ścieżki zaczynające się po jego obu stronach.

Tak abstrakcyjne, jak obraz powstały z myśli surrealistycznego malarza.

Wyobraź sobie.

Plaska, pionowa, niebotycznie wysoka ściana ze spękanych skał. Na samym dole piętrzy się mur starannie ułożony z białych kamieni, wysoki na kilka metrów. Ściśle przylega do skały, bo ta wąska kamienna ściana była przedłużeniem inkaskiej drogi biegnącej przez dżunglę. Po takich drogach biegali specjalni królewscy kurierzy. Środkowa część kamiennego muru została zburzona, być może po to, żeby odciąć drogę komuś, kto nie powinien tu być. W tym miejscu położono trzy wąskie deski. Mostek nad przepaścią ma może pół metra szerokości, tyle samo co reszta kamiennej ścieżki wtulonej w pionowe zbocze.

Ciągnęło mnie tam.

Stałam zafascynowana tym widokiem. Dokąd prowadzi wąska kamienna dróżka? I czy udałoby mi się przejść na drugą stronę? Po szczycie muru z kamieni i drewnianym mostku? I czy wyobrażasz sobie jak to zostało zbudowane? I jak docierał tu królewski orszak? Władca w najdelikatniejszych szatach, których nie miał prawa dotknąć żaden śmiertelnik. Lektyka niesiona na ramionach tragarzy. Bo przecież Inkowie nie używali koła.

Mówi się, że nie znali koła, czyli że nie korzystali z niego przez ignorancję albo brak wiedzy, ale być może jest zupełnie inaczej.

Bo przecież Inkowie znali okrągły kształt. Ziemniaki były okrągłe, ziarna kukurydzy były okrągłe, słońce i księżyc są okrągłe, rytualne kalendarze robione ze złota też były okrągłe. Nawet w Machu Picchu w podłodze Świątyni Słońca wyrzeźbiono dwa okrągłe otwory, nazywane „zwierciadłami wody przyglądającymi się niebu".

Galeria multimedialna: zeskanuj zdjęcie i zobacz fotografie z Machu Picchu.

Płaska, pionowa,
niebotycznie wysoka
skalna ściana.
I mostek
nad przepaścią.

Być może oni *nie chcieli* używać koła do budowania pojazdów transportowych, dlatego że to zaburzyłoby naturalny porządek rzeczy. Kiedy wspinasz się pod górę, musisz pokonać opór stromizny. Jeżeli idziesz w dół, potrzebujesz dodatkowej siły do wyhamowania spadku.

Gdybyś miał koła, w obu tych przypadkach byłoby ci znacznie trudniej, bo popychanie kół pod górę wymaga podwójnego wysiłku, tak samo jak ich powstrzymywanie na drodze w dół. Bo w górach koła są albo zbyt mozolnie ociężałe, albo nadmiernie rozpędzone. Tak czy inaczej, nie ma z nich wielkiego pożytku.

Inkowie nie używali więc kół do pojazdów.

Polegali na sile własnych mięśni, które karmili dobrym, czystym, zdrowym jedzeniem zbieranym z pilnie uprawianych pól. Mieli fantastyczny amarantus i kaszę quinoa, kilkaset odmian ziemniaków, fasolę, kukurydzę, dynię, maniok, pomidory i awokado. I liście koki, rzecz jasna. A także świnki morskie, lamy i alpaki.

Stałam na ścieżce wysoko nad Machu Picchu i szukałam zejścia do kamiennego mostka. Ale wszystkie drogi były odcięte. Musiałabym spuścić się na rękach z krawędzi przepaści, licząc na to, że skrawek ziemi pod moimi palcami się nie urwie i wytrzyma mój ciężar, a potem przeskoczyć w powietrzu nad przepaścią półtora metra brakujące mi do muru z kamieni. Bardzo ryzykowne. Właściwie niewykonalne.

No trudno.

Być może ta samotna ścieżka przez dżunglę przyprowadziła mnie tu w innym celu. Może ten mostek w zboczu to tylko fragment scenografii, a nie cały film.

Odwróciłam się, zrobiłam kilka kroków i nagle poczułam coś dziwnego. Tak jakby otworzyło się powietrze. Jakby w powietrzu wypełniającym przestrzeń dookoła mnie otworzył się dodatkowy korytarz. Jakbym idąc po ścieżce wędrowała jednocześnie po drugiej, symultanicznej, wewnętrznej ścieżce znajdującej się dokładnie w tym samym miejscu. Po wewnętrznym pierścieniu czasoprzestrzeni, z którego istnienia nie zdawałam sobie wcześniej sprawy. Ale on tam był. Przez cały czas. Tyle że ja wcześniej nie zwróciłam na niego uwagi.

I nie byłam tam sama.

Po ścieżce biegli wojownicy. Ubrani w jasne tuniki, z dzidami w rękach. W sandałach, z niewielkimi wełnianymi torebkami zawieszonymi w poprzek piersi na jednym ramieniu.

Biegli bez pośpiechu, nie na wyścigi, w grupie zgranej wspólnym rytmem. Powoli. Coraz bliżej mnie.

Wyraźnie widziałam ich twarze. Ciemne, trochę skośne oczy, mocno zaznaczone kości policzkowe, ciemna, wysmagana przez górski wiatr skóra. Luźne tuniki do kolan, zrobione z grubej bawełny albo cienkiej wełny. Frędzle podrygujące w rytm kroków, wyraz skupienia na twarzach.

Czy ja tam byłam, czy nie, dla nich to nie miało żadnego znaczenia.

Być może doskonale zdawali sobie sprawę z tego, że istnieją zaledwie w jednym, wybranym momencie wszech czasów, podczas gdy wszystkie inne przeszłe i przyszłe czasy istnieją jednocześnie.

A może w ogóle mnie nie widzieli, bo znajdowali się w stanie tak wielkiej koncentracji uwagi, że nic nie mogło ich rozproszyć.

A może to tylko nasze dusze minęły się na tej peruwiańskiej ścieżce, podczas gdy nasze ciała pozostały w światach zupełnie od siebie odrębnych.

A może zdarzyło się jeszcze coś innego, czego i tak nie byłabym w stanie opisać używając słów i pojęć z naszej epoki.

Tak czy inaczej oni tam byli. I ja tam byłam.

Widziałam jak biegną ku mnie. Zajęci swoim zadaniem do wykonania. Trzymając lekko przechylone drewniane dzidy. W słonecznej ciszy inkaskiej ścieżki nad Machu Picchu.

Byli coraz bliżej i bliżej, w tej jasnej, bardziej rozrzedzonej chmurze innego powietrza. Wyglądali trochę jak podświetlona słońcem wizja z nadzwyczajnie wielkiego projektora.

Trzy metry ode mnie, dwa, jeden. Wbiegli we mnie jak promienie światła i wynurzyli się po drugiej stronie. I biegli dalej przed siebie, a ja zostałam na ścieżce czując jak porywają ze sobą swój korytarz rzeczywistości i cząstkę mnie. Mojej skóry, mojego zapachu, moich myśli. I unoszą je dalej ze sobą.

Rozdział 26

Indianie mówią, że po dżungli chodzą duchy. Jeśli zabłądzisz, możesz spotkać ducha, który pojawi się nie wiadomo skąd i nagle po prostu dostaniesz pałką po głowie. Bo duchy wojowników mają maczugi. I używają ich w razie potrzeby.

– No tak – wszyscy uśmiechają się z politowaniem. – Jakie duchy? Przecież nie ma duchów na świecie!

No to zobacz.

Gdyby przełożyć to, co mówią Indianie z dżungli amazońskiej na to, co dzieje się w naszej cywilizacji, może się okazać, że to jest to samo, tylko ubrane w inne słowa i pojęcia.

Życie jest trochę jak dżungla. Musisz znaleźć właściwą ścieżkę. Czasem pakujesz się w cierniste krzewy, rozdzierasz sobie skórę do krwi, płaczesz z bólu. A czasem zapominasz o tym, dokąd właściwie zmierzasz, zaczynasz użalać się, narzekać, nienawidzić, rozmyślać o zemście, szukać winnego. Błądzisz. Nie wiesz już

Życie jest trochę jak dżungla.

Musisz znaleźć właściwą ścieżkę.

W Machu Picchu. Na górze: w pociągu jadącym do Machu Picchu

Galeria multimedialna: zeskanuj zdjęcie i zobacz fotografie z Machu Picchu.

W Machu Picchu

Ścieżka Inków i most zawieszony na skale

W Bodh Gaya w Indiach. To święte miasto założone w miejscu, gdzie Budda przez 49 dni medytował pod drzewem, żeby wreszcie doznać objawienia i zrozumieć sens życia.

Galeria multimedialna: zeskanuj zdjęcie i zobacz fotografie z Bodh Gaya.

Galeria multimedialna: zeskanuj zdjęcie i zobacz fotografie ze świątyni Mahabodhi w Bodh Gaya.

Na ulicy w Bodh Gaya kilkuletnia dziewczynka chodzi boso po linie, a potem jej opiekunowie zbierają pieniądze za występ od przechodniów. Wiele razy w ciągu dnia.

Indianie z plemienia Marubo w Brazylii mieszkają w okrągłej wspólnej chacie krytej liśćmi palmowymi, zwanej maloka (po prawej na dole)

Galeria multimedialna: zeskanuj zdjęcie i zobacz fotografie z wioski Indian Marubo.

Sarnath – miasteczko w miejscu, gdzie Budda wygłosił swoje pierwsze „kazanie", czyli opowiedział o tym, co zrozumiał podczas długiej medytacji. Poniżej w głębi widać świątynię Dhamekh, czyli Stupę Mądrości. Do Sarnath przybywa wielu pielgrzymów, żeby się modlić, medytować i zawieszać buddyjskie chorągiewki.

Galeria multimedialna: zeskanuj zdjęcie i zobacz fotografie z Sarnath.

Do dzisiaj nie wiadomo w jaki sposób w dawnych cywilizacjach tworzono niektóre budowle. Na zdjęciach: inkaski mur w Cuzco i w twierdzy Sacsayhuamán w Peru, posągi na Wyspie Wielkanocnej i schodkowa Świątynia Jaguara w Tikál w Gwatemali.

którędy masz iść, co robić, miotasz się w mętliku myśli i nieważnych czynności. I wtedy czasem dostajesz od życia pałką po głowie.

Prawda?

Wiesz jaką minę ma ktoś, kto dowiaduje się, że jest zdradzany? Albo ktoś, komu lekarz przekazuje informację, że to, co na zdjęciu wygląda jak plamka, to jest rak?

Taką, jakby dostał właśnie znienacka maczugą w czoło. Wszystko gaśnie. Świat staje. Życie zatrzymuje się. Wszystko na chwilę ginie, znika w ciemności.

Wiesz dlaczego tak jest?

Chodzi o to, żeby ci przypomnieć co jest naprawdę ważne. Zobacz co się dzieje z ludźmi po rozwodzie, ciężkiej chorobie albo innym dramatycznym przeżyciu. Nagle doznają przebudzenia, wprowadzają do życia konstruktywne zmiany, zaczynają myśleć pozytywnie, widzą swoje życie w zupełnie nowym świetle.

To właśnie dlatego życie musiało dać im pałką po głowie. Bo bez tego trudnego doświadczenia brnęliby dalej w coraz bardziej grząski grunt nienawiści, zazdrości, lenistwa, niedbałości, zła.

I zobacz jak z tej perspektywy brzmi opowieść o duchach w amazońskiej dżungli. Kiedy zabłądzisz, kiedy oddalisz się od właściwej drogi, dostajesz bolesny cios. Najpierw robi ci się ciemno przed oczami, ale zaraz potem, kiedy odzyskasz przytomność, od razu uświadamiasz sobie, że wszedłeś na złą ziemię, że nie tędy droga i zaczynasz szukać innego szlaku.

To jest dokładnie tak samo jak w życiu.

I może ta opowieść o duchach w dżungli była właśnie o tym?...

No i właściwie nigdy nie uzgodniliśmy co właściwie oznacza słowo „duch".

Najpierw użyli go Indianie w swoim indiańskim języku. Ktoś musiał to słowo przetłumaczyć, najprawdopodobniej na hiszpański. Potem pewnie na angielski, bo opowieści o duchach z dżungli pojawiały się w opracowaniach amerykańskich antropologów. A potem dopiero trafiło do naszego kraju.

Zobacz jak daleka jest droga od tego, co powiedział Indianin wyjaśniając pewne zjawiska ze swojego świata do tego, co ty wiesz o nich dzisiaj.

Być może Indian w ogóle nie użył słowa „duch". Może użył indiańskiego słowa, które nie ma absolutnie żadnego odpowiednika w językach z naszej cywilizacji. To jest tak samo, jak gdybyś rozmawiał z Indianinem i powiedział:

– Rano wsiadam do samochodu i jadę do pracy.

A on pyta:

– Do czego wsiadasz?

– Do samochodu.

– A co to jest?

– To jest taki... pojazd, który...

– A co to jest pojazd? – przerywa Indianin.

Musisz zacząć od czegoś prostszego. Zastanawiasz się przez chwilę, a potem mówisz tak:

– Samochód to jest taka rzecz, do której wchodzisz do środka i dalej już nie idziesz na własnych nogach, tylko on cię niesie.

– Aha! – odpowiada od razu Indianin. – To jest ciąża? Ktoś wchodzi kobiecie do brzucha i potem jest przez nią noszony. Do chwili kiedy się urodzi. Czyli do pracy!

Mówiłeś, że jedziesz samochodem do pracy.

A więc jeżeli samochód to jest ciąża, to w naturalny sposób można nim dojechać tylko do pracy, czyli do porodu.

Indianin wraca do swojego plemienia i mówi:

– Wiecie co, spotkałem człowieka z dżungli miasta, który ma nadzwyczajną pamięć. Pamięta wszystko co się stało od chwili kiedy wszedł do brzucha ciężarnej kobiety.

– Oni pewnie wszyscy tak mają.

– Ludzie z miasta żyją zanim się urodzą?

– No tak, sam słyszałem.

I gdyby Indianin napisał książkę o badaniach, jakie osobiście prowadził wśród ludzi z dżungli miasta, zamieściłby w niej zapewne niezwykłą historię o tym, że ludzie z tej innej cywilizacji twierdzą, że mają dodatkowe życie przed właściwym życiem na Ziemi, więc można powiedzieć, że wierzą w to, że każdy z nich jest duchem zanim się urodzi.

No i masz. Opowieść o duchach gotowa. Tyle że nie ma nic wspólnego z rzeczywistością.

I na szczęście Indianie nie piszą książek o naszej cywilizacji. Nie pchają się do nas na statkach i w samolotach, nie pouczają jak powinniśmy żyć, nie chcą nas naprawiać, zmieniać ani ochronić przed nami samymi. Nie wtrącają się. Zajmują się tym, co mają do zrobienia w swoim świecie i zapewniam cię, że są na tym skoncentrowani w najbardziej pełny, kompletny i pozytywny sposób, jaki można sobie wyobrazić.

I żyją w najbardziej niezwykłym miejscu na świecie. Nie dlatego, że znajduje się tam jakaś wyjątkowa moc, ale z tego powodu, że są w stanie być jego częścią. Zachowali przestrzeń dookoła siebie w jej naturalnej, boskiej postaci i stąd płynie jej niesamowita siła.

Zawsze to czuję kiedy tam jestem. I właśnie po to tam wracam.

Rozdział 27

A może cały wszechświat jest w rzeczywistości mały jak pojedyncza komórka? Mniejszy od tego, co jesteśmy w stanie zobaczyć oczami. Ale jednocześnie jest tak ogromny, że wszyscy się w nim mieścimy. I my – ludzie z planety Ziemia, i słońce, i księżyce, i wszystkie planety.

Bo przecież rzeczy niekoniecznie są takie, jakie nam się wydają. My możemy patrzeć na nie tylko ludzkimi oczami, które mają tyle samo zdolności, co ograniczeń. Nie są nawet najbardziej zaawansowanymi oczami na naszej planecie. Oko ludzkie jest w stanie postrzegać trzy podstawowe kolory, które z kolei składają się później na różne barwy pochodne. Ale z naszego punktu widzenia istnieją tylko trzy zasadnicze kolory. Tak widzi nasze oko. Trzy i kropka.

Tymczasem krewetka modliszkowa (zwana po polsku „skorupiakiem z rzędu ustonogich", ang. *Mantis shrimp,* łac. *Stomatopoda)* jest w stanie zobaczyć dwanaście podstawowych kolorów, czyli widzi to, czego człowiek zobaczyć nie jest w stanie, choćby nawet stanął na głowie.

Nie mówiąc już o tym, że ta niezwykła krewetka widzi też podczerwień, promienie UV i polaryzację światła, a także jest w stanie odbierać obraz hiperspektralny, czyli – uwaga – złożony z pasma widzialnego (dla człowieka), a także bliskiej podczerwieni, dalekiej podczerwieni (termalnej) oraz promieniowania mikrofalowego.

No i teraz jak myślisz – co widzi krewetka modliszkowa kiedy patrzy w niebo?

Widzi zapewne coś zupełnie innego niż my!

To znaczy, że to, co wiemy o świecie, jest ograniczone przez zmysły, których używamy do jego badania. A narzędzia, które mogą być przedłużeniem naszych oczu, uszu i umysłów, są ograniczone przez wiedzę zgromadzoną w naszych mózgach, która pozwala nam na konstruowanie takich, a nie innych mechanizmów.

To, co jest przez nas postrzegane jako bardzo duże, nie może być jednocześnie bardzo małe, bo wydaje się, że stanowi to fizyczną sprzeczność. Fizyczną, czyli namacalną, potwierdzoną doświadczeniem. Bardzo duże jabłko nie zmieści się do bardzo małej kieszeni, bo duże jest zawsze większe od małego.

Tak, ale moim zdaniem tylko w pewnym zakresie spraw. W przypadku jabłka i kieszeni przyszytej do ubrania. W przypadku

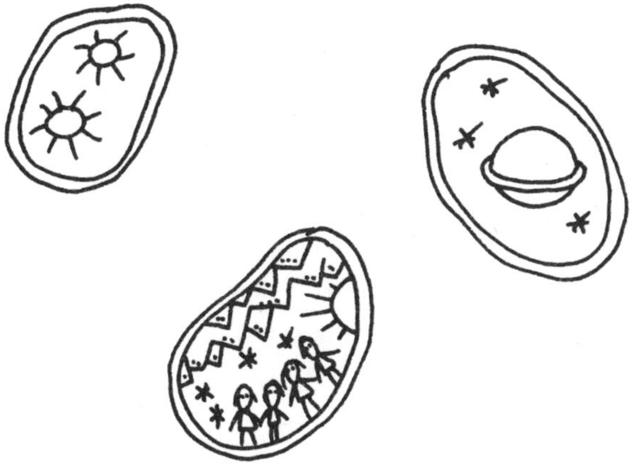

A może cały
wszechświat
jest w rzeczywistości
mały jak
pojedyncza komórka?

stopy o długości czterdzieści centymetrów i dziecięcego pantofla przeznaczonego dla trzylatka. W przypadku dwumetrowej wanny, która nie zmieści się w drewnianym wiejskim wychodku. Duże jest duże, a małe wydaje się być małe i już.

Ale niekoniecznie.

Nie tylko dlatego, że bardzo duże staje się bardzo małe jeśli znajdziesz się od niego w odpowiedniej odległości, na przykład kiedy spojrzysz z lecącego samolotu na ludzi pracujących w polu, którzy będą wtedy nie więksi od mrówek. Można powiedzieć, że to tylko złudzenie wywołane oddaleniem.

Ale mówimy tak tylko dlatego, że tak to widzi nasze ludzkie oko.

Gdyby oko było inne, moglibyśmy zobaczyć *zupełnie coś innego*.

Na przykład to, że wszechświat jest jednocześnie tak wielki, że mieści w sobie wszystko, co istnieje w przestrzeni kosmicznej, ale jednocześnie jest niewyobrażalnie mały i można go zawrzeć w pojedynczym ziarnie zboża.

Myślisz, że to się nie mieści w głowie? Że to niemożliwe?

Ale dlaczego?

Przecież widzimy tylko bardzo ograniczoną ilość rzeczy i na ich podstawie wyciągamy coraz bardziej uogólniające wnioski.

Wszechświat może wcale nie być czymś, co znajduje się na zewnątrz nas, ponieważ może być nie tylko jednocześnie duży i mały, ale także zewnętrzny i wewnętrzny, czyli nie podlegający żadnym uznanym przez nas prawom fizyki.

I o to mi właśnie chodzi.
On jest inny. Inny od tego, co nam się wydaje.
Nie mieści się w ludzkiej sferze pojęć i praw.

To wszystko, co postrzegamy jako obecny moment, teraźniejszość, namacalną rzeczywistość, to tylko maleńki wycinek, chwilowy błysk, który z naszej perspektywy wydaje się trwać, ale w rzeczywistości był czymś takim jak mikroskopijne mignięcie robaczka świętojańskiego w ogromnej ciemności wielkiego lasu. Z punktu widzenia robaczka jego światło było wielkie. Ale las nawet go nie zauważył.

Nasza teraźniejszość jest jak ziarenko piasku na wielkiej plaży. Ludzie gromadzą się wokół tego ziarenka, oglądają je ze wszystkich stron, budują na nim domy, sklepy i ulice, i są tak zajęci układaniem sobie życia, że nie widzą nic więcej. Ani reszty plaży, ani tego, co znajduje się nad nią i obok niej. Są tak emocjonalnie przywiązani do posiadanych przez siebie przedmiotów, że inne doznania przestają być potrzebne.

Ale czy wiesz, że można inaczej?

Czy wiesz, że można poczuć absolutnie jednoznaczną, lekką i niczym nieskrępowaną wolność? Czy wiesz, że można zespolić się z wszechświatem i poczuć go w sobie? Czy wiesz, że można doznać tak wszechogarniającej radości istnienia, że masz wrażenie dotknięcia wieczności?

I czy wiesz, że wszystko, co w życiu masz, wszystko, z czym się zmagasz i wszystko, co dostajesz w prezencie od losu, zależy tylko od tego, w jakim stanie znajduje się twój umysł?

Czy jest zniewolony śmieciowym jedzeniem, śmieciowym myśleniem i pozorami?

Czy może jest jasny, czysty i otwarty na to, co przychodzi?

Rozdział 28

Czułam, że jestem blisko. Że stoję tuż przy drzwiach, które prowadzą do drugiego świata. To był ten inny, bardziej prawdziwy świat. Nie ten, który jest pewnego rodzaju zbiorową iluzją, a jednocześnie postrzeganą inaczej przez każdego z nas, bo każdy człowiek widzi go przez pryzmat tego, w co wierzy jego podświadomość.

W gruncie rzeczy to, co ludzie uważają za rzeczywistość, jest zbiorem nieskończenie wielu iluzji, które pochodzą z nieskończenie wielu ludzkich umysłów, które z kolei zostały nieskończenie wiele razy skrzywdzone i zranione, co zakłóciło ich umiejętność postrzegania.

Bo przecież każdy widzi, odbiera i rozumie inaczej. Nie istnieje żaden czysty fakt, który byłby absolutnie jednoznaczny dla wszystkich ludzi na świecie.

Kiedyś czymś takim miała być pewnie religia. Miała łączyć ludzi, dawać im poczucie wspólnoty, a jednocześnie kształtować sposób myślenia.

Ale zobacz.

Ludzie podzielili się we wszystkich możliwych dziedzinach. Nawet w kwestii religii. Jeden gorliwy katolik mówi, że wolno nienawidzić wrogów, a drugi upiera się, że Jezus kazał kochać ludzi, więc nienawiść jest grzechem. Jeden mówi, że trzeba chronić ludzkie życie i nie wolno zabijać, a ktoś inny w imię tej samej religii wysyłał na śmierć dzieci podczas średniowiecznej krucjaty.

Nic nie jest stałe, jasno określone, niezmienne.

Nie ma chyba w tym pozornie „realnym" świecie niczego, co byłoby *zawsze*.

Cała nasza ta rzeczywistość, którą większość ludzi uznaje za jedyną prawdziwą, jest w gruncie rzeczy zbudowana z mnóstwa niestałych, nietrwałych, wiecznie zmieniających się rzeczy.

Być może się mylę – ale czy przypominasz sobie coś takiego, co byłoby jednoznacznie jednoznaczne dla wszystkich i zawsze?

Miłość?

O, nie! Na pewno nie. Pamiętasz jak czułeś się kiedy byłeś świeżo zakochany i myślałeś, że miłość jest najpiękniejszą rzeczą na świecie? A czy pamiętasz jak czułeś się później, kiedy uczucie zbladło albo kiedy wkradła się do niego szara codzienność albo kiedy zostałeś porzucony? Z tej perspektywy ta sama miłość z początku związku była już zupełnie czymś innym.

Czułam,
że jestem blisko.

Że stoję tuż przy
drzwiach,
które prowadzą
do drugiego świata.

Myślę, że nie ma na świecie czegoś takiego.

Wszystko jest w pewien sposób wątpliwe, niepewne, niestałe.

W dodatku najbardziej niestałe i zmienne jest to, do czego ludzie przywiązują się najbardziej i co wielu z nich uważa za najważniejsze i co staje się dla nich siłą napędową do życia. Czyli pieniądze.

Istnieje bardzo wiele sposobów, żeby stracić to, co masz. Bank może zbankrutować, całe państwo może ogłosić niewypłacalność, sąd może kazać zamrozić twoje konto, urząd skarbowy może oskarżyć cię o przestępstwo podatkowe i zabrać ci wszystko. Lekarz może powiedzieć, że twój krewny ma raka, a operacja będzie kosztowała tyle, że państwo nie zapłaci. Więc ty musisz dać wszystkie oszczędności.

Ludzie wiedzą, że tak jest. Że wszystko może się w każdej chwili zmienić, załamać, rozpaść, więc koncentrują się na tym, żeby zebrać jak najwięcej. Żeby w razie katastrofy coś zostało.

Czyli to, co ludzie odbierają jako jedyny prawdziwy świat, jest w gruncie rzeczy zbudowany z milionów nierealnych, niepewnych, wiecznie zmieniających się rzeczy i pojęć.

Zobacz jakie to dziwne.

Te wszystkie niepewne, nietrwałe, ciągle zmieniające się rzeczy i pojęcia są tak mocno splątane ze sobą, wczepione w siebie nawzajem, że wydają się tworzyć coś niezmiennego, realnie i namacalnie istniejącego.

A nie mówiłam, że wszechświat może być jednocześnie wielki jak kosmos i maleńki jak pojedyncza komórka? To tylko pozornie jest sprzecznością. Jest to po prostu coś, co wykracza poza zdolność rozumienia naszych umysłów.

No i zobacz.

Mamy wielkie kłębowisko niepewnych, nietrwałych rzeczy i spraw, które są tak ze sobą zapętlone, że tworzą gigantyczną kulę, która z daleka wydaje się materialna, racjonalna i nieruchoma. Ale jeżeli podejdziesz bliżej i uważnie się jej przyjrzysz, to nagle odkryjesz, że cała ta pozornie nieruchoma płaszczyzna jest w rzeczywistości złożona z milionów punkcików, które zapalają się i gasną, powstają i znikają, w niekończącym się, gorączkowym rodzeniu i umieraniu, które z daleka daje wrażenie stałego światła.

Ale w rzeczywistości to tylko miliony błyskających punkcików, które powstają na chwilę do życia i równie szybko umierają, by zostać zastąpione przez następne.

Myślę, że tak właśnie jest skonstruowana otaczająca nas rzeczywistość. Daje wrażenie czegoś, co trwa i istnieje, choć naprawdę jest zbiorem wielu krótkich, zmiennych i kruchych mgnień.

Ludzie pędzą ku czemuś, co wydaje się być upragnionym celem. Chcą zdobyć poczucie bezpieczeństwa. W różnych sferach – finansowej, osobistej, zawodowej, towarzyskiej. Szukają czegoś, co pomoże to zdobyć. Zgadzają się na uwikłanie w wieloletnie umowy z bankami, toksyczne znajomości, znienawidzoną, dobrze płatną pracę, na bycie numerkiem w urzędowych papierach, na poniżanie, lekceważenie, usługiwanie tym, których uważają za ważniejszych od siebie.

Tworzą niezliczone iluzje. Widzą tylko to, co chcą zobaczyć. Pamiętają o tym, o czym chcą pamiętać. Ich umysły działają wybiórczo, bo tak je przygotowała równie nieobiektywnie zaprogramowana podświadomość.

Żyją w świecie, który jest gładką mieszanką prawdy i fałszu. Każda rzecz może się okazać równie prawdziwa i cenna, jak fałszywa i bezwartościowa. Nie ma niczego, co stanowiłoby niepodważalną wartość. I nie ma nikogo, kto byłby dla wszystkich jednoznacznie czysty, prawy i szlachetny.

Jest mętlik. Bałagan sprawiający wrażenie porządku, który kręci się i ciągle na nowo miesza tak szybko, że jeśli patrzysz na niego z daleka, to widzisz gładką, nieruchomą taflę. I myślisz, że to jest właśnie twój świat. I czasem być może zastanawiasz się dlaczego jest taki pokręcony. Dlaczego wydaje się czasem być zabłąkaną śmieciarką, która wysypuje ci na głowę górę cuchnących odpadków. Dlaczego czasem masz wrażenie, że idziesz po jasno wytyczonej drodze prowadzącej do celu, a potem nagle wpadasz na ogromny kamienny mur.

Wiesz dlaczego?

Bo kręcisz się w kółko razem z masą prawdziwych i nieprawdziwych drobiazgów mielonych przez naszą cywilizację na papkę. Chwytasz się za coś, co wydaje się szlachetne, dobre i słuszne, już myślisz, że wypłyniesz z tym na powierzchnię, ale po chwili słone fale zalewają ci oczy i zaczynasz walczyć o oddech. Bo to, co miałaś w rękach, było rzeczywiście szlachetne, dobre i słuszne, ale tylko w kawałku, bo jego następna część była skręcona jak ubrania w pralce z czymś zdradliwym, nieuczciwym i nastawionym na zysk. Więc znów toniesz.

Bo wydaje się, że nie ma w naszym świecie niczego, co można by jednoznacznie i bez wątpliwości uznać za wartościowe, trwałe i przynoszące pozytywną, niekomercyjną korzyść.

Ludzie naszej cywilizacji stworzyli sobie rzeczywistość prawie całkowicie opartą na nietrwałych przedmiotach, które są obce naszej naturze. Na domach z betonu, asfaltowych jezdniach, metalowych samochodach, plastikowych naczyniach, syntetycznych witaminach. Wymyślili biura i urzędy, gdzie spędzają większość część dnia w nieruchomej, siedzącej pozycji. I pieniądze, które poruszają ich wyobraźnię silniej niż prawdziwe pragnienia.

Taki świat wciąga tak samo jak skręt z marihuany. Wdychasz ziołowy dym i nagle w twojej głowie pojawia się przekonanie, że jest cudownie. Wszystko jest dokładnie tak samo jak było wcześniej, ale ty *myślisz*, że jest cudownie. Przestajesz myśleć racjonalnie. Po prostu dajesz się porwać chmurce pachnącego dymu i fruniesz sobie na niej, nie troszcząc się o to dokąd ani po co.

Super. Ale chmurka wcale nie jest niewinnym aniołem, który ma wiernie służyć twojej potrzebie zaznawania przyjemności. Kiedy przestanie działać pierwszy skręt, sięgniesz po drugi. A potem po następne, a twój umysł będzie się stopniowo przyzwyczajał do reakcji, jaką w nim wywołuje, więc kolejne loty będą krótsze i mniej kolorowe. Wciągniesz się. Nie będziesz już chciał myśleć o tym jak realnie zmieć swoje życie. Skoncentrujesz się raczej na szukaniu mocniejszej dawki czegoś, co zapewni ci bezwolne unoszenie się w bliżej nieokreślonym kierunku, wraz z niczym nie popartym przeświadczeniem, że jest dobrze. Nawet kiedy nie jest dobrze, ty będziesz uważał, że jest. I dlatego pewnego dnia chmurka pęknie, a ty spadniesz na ziemię. I odkryjesz, że wszystko wygląda zupełnie inaczej niż ci się wydawało. Myślałeś, że jest słonecznie, jasno i słodko, tymczasem twoja osobista rzeczywistość stała się ponura, zimna, samotna i nieprzyjazna.

I myślisz, że to świat zawinił.

A przecież ty sam pobiegłeś za czymś, co nie było prawdziwe i chciałeś, żeby cię oszukiwało.

Rozdział 29

Tak, ja też tak się czułam.

I też goniłam za tym, co jest łatwe, szybkie, tanie i daje wrażenie przyjemności. Nie mam na myśli tylko alkoholu i innych używek. Chodzi mi raczej o cały sposób myślenia.

I zostałabym w tym ciasnym, dusznym świecie, pełnym zwalczających się sprzeczności, chwilowych prawd i ciągle rozpadających się iluzji, gdyby nie to, że wylądowałam w dżungli.

Wyruszyłam w podróż do miejsca, które zawsze przyciągało mnie z ogromną i niezrozumiałą siłą. Uwielbiałam sobie wyobrażać, że jestem daleko stąd, w tajemniczej i nieokiełznanej Ameryce Południowej, gdzie kolorowe papugi fruwają nad dziewiczą dżunglą pokrywającą ogromne przestrzenie w dorzeczu Amazonki.

Najpierw tylko marzyłam. Pisałam o dżungli i rysowałam dżunglę, ale nie miałam możliwości, żeby wyruszyć w taką podróż.

Potem zaczęłam „dorosłe” życie. Piszę to w cudzysłowie, bo w gruncie rzeczy wciąż byłam zagubiona jak mała dziewczynka, chociaż – podobnie jak wszyscy inni „dorośli” – bardzo starałam się stworzyć pozory. Zaczęłam palić papierosy, bo wydawało mi się, że to będzie dowód mojej dorosłości. Lubiłam się upijać, no bo przecież wszyscy „dorośli” tak robią. Zaczęłam zarabiać pieniądze i wydawać je na chwilowe przyjemności. Tak jak inni dorośli.

Aż nagle stuknęłam się w czoło.

Teraz albo nigdy.

Zawsze o tym marzyłam. Teraz mogę to zrobić. Jadę!

Pozostał szczegół. Uzbierać pieniądze na bilet i koszty wyprawy. Zbierałam przez półtora roku i chociaż było ciężko, czułam, że to jest dokładnie to, co powinnam zrobić. Niczego innego nie chciałam.

I tak, to był ten moment, kiedy jak Neo z Matrixa nabrałam pewności, że istnieje inny świat, chociaż wtedy jeszcze nie miałam do niego dostępu.

Wracałam do dżungli amazońskiej co kilka miesięcy. Tak często, jak to było możliwe, czyli w miarę ciężko, uczciwie zarobionych i zaoszczędzonych pieniędzy. I odkrywałam ją krok po kroku. Od półmetrowych pijawek i karaluchów wielkich jak świnki morskie, przez anakondy, piranie i kajmany, aż po trujące rośliny, paraliżujące trucizny i toksyczne żaby.

Ale wiedziałam, że tylko ślizgam się po powierzchni. Właściwie nie, nie wiedziałam. Ja tylko czułam, że jestem bardzo blisko czegoś bardzo niezwykłego. Gdyby mnie wtedy ktoś zapytał co to może być, pewnie zgadywałabym, że może chodzi o spotkania z ginącymi kulturami Indian, naukę, odkrywanie swoich słabości, tropikalny klimat, egzotyczne owoce, inny kolor nieba albo inne równie namacalne sprawy. Ale w gruncie rzeczy chodziło o coś innego.

Chodziło o to, żeby pójść dalej.

I to właśnie zrobiłam.

A właściwie w pewnym momencie uświadomiłam sobie, że to się właśnie stało.

Jak Neo odkryłam drugi, bardziej prawdziwy świat.

Płynęłam łodzią po jednej z małych, amazońskich rzek. Wiosło w rękach. Ciężkie, drewniane, poszczerbione na brzegach. Prawdziwe, indiańskie. Powierzchnia wody była czarna i gładka jak lustro. Lśniła odblaskami słońca.

Szelest przesuwającej się łodzi. Pluśnięcie zanurzanego wiosła, a potem pluskanie opadających z niego perlistych kropli.

Ktoś woła w gęstwinie. Może ptak, a może duch, kto wie. Ściany dżungli po obu stronach są ciasne, obsypane liśćmi, nic nie widać.

Wiosło, zanurzenie, odepchnięcie, przytrzymanie, przełożenie do przodu. I znów. Zanurzenie, odepchnięcie, przytrzymanie, przełożenie do przodu.

Nie mam pojęcia gdzie dokładnie jestem. Nie mam żadnych urządzeń naprowadzających. A nawet gdybym je miała, to tu w dżungli i tak najprawdopodobniej przestałyby działać. Wędruję przez dżunglę od wielu dni. Coraz dalej i dalej od tego co znam, i coraz bliżej i bliżej miejsca, do którego dotrę. Choć nie wiem jak wygląda ani jak się nazywa.

Wiosło, zanurzenie, odepchnięcie, przytrzymanie. Przełożenie do przodu. Pluskający deszcz kropli, które spadają z wiosła z powrotem do rzeki.

Płynę przez tropikalne popołudnie po gładkiej toni wody. A jednocześnie mam wrażenie, że unoszę się razem z łodzią i rzeką i płyniemy przez światy powyżej i poniżej, istniejące równolegle, dawne i przyszłe, ale to nie oznacza, że skończone i zamknięte, tylko wprost przeciwnie – dziejące się teraz.

Wszystko co było, wciąż jest, tyle że rozgrywa się na innym poziomie. Wszystko co będzie, także jest, i to tuż obok, ale w innej warstwie. A twój umysł podróżuje między tymi światami. Nawet wtedy, kiedy ty nie zdajesz sobie z tego sprawy.

Poruszam wiosłem, słucham jak krople spadają do rzeki. Widzę inną łódź, w której siedzi samotny myśliwy. Miedziana skóra, ślady czerwonej farby roztartej palcami po policzkach. Dokąd płynie? Dlaczego jest sam?

Na brzegu pojawiają się Indianie. Prawie nadzy. Mają lśniące, długie, czarne włosy. Kobiety pochylają się nad płytką wodą na brzegu. Myśliwi znikają w gęstwinie roślin. Czuję dym.

Oddycham spokojnie, nie poruszam się, nie odkładam wiosła i nie chwytam za aparat fotograficzny, uśmiecham się tylko, bo ja wiem, że oni są i nie są jednocześnie. Są żywi, prawdziwi, ale z perspektywy innego punktu odniesienia. Innego świata. Tego, w którym ta rzeka też płynie przez ten zakątek dżungli.

Indianie znikają. Zostaje tylko gęsta, tropikalna puszcza. I ja. Ale tak naprawdę ja wcale nie jestem tu obca. Wcale nie jestem kimś innym niż drzewa, które rosną na brzegu. Albo wielkie amazońskie wydry, które wystawiają nad wodę mokre głowy i parskają, jakby trochę zaskoczone moim widokiem. Może myślały, że pojawię się później. Albo wcześniej, bo pewnie widziały mnie z równoległego świata i czekały na to kiedy będę gotowa przejść dalej.

Czuję, że jestem całym światem. Jestem wszystkim, co istnieje dookoła, bo jestem jego częścią. Jestem jak liść na drzewie świata. Połączona z nim na wiele tajemniczych sposobów, także takich, które nie posiadają naukowych definicji, bo nie zostały jeszcze przez naukę odkryte.

Jestem dżunglą, jestem rzeką, jestem wydrą i samotnym Indianinem w czółnie. Jestem niebem, jestem wiatrem, jestem zapachem roślin. Jestem sobą i każdą inną istotą. Jestem tak szczęśliwa, że brak mi słów, żeby to wyrazić. I wiem, że wcale nie ma takiej potrzeby, żeby opisać ten stan. Ja po prostu w nim trwam.

To najbardziej niezwykłe doświadczenie. Kiedy przestajesz kierować świadomie swoimi myślami, odnosić się do rzeczywistości, formułować opinie, obserwować ją z punktu widzenia subtelnych, trudnych do namierzenia uprzedzeń zapisanych w podświadomości.

Otwierasz umysł. Pozwalasz sobie chłonąć to, co cię otacza, nie starając się tego nazwać słowami ani ogarnąć racjonalnymi wrażeniami.

Tylko zanurzasz się w przestrzeni, w powietrzu, unosisz się w nim zmysłami jak motyl i czujesz, że coś cię prowadzi, coś popycha, coś pociąga za sobą. Zdajesz się na to, co jest. Nie trzymasz się ani lęku przed nieznanym, ani zakazów czy poleceń narzuconych przez innych ludzi.

Otwierasz całą swoją jaźń i podążasz za nią. Wędrujesz między światami.

A im bardziej jesteś gotowy poznać prawdę, tym dalej możesz dotrzeć.

To najwspanialsze z doświadczeń.

Czyste, jasne, pełne wzruszającej, dobrej, pięknej radości.

Stajesz się częścią świata. Czujesz go w sobie. Nie ma granicy pomiędzy tobą a potężną, czystą mocą natury. Zanurzasz się w niej, oddychasz nią i masz całkowitą, niewzruszoną pewność, że to jest to, o czym marzyłeś.

I nagle rozumiesz jak to jest.

I wiesz, że to, za czym wcześniej tak uparcie biegłeś, jest w gruncie rzeczy nieporozumieniem, które nie mogło się udać, bo było czymś, co tylko udawało prawdę. A w rzeczywistości było coraz bardziej uzależniającą iluzją.

Myślałeś, że musisz zaznaczyć swoją obecność, coś zdobyć, osiągnąć, być kimś, zwrócić na siebie uwagę. Wydawało ci się, że musisz być u władzy, kierować, przejąć kontrolę nad swoim życiem.

Podejmować decyzje i zmuszać życie do tego, żeby je wypełniało. Myślałeś, że to da ci pozór siły. Ale tak naprawdę, przyznaj, tylko wyczerpywało cię do cna. Bo nigdy nie udało się nagiąć życia do tego, co sobie wymyśliłeś, prawda? Więc szarpałeś się z nim jak windsurfer na desce z przeciwnym wiatrem, i myślałeś, że musisz zmusić ten wiatr do posłuszeństwa.

Ale on i tak wiał jak chciał.

Czasem zgodnie z twoimi oczekiwaniami, a czasem nie, a wtedy przeklinałeś na swój los, płakałeś i złorzeczyłeś przeznaczeniu.

Myślałeś, że musisz dużo mieć, żeby czuć się bezpiecznie. Więcej niż potrzebujesz – na wypadek katastrofy. Bo gdyby zdarzyła się życiowa powódź, która porwie wszystko co masz, to jeśli będziesz miał naprawdę ogromnie, ogromnie dużo, to może jest szansa, że trochę tego zostanie.

No ale pomyśl. Jeśli przyjdzie wielka życiowa powódź i zaleje wszystko co masz, to nawet jeśli coś nie popłynie w dal z wielką, gwałtowną falą, tylko zostanie przy tobie, to będzie mokre i coraz bardziej śmierdzące, więc i tak do niczego ci się nie przyda.

A wiesz dlaczego to wszystko, na czym ci tak bardzo zależało, było tak naprawdę tylko iluzją i nieporozumieniem?

Nie dlatego, że niedobrze jest pragnąć, zdobywać, osiągać, doskonalić, być najlepszym..

Chodzi tylko o to jakie są prawdziwe intencje, które za tym stoją.

Nie te, które ty raczysz nazwać własnymi słowami, które dobierzesz tak, żeby wygodnie ci pasowały do pożądanego wizerunku samego siebie.

Chodzi o te prawdziwe, oryginalne, pierwsze intencje, które leżą głęboko zakopane w twojej podświadomości, ale bardzo sprawnie i bardzo mocno kierują całym twoim życiem.

I teraz powiem ci to, co jest najważniejsze:
Prawda różni się od iluzji tym, jaka intencja za nimi stoi.
Prawda dodaje skrzydeł.
Iluzja powala.

Na zewnątrz pozornie mogą wyglądać podobnie. Prawie identycznie.

Zobacz.

Mistrz świata z olimpijskim medalem. Cały świat bije brawo. Pokonał innych zawodników, osiągnął najlepszy wynik, fotografowie tłoczą się, żeby zrobić mu zdjęcie, dziennikarze czekają na wywiad. Życiowe osiągnięcie, euforia, sukces.

Nikt nie wie i nikt nie pyta dlaczego mistrz zaczął uprawiać sport. Dlaczego codziennie biegł na treningi, pokonywał własną słabość, zmuszał ciało do coraz większego wysiłku. Wszyscy patrzą tylko na złoty medal, którego blask przyćmiewa wszystko i wszystkich.

Ale gdybyś mógł otworzyć tajne drzwiczki i odczytać zwoje informacji zapisane w podświadomości tego sportowca, być może zobaczyłbyś chłopca, który nigdy nie dorósł, bo w głębi duszy pozostał małym dzieckiem, które robiło wszystko, żeby zdobyć poczucie akceptacji i bezpieczeństwa, bo czuło się odrzucone i nieakceptowane przez rodziców. Nie dlatego, że rodzice byli złymi ludźmi, ale dlatego, że nie potrafili mu przekazać swojej miłości. Stawiali wysokie wymagania, surowo oceniali, powtarzali, że trzeba być najlepszym, nieświadomie sugerując, że tylko najlepsi zasługują na to, żeby być kochanymi i zostać w rodzinie.

Podświadomość zapisała te komunikaty w najgłębszej, najstaranniej strzeżonej część pamięci. I tym kierowała się przez resztę życia. Wszystko inne było nieważne. Związki z dziewczynami – nieudane. Plemniki – zbyt wolne albo zbyt słabe. Do tego dziwne, niewytłumaczalne dolegliwości.

I tylko jedna, nieustająca, kompulsywna myśl:

– Muszę być najlepszy.

Muszę być mistrzem. Muszę pokonać wszystkich innych.

– Bo tylko wtedy – podpowiada podświadomość – być może wreszcie zostaniesz zaakceptowany i pokochany, więc poczujesz się bezpieczny.

Dla tego sportowca złoty medal jest czymś znacznie więcej niż nagrodą w zawodach i krążkiem z cennego metalu. Ten złoty medal w gruncie rzeczy jest próbą zaleczenia nieustającego bólu duszy, z którego do końca nie zdaje sobie sprawy.

I to właśnie stąd biorą się wszystkie jego inne problemy – depresja, uzależnienie od leków, bezsenność, koszmary, nerwice, przekładające się później na fizyczne choroby ciała.

Czy teraz rozumiesz czym się różni iluzja od prawdy?

Nie brakiem dążenia do zdobycia złotego medalu podczas olimpiady.

A jedynie tym, dlaczego właściwie do niego dążysz.

Czy dlatego, że kieruje tobą pełna pasji, samozaparcia i radości chęć zmagania się z własnymi ograniczeniami, poszerzaniem swoich możliwości i doskonalenia swojej siły?

Czy może dlatego, że chcesz w ten sposób naprawić pogruchotane poczucie własnej wartości, akceptacji i bezpieczeństwa? Pragniesz zdobyć podziw, żeby udowodnić samemu sobie, że jednak jesteś coś wart? Czujesz jakieś dziwne przejmujące wewnętrzne zimno kiedy nikt cię nie chwali, nie podziwia i nie nagradza?

Wiesz o co chodzi, prawda?

Iluzja nigdy nie zamienia się w prawdę.

A tylko prawda daje trwałe poczucie spełnienia, radość i zdrowie.

Iluzja wyczerpuje.

Prawda daje siłę.

Iluzja zmusza do ciągłej pogoni za czymś, co ucieka.

Prawda daje poczucie pełni i sensu.

Rzeka uniosła mnie
do takiego miejsca
w mojej duszy,
gdzie panował
jasny, czysty
spokój.

Jedno i drugie może doprowadzić do zdobycia złotego medalu podczas igrzysk olimpijskich. Różnica polega na tym, co dzieje się potem.

Prawda daje radość, która trwa i mobilizuje do innych działań.

Iluzja gryzie od środka i każe znów biec, mimo że w głębi serca wcale tego nie chcesz.

Płynęłam więc czółnem po amazońskiej rzece, patrząc jak krople wody spływają z wiosła z powrotem w nurt. Zapomniałam o wszystkim. O tym, co mi się wcześniej wydawało takie ważne. O tym, na co nie chciałam zwracać uwagi. O tym, przed czym usiłowałam uciec.

Rzeka uniosła mnie do takiego miejsca w mojej duszy, gdzie panował jasny, czysty spokój. Odetchnęłam głęboko i wiosłowałam dalej. A rzeka niosła mnie w światy, z których wcześniej nie zdawałam sobie sprawy.

Rozdział 30

Płynęłam więc czółnem po amazońskiej rzece, patrząc jak krople wody spływają z wiosła z powrotem w nurt. Zapomniałam o wszystkim. O tym, co mi się wcześniej wydawało takie ważne. O tym, na co nie chciałam zwracać uwagi. O tym, przed czym usiłowałam uciec.

Rzeka uniosła mnie do takiego miejsca w mojej duszy, gdzie panował jasny, czysty spokój. Odetchnęłam głęboko i wiosłowałam dalej. A rzeka niosła mnie w światy, z których wcześniej nie zdawałam sobie sprawy.

Tam było wszystko, co ma prawdziwą wartość. Wszystko, czemu warto zawierzyć. Wszystko, co tworzy równowagę i sens.

Poczułam się tak, jakby ktoś zdjął mi z głowy ciężki, żelazny hełm, który dotychczas dźwigałam, ale ponieważ nigdy nie miałam szansy przejrzeć się w lustrze, nie wiedziałam, że go na sobie mam.

Wcześniej uwierał, cisnął i ciągle spadał mi na oczy, więc błądziłam, nawet kiedy usiłowałam znaleźć właściwą drogę.

Teraz wszystko stało się jasne.

Myśli przestały się rozpierzchać jak przestraszone stado much. Usiadły zgodnie jak rój złotych pszczół.

A ja płynęłam dalej między tym co było, co jest i co będzie, między wszystkimi możliwymi warstwami światów, które układają się pod twoimi stopami w zależności od tego, co myślą twoje myśli.

Spróbuj nie myśleć nic.

Nie przez cały czas, ale choćby przez chwilę.

Spróbuj oddać władzę, której tak mocno się trzymasz, w złudnym przekonaniu, że dopóki masz kontrolę, nic nie może cię zaskoczyć.

Ale przecież co chwilę zdarza się coś takiego, co wytrąca cię z równowagi, prawda?

Jesteś jak Rzymianin powożący rozpędzonym rydwanem. Z całej siły ściskasz w rękach lejce i usiłujesz narzucić koniom wybrany przez ciebie kierunek.

Bum! Chwiejesz się na nierówności. Łup! Serce podskakuje ci aż do ramienia kiedy kołem wpadasz w dół. Ściągasz mocniej lejce, krzyczysz na wierzchowce.

Ale przyznaj, przecież ty, z wysokości swojego pojazdu, nie jesteś w stanie dostrzec gdzie na drodze leżą kamienie, a gdzie czai się rów.

Koń, który biegnie z głową przy ziemi i dodatkowo kieruje się instynktem, ma znacznie większe szanse, żeby w porę je dostrzec i ominąć.

Pozwól im współprowadzić twój rydwan.

Ty mniej więcej znasz kierunek i cel, ale rumaki zaprzężone do rydwanu mądrzej wybiorą odpowiednią trasę, która cię tam doprowadzi.

Spróbuj więc puścić się upartych myśli, żądań i oczekiwań. Nie stawiaj warunków. Nie mów, że będziesz szczęśliwy tylko wtedy, kiedy stanie się coś, co sobie wymarzyłeś.

Puść. Zaufaj. Daj się poprowadzić.

Otwórz swój umysł.

Zapomnij o tym, co wiesz i co uważasz za konieczne.

Być może to jest prawda, a może tylko złudzenie. Być może wszystko, w co dotychczas podświadomie wierzyłeś, trzymało cię w więzieniu ograniczeń zamiast dać ci wolność spełniania samego siebie.

Nie twierdzę, że tak było. Mówię tylko o tym, że to jest możliwe.

Także z własnego doświadczenia.

Zrozumiałam to dopiero wtedy, kiedy odkryłam ukryty strach, który mną rządził. Chciałam być najlepsza we wszystkich dziedzinach i wtedy wydawało mi się, że to jest ambicja, ale w rzeczywistości to był strach przed tym, że jeśli nie wygram wszystkich złotych medali, to nikt nie będzie mnie lubił i szanował.

Uważałam, że jestem bardzo silna, ale w samotności płakałam jak małe dziecko. Twierdziłam uparcie, że zawsze sobie poradzę, że ja wiem najlepiej, ale tak naprawdę chodziło o to, że panicznie bałam się okazać bezradność i słabość, bo podświadomie wydawało mi się, że zostanę wyśmiana i upokorzona.

Krążyłam po życiu w hełmie opadającym na oczy i chociaż wydawało mi się, że dużo wiem, to w rzeczywistości wiedziałam bardzo mało. Znałam tylko iluzje, w które bardzo chciałam wierzyć. One przesłaniały mi to, jaka jestem naprawdę. I dopóki upierałam się, że jest i musi być tak jak mi się wydaje, to kręciłam się w kółko.

Dlatego namawiam cię do tego, żeby na chwilę zwątpić.
Zatrzymać się.

Pomyśl:
– A może ja wcale nie jestem najlepszy? I może wcale nie jestem tym, który wie najlepiej? Może wcale nie wiem jaki jestem naprawdę i dlatego czasem podejmuję decyzje, które są katastrofalne w skutkach?...

No bo jaki jesteś naprawdę?
Tak serio.

Bez odniesienia do innych ludzi i nie wtedy, kiedy na ciebie patrzą.

Ty jako ty. Sam ze sobą.

Czy zdarza ci się pochwalić siebie za coś w taki sposób, jak chwalisz innych?

Albo czy zdarza ci się żartować z samym sobą?

A czy zdarza ci się patrzeć na siebie z nienawiścią albo pogardą?

To jest właśnie cząstka prawdy. Tej najprawdziwszej.

Jeżeli myślisz o sobie z nienawiścią i niechęcią, jeżeli chcesz się ciągle za coś ukarać, jeżeli ciągle masz do siebie pretensje i nigdy nie jesteś zadowolony ani z tego co myślisz, ani z tego co mówisz i robisz, to jesteś jak nauczyciel, który ma znienawidzonego ucznia i zmusza się do tego, żeby go czegoś nauczyć.

Nauczyciel nienawidzi tego zajęcia i nie akceptuje swojego ucznia

Uczeń boi się tego nauczyciela i nie chce się uczyć.

I tak trwa iluzja szkoły. Bo nauczyciel ciągle zadaje jakieś zadanie do domu, uczeń ciągle udaje, że je odrabia, nauczyciel z pogardą stawia niskie oceny, a uczeń ciągle myśli, że jest gorszy i nie zasługuje na szczęście.

Wszyscy są niezadowoleni, naburmuszeni, odwracają się do siebie plecami, nie chcą się nawzajem zrozumieć i nie umieją nawiązać prawdziwego, znaczącego, szczerego kontaktu. Chcą się tylko jak najszybciej wyminąć, uciec.

Ale teoretycznie tworzą szkołę. Jest nauczyciel, jest uczeń, są klasówki, są stopnie. Tyle że to jest iluzja nauki, z której nic nie wynika. Nauczyciel nie ma satysfakcji z pracy ani poczucia, że wpływa pozytywnie na czyjeś życie. Uczeń nie zdobywa wiedzy i nie rozwija się ani emocjonalnie, ani społecznie.

Wszyscy udają, podtrzymując iluzję szkoły.
Ta szkoła to twoje życie.
Czy takie właśnie jest?

Rozdział 31

Kiedy zaczęłam podróżować po dżungli amazońskiej w Ameryce Południowej, trafiłam do prawdziwej, twardej szkoły życia. Szybko odkryłam, że to co wcześniej o sobie myślałam, to tylko wygodne pozory i złudzenia, bo prawda jest zupełnie inna. Mogłabym wtedy stchórzyć, wrócić do Polski i powiedzieć:

– Od dzisiaj będę podróżować po bardziej przyjemnych miejscach!

Ale nie stchórzyłam. I dziękuję za to mojemu Aniołowi Stróżowi, który nigdy mi nie popuszczał. Jest miły, dobry i mądry, ale jest równie uparty jak ja. I kiedy wie, że jest coś, czego powinnam się nauczyć, to zmusi mnie do odrobienia wszystkich lekcji zadanych przez życie.

I w dżungli też tak było.

Wracałam tam tak prędko, jak to tylko było możliwe, czyli kiedy zaoszczędziłam następną sumę, która mogłam wydać na podróżowanie.

Ale wtedy też odkryłam jeszcze coś.

Prawda i iluzja są wymieszane w naszej cywilizacji na wielu różnych płaszczyznach. W pionie i w poziomie, zazębiają się o siebie, ubierają się w nie swoje stroje, malują się szminkami, żeby lepiej wyglądać.

Nawet w tym co myślisz o sobie samym prawda jest w prawie nierozpoznawalny sposób wymieszana z iluzją.

Prawda jest tym, co jest w rzeczywistości zapisane w twojej podświadomości i co realnie kieruje wszystkimi twoimi myślami, decyzjami i reakcjami.

Iluzja jest tym, co stworzył twój racjonalny umysł i w co wierzysz, bo chciałbyś, że to było prawdą (choć niekoniecznie jest).

Prawda i iluzja są połączone we wszystkich sferach życia publicznego, z którymi stykasz się na co dzień: w środkach masowego przekazu, w polityce, w systemie edukacji i służbie zdrowia, w miastach, w Internecie, w nowoczesnych wynalazkach i komunikatorach.

Prawda i iluzja są wymieszane w fizycznej przestrzeni dookoła ciebie: w budynkach z betonu, w sklepach, w reklamach, produktach żywnościowych i wodzie, nawet w bawełnie, z której uszyta jest bluzka albo pościel. Kiedyś bawełna była po prostu bawełną. Kiedy słyszałeś to słowo, miałeś pewność, że kupujesz produkt zdrowy i bardzo dobrej jakości. Teraz istnieje wiele gatunków bawełny, także takie, które mają syntetyczne dodatki i nie są ani ładne, ani wartościowe, ani zdrowe.

Prawda i iluzja są wymieszane ze sobą w wiedzy dotyczącej wychowania dzieci, zachowania właściwej diety, uprawiania sportu, a nawet wynikach badań naukowych. Ile razy słyszałeś, że należy codziennie wypić kieliszek czerwonego wina, żeby mieć zdrowe serce? Tydzień później czytałeś w innej gazecie, że lepiej nie pić codziennie kieliszka czerwonego wina, bo to prowadzi do uzależnienia od alkoholu. Albo jeden dietetyk radził, że najzdrowsze jest jedzenie bez mięsa, a drugi, że najlepiej jeść tylko mięso. I nic nie wiesz. Nic nie wiesz na pewno. Bo prawda i fałsz są splecione ze sobą jak kolorowe nitki w jednej wstążce i nie jesteś w stanie rozróżnić ich między sobą.

Prawda i fałsz są nawet wymieszane w twojej własnej duszy i stąd masz czasem to dręczące poczucie braku spójności i porządku, rosnącego chaosu i bałaganu, którego nie jesteś w stanie okiełznać.

Mówią ci, że dwa razy dwa równa się cztery, ale zawsze znajdzie się ktoś, kto będzie w stanie udowodnić, że jest inaczej.

No i teraz wyobraź sobie takie miejsce, gdzie prawda jest prawdą, a iluzje od razu rozpadają się w pył.

Wyjdź z miasta, które jest pomnikiem wszystkich możliwych iluzji świata.

Znajdź miejsce, gdzie oddycha przyroda.

Las, puszczę, knieję, bór, zagajnik. Pole, łąkę, polanę. Jezioro, rzekę, górę. Pustynię, ocean, sawannę, prerię. Morską plażę, wyspę, lagunę. Dolinę, przełęcz, płaskowyż.

Znajdź takie miejsce, gdzie nie ma śladu człowieka. Nie ma betonowych ławek, telefonów, asfaltu ani domów. Gdzie nie polewa się roślin nawozami sztucznymi i chemiczną bronią przeciw owadom. Gdzie nie ma wyznaczonych ścieżek, po których codziennie przechodzą setki innych osób.

Znajdź takie miejsce, gdzie panuje naturalna równowaga. Latają ptaki, żuki i motyle, wędrują myszy, biedronki i dżdżownice, szeleszczą liście, kołyszą się gałęzie, skrzypią drzewa poruszane przez wiatr.

Może to być też sucha, surowa pustynia, na której tylko z szelestem przesypuje się piasek, a nocą na łów wypełzają skorpiony i węże. Albo wielka, kołysząca się woda, która sięga aż po horyzont. Albo twarde, strome góry, pełne kamieni i skał.

Znajdź takie miejsce, które istnieje bez ludzi.
Zatrzymaj się tam.
Otwórz swoje zmysły.
I słuchaj co ci powie.

Dlatego że natura to czysta prawda. Natura we wszystkich jej formach. To dlatego czasami podczas wakacji doznajesz przełomowych odkryć. Bo właśnie wtedy masz czas, żeby się zatrzymać i poddać na chwilę temu, co cię otacza. Im bardziej nietknięte, nieskażone naszą cywilizacją miejsce to będzie, tym lepiej.

Przyroda ma w sobie boską moc i nieustającą, odnawialną, instynktowną chęć przywracania równowagi wszystkiemu, co jest niepewne, zachwiane, podszyte fałszem.

Przyroda jest dzieckiem słońca i ma leczniczą moc.

Wiem, pewnie się śmiejesz, że to niemożliwe i że przecież wycieczka do lasu nie uleczy kogoś z cukrzycy.

Ale coś ci powiem.

Choroby ciała zawsze w jakiś sposób są powiązane z tym, co znajduje się w duszy i umyśle, także tym podświadomym. Inaczej mówiąc – to co dzieje się w twoich myślach, wspomnieniach, nastawieniu do samego siebie i relacji z innymi, zawsze przekłada się na to, w jakim stanie znajduje się twoje fizyczne ciało. Czy cierpi na bóle głowy, różne dolegliwości, czy jest zdrowe.

To, co się dzieje wewnątrz twojej duszy – i co przekłada się na twoje relacje ze światem zewnętrznym, decyzje i ich konsekwencje – zależy od tego, w jakim stopniu znasz prawdę o sobie, a w jakim rządzą tobie iluzje, w które uwierzyłeś, żeby było ci łatwiej, przyjemniej, wygodniej.

Im więcej jest tych iluzji, tym większe są twoje wewnętrzne sprzeczności, rozterki, rozchwiania i powracające poczucie bezradności.

A kiedy w twojej duszy panuje chaos, to fizyczne ciało też zaczyna cierpieć. Wtedy pojawiają się choroby.

Jeśli odwrócisz ten proces, to zobacz:

Idziesz do lasu albo nad rzekę. Zatrzymujesz się, znajdujesz spokojne miejsce, gdzie możesz przez godzinę chłonąć otoczenie. Słuchasz szemrania wody, patrzysz na niebo i chmury, cieszysz się ze śpiewu ptaków, lśniących skrzydeł ważki i dojrzewających malin. Nie zajmujesz się niczym w szczególności. Nie słuchasz muzyki, nie rozmawiasz przez telefon, nie rozmyślasz o niedokończonej pracy.

Po prostu jesteś tam po to, żeby oddychać. Żeby poczuć moc przyrody. Po prostu wpuść ją do siebie. Tak jakbyś otwierał wrota miasta. Dopuść do siebie najpierw myśl, że to jest możliwe i że chciałbyś to zrobić. A potem zamknij oczy i pozwól, żeby ogarnęły cię dobro, ciepło i równowaga miejsca, w którym się znajdujesz.

Przyroda zawsze ma odruch powracania do równowagi. Zawsze. Nawet jeśli ludzie ją skrzywdzą, zmienią, wykrzywią, to jeśli tylko odejdą i zostawią ją w spokoju, ona znów prostuje się i odradza. Jeśli staniesz się jej częścią, ciebie też naprawi, wyprostuje i uzdrowi.

I jeżeli naprawdę będziesz wracał, żeby nauczyć się jej prostoty, prawdy, równowagi i siły, to ona cię tego nauczy. A kiedy będziesz to umiał, w twojej duszy zapanuje ciepły, dobry, pełen radości spokój. Twoje myśli będą składne, bystre i konstruktywne. A twoje ciało przestanie chorować.

Więc tak, myślę, że jeżeli będziesz odpowiednio długo i wytrwale ćwiczył się w sztuce osiągania wewnętrznej równowagi opartej na czystej prawdzie i uczciwości, to zniknie twoja cukrzyca, kłopoty z sercem i inne dolegliwości.

Pytanie tylko czy byłbyś gotowy spróbować.

Rozdział 32

Pewnej nocy w dżungli obudził mnie śpiew. Spałam w hamaku zawieszonym w maloce, czyli stożkowej, wspólnej indiańskiej chacie krytej palmowymi liśćmi. Ognisko przygasło, od ziemi unosił się wilgotny chłód. Nic nie było widać, ale słyszałam jak szura ogonem pies zwijający się w kłębek na ziemi. Chyba że to wcale nie był pies, ale inne zwierzę ubrane w miękką sierść, których w dżungli nie brakowało.

Było bardzo ciemno.

Wioska Indian Marubo głęboko w brazylijskiej puszczy, tydzień drogi od najbliższej osady.

W ciągu dnia patrzyliśmy na siebie z ciekawością. Oni mieli niezwykłe czarne i białe bransolety i naszyjniki zrobione z dzikich orzechów kokosowych i muszli. Nigdzie indziej takich nie widziałam. Maleńkie fragmenty wypolerowanych kawałków kokosa przypominających wyglądem ciemne egzotyczne drewno z ledwie widocznymi jaśniejszymi żyłkami. A do tego bezcenne w dżungli

Galeria multimedialna: zeskanuj zdjęcie i zobacz fotografie z wioski Indian Marubo.

Spałam w hamaku
w maloce,
czyli indiańskiej chacie
w amazońskiej
puszczy.

fragmenty muszli ślimaków, które trudno znaleźć. Oszlifowane naturalnym kamieniem, żeby wszystkie miały ten sam kształt i wielkość, przewiercone, żeby miały dziurki, a potem nanizane na nitkę skręconą z palmowego włókna albo naturalnej bawełny.

Wyobraź sobie. W dżungli, gdzie nie ma żelaznych narzędzi. Jest za to cierpliwość, czas i chęć zrobienia czegoś pięknego.

Wojownicy noszą na ramionach opaski z wielu sznurów białych paciorków z muszli. Białe naszyjniki z muszli albo czarne z orzechów kokosowych. Szerokie, cudownie plecione bransolety.

Żadna złota ani brylantowa biżuteria nie może się równać z pięknem, prostotą i oryginalnością tych indiańskich ozdób.

Dzień minął szybko. Zaczęło się zmierzchać. Wskazano mi miejsce gdzie mogę rozwiesić hamak. Przyjęłam je z wdzięcznością, chociaż nie był to ani hotel, ani osobna chata, tylko kąt pod czarnym od sadzy dachem z liści palmowych.

Myślisz, że to błąd albo pomyłka konstrukcyjna? Że przecież Indianie mogliby gotować jedzenie na zewnątrz, a wtedy tłuste opary nie brudziłyby im sufitów? Ha, ha, ha!

Ognisko oczywiście było w środku. A unoszące się z niego opary tłuszczu i dym konserwowały pokrycie z suchych, odpowiednio splecionych liści. Dzięki temu dach stawał się bardziej szczelny i odporny na wilgoć. Genialny indiański wynalazek.

Rozwiesiłam hamak, położyłam się spać. Tam gdzie nie ma elektryczności, ludzie kierują się rytmem natury. Kiedy robi się ciemno, wszyscy po prostu kładą się w hamakach i odpływają w noc. W przenośni oczywiście. Mam na myśli sen, chociaż to, co dzieje się w Amazonii za dnia i w ciągu nocy, jest jak najbardziej magiczne. Ale nie z tego powodu, o którym myśli się w Europie. Zaraz do tego wrócę.

To cudowne uczucie kiedy możesz wyciągnąć się w hamaku po długim, pełnym przygód dniu. Jest wprawdzie chyba dopiero siódma wieczorem, ale to nieważne. Jesteś zmęczony. Fizycznie, bo przewędrowałeś tego dnia kawał drogi. I mentalnie, bo co chwilę uczyłeś się czegoś nowego, wymieniałeś spojrzenia, uśmiechy, obserwowałeś co robią inni i starałeś się ich naśladować, żeby nie naruszyć miejscowych obyczajów.

Pod koniec dnia czujesz jak całe twoje ciało zwalnia, zaczyna przyginać się do ziemi, nogi masz ciężkie, ramiona nie chcą już trzymać aparatu fotograficznego. Myśli też stają się coraz bardziej ulotne, zwiewne, nie dają się prowadzić ani posłusznie analizować. Musisz po prostu odpocząć. Chcesz spać. Zanurzyć się w kolebkę kołyszącego się hamaka, zamknąć oczy i zdać się na wszystko, co będzie. Zasnąć. Zgasnąć. Przestać istnieć aż do rana.

Tak się właśnie czułam. Nasunęłam aż na brodę mój lekki tropikalny śpiwór, przytuliłam się do własnego ramienia i zasnęłam.

W środku nocy obudził mnie śpiew.

Niezwykły, melodyjny, tajemniczy.

Od razu wiedziałam, że tak śpiewa szaman.

Wszyscy spali, a on w drugiej maloce czuwał nad ogniem i odprawiał tajemne rytuały.

– Ijouej, ajouej... – niosło się w noc. – Hanahapa hapanei, hej hej, ijouej, ajouej...

Nie wiem jakie były prawdziwe słowa, tak je zapamiętałam. Unosiły się w ciemności nocy jak srebrne ptaki. Jak drewniane szybujące tratwy, na których podróżowały myśli. Jak nieśmiałe kwiaty, które unoszą się, żeby zakwitnąć. Jak most, który sam siebie buduje, żeby sięgnąć drugiego brzegu rzeki. Jak zorganizowana armia mrówek, które rytmicznie tupią nogami na szlaku do wyzwolenia tego, co zostało ukryte.

Leżałam i słuchałam. Czułam jak ten śpiew wnika we mnie, krąży po moim ciele, płynie przeze mnie jak krew, a potem unosi się gdzieś dalej, a ja unoszę się wraz z nim. Skrawkiem myśli, zapachu, wspomnienia. On dotyka mnie, a ja podążam za nim skupieniem uwagi, myślami, chęcią poznania.

Nie wiem jak długo.

Nie pamiętam kiedy znów zasnęłam. Wiem tylko, że kiedy się obudziłam, szaman wciąż śpiewał.

I śpiewał.

I śpiewał.

– To pewnie jakaś skomplikowana sprawa – pomyślałam wtedy. – Jeżeli wymaga takich długich, wyczerpujących ceremonii.

Próbowałam podejść do maloki, żeby zajrzeć do środka, ale dano mi do zrozumienia, że nie powinnam. Odeszłam więc, zajęłam się innymi rzeczami. Czekałam jednak na moment kiedy będę mogła dowiedzieć się o co chodziło, komu poświęcony był ten rytuał, czemu miał służyć.

No i zobacz.

Wszystko, co współcześnie w naszej zachodniej cywilizacji wiemy o świecie, to właściwie zbiór pewnych wniosków opartych o wcześniejsze przypuszczenia, co do których większość zgodziła się, że istotnie jest to najprawdopodobniej słuszna teza.

Bo przecież nie wiemy tego na pewno.

„Na pewno" moglibyśmy wiedzieć wtedy, gdybyśmy byli świadkami danego zdarzenia albo zjawiska i wychowali się w tej samej rzeczywistości, w której to miało miejsce.

Na przykład ktoś odkrywa w egipskiej jaskini rysunek przedstawiający zgiętą wpół postać, za którą stoi druga, wyprostowana postać trzymająca ją obiema rękami za biodra. Rysunek jest niezbyt wyraźny, naszkicowany czarnym pisakiem. Załóżmy, że naprawdę jest to rysunek pochodzący z czasów faraońskich, bo taką informację podają naukowcy używający skomplikowanych urządzeń do badania wieku atramentu.

Ktoś powiedział, że to jest pewnie królowa Hatszepsut, bo ma na głowie coś, co przypomina królewski nemes, czyli chustę w niebiesko-złote pasy, która odpowiednio zawiązana pełniła funkcję korony. A ten gość, który za nią stoi, to pewnie Senenmut – główny minister, który podobno był też jej kochankiem.

I zobacz jak szybko powstaje opowieść, której nie mamy możliwości zweryfikować, ale która brzmi odpowiednio atrakcyjnie, żeby powtarzać ją jako lekko pornograficzną sensację.

Uważa się, że ten niewyraźny, ledwie naszkicowany rysunek przedstawia egipską królową Hatszepsut „braną od tyłu" (jak się wyraził jeden z badaczy) przez kochanka, który był jej ministrem i prawdopodobnie sterował jej rządami.

Zobacz ile stereotypów buduje takie jedno proste zdanie.

Po pierwsze to, że kobieta nie może rządzić sama, więc na pewno potrzebowała pomocy mężczyzny. Po drugie to, że kobieta jest jak kotlet, który można brać od przodu albo od tyłu. Po trzecie to, że egipska królowa zdradzała swojego męża. Po czwarte to, że starożytni Egipcjanie byli w gruncie rzeczy podobni do nas i też bawiła ich pornografia.

Ale przecież żadna z tych informacji nie jest czymś, co można stwierdzić na pewno. To tylko przypuszczenia, zgadywanie, hipotezy stworzone na bazie tego, co my w XXI wieku nosimy w naszych umysłach. Czyli ograniczone naszym polem widzenia.

A przecież mogło być zupełnie inaczej.

Na tym rysunku może wcale nie być królowa Hatszepsut, tylko ktoś z długimi włosami. Nawet niekoniecznie kobieta, bo wydaje się być całkiem płaska. Może to jest rolnik z odkrytymi, długimi włosami, który schyla się, żeby podnieść kamień z pola, na którym będzie siał drogocenny papirus. A za nim stoi ktoś, kto pomaga mu ten kamień dźwignąć z ziemi. A może to jest rzeczywiście rysunek przedstawiający akt miłości, ale może narysował go ktoś, kto w ten sposób „zamykał go w ścianie".

Być może istniał kiedyś taki zwyczaj, żeby narysować coś po to, żeby to się nigdy nie wydarzyło, bo dzięki temu w pewien sposób konfrontujesz się z pewnym zdarzeniem i „zamykasz go w ścianie". Jeśli tworzysz rysunek pewnego zdarzenia, wszechświat może uznać, że to się już wydarzyło, bo istnieje na rysunku, podczas gdy w rzeczywistości ten rysunek był pewnego rodzaju świadomą manipulacją, która miała na celu zapobiec wydarzeniu się czegoś, co byłoby złe.

Albo może narysował go dlatego, że miał taki sen i nie wiedział jak go ma rozumieć.

Jest wiele możliwości.

Prawdę zna tylko autor tego rysunku.

Z szamanami w dżungli jest tak samo.

Przez cały dzień czekałam na odpowiedni moment, żeby dowiedzieć się dla kogo był ten śpiew i z jakiej przyczyny. I może jeszcze czegoś więcej – jakie towarzyszyły mu rytuały, napoje lub inne substancje.

Po południu zagadnęłam jednego z moich przewodników. Obaj pochodzili z tego samego plemienia.

– Słyszałam jak szaman śpiewał w nocy – rzuciłam.

Indianin pokiwał twierdząco głową.

– Odprawiał jakiś rytuał? – podsunęłam.

– Uhm – mruknął.

– A jaki?

Wzruszył ramionami i spojrzał w bok.

– Szaman często tak śpiewa?

– Czasem śpiewa.

– A dlaczego?

– Bo jest szamanem.

Wróciliśmy do punktu wyjścia. Postanowiłam zacząć z innej strony.

– Szaman Marubo pije ayahuaskę?

– Pije.

– I co jeszcze?

Przewodnik wzruszył ramionami.

Westchnęłam.

– Może coś się stało w wiosce i dlatego szaman odprawiał rytuał?

Indianie wymienili krótkie, błyskawiczne spojrzenia, tak jakby coś ze sobą konsultowali. Pomyślałam, że to dobry znak.

– No i? – naciskałam. – Ktoś jest chory?

– Tak – odrzekł jeden z Indian.

Wyjęłam notatnik. A więc wszystko jasne! Ktoś jest chory, potrzebował pomocy, a ze wszystkiego, co wiem o szamanach i czego udało mi się dowiedzieć przez lata czytania mądrych książek, wynika, że szaman leczący uzdrawia chorych za pomocą rytuałów wspomaganych różnymi substancjami.

Tu zwykle ludzie Zachodu mają na twarzach dziwny uśmieszek, bo „substancje" kojarzą im się z narkotykami, a to z kolei pociąga za sobą następne skojarzenie, że szaman to ktoś, kto zażywa narkotyki, a to prowadzi do następnych równie błędnych wniosków, na przykład że w takim razie szaman to ktoś, komu nie można ufać, bo przecież narkotyki w naszej części świata są czymś podejrzanym, nieczystym, kryminalnym. I słusznie.

Narkotyki w naszej zachodniej cywilizacji są używane do zafałszowania rzeczywistości. Zażywasz, bo chcesz zapomnieć o czymś przykrym, chcesz poczuć się lepiej, stać się na chwilę kimś innym, lepszym, fajniejszym, pozbawionym lęków.

Szaman używa różnych wywarów i proszków po to, żeby przenieść się do równoległych światów i być tam innym sobą. To pozwala mu znaleźć rozwiązanie problemu, uzdrowienie choroby albo odpowiedź na pytania, z jakimi przyszli do niego ludzie.

Chodzi o to, że szaman nie ma absolutnie nic wspólnego z narkotykami, a takie przekonanie powstało tylko dlatego, że ktoś spojrzał na świat Indian z zachodniej perspektywy i ocenił indiańskie rzeczy za pomocą europejskich, pokręconych, w części fałszywych pojęć.

Ale po kolei.

Z rozmowy z moimi przewodnikami wyciągnęłam jasny i prosty – jak mi się wtedy wydawało – wniosek, że szaman śpiewający przez całą noc odprawiał uzdrawiający rytuał na rzecz kogoś chorego.

Gdyby mnie ktoś zapytał skąd to wiem, odpowiedziałabym bez wahania:

– Tak twierdził mój przewodnik, a przecież to był Indianin pochodzący z tego samego plemienia, więc wiedział to na pewno!

Ale gdyby tak cofnąć film z nagraniem tej rozmowy (gdyby istniał, bo przecież nie podróżuję z ekipą filmowców, tylko sama), to okazałoby się, że tak naprawdę Indianin niczego takiego nie powiedział. On tylko zgodził się na to, co ja powiedziałam. A ja powiedziałam coś, co mi się wydawało.

I tak powstał fakt, który właściwie wcale nie jest faktem, tylko piórkiem na wietrze.

Myślę, że właśnie w taki sposób powstaje wiele innych „faktów" dotyczących Indian, szamanów i życia w dżungli, które jest tak bardzo inne od tego, co znamy w Europie, że usiłujemy je poznać i opisać, ale niestety, jesteśmy w stanie zrobić to tylko na bazie tego, co sami już wiemy i rozumiemy. A nie na bazie tego, co wiedzą i rozumieją Indianie. Czyli zupełnie innego spojrzenia na wszystko, co ich otacza.

Rozdział 33

Na pewno mogę wiedzieć coś tylko wtedy, kiedy jestem tego świadkiem i gdy dzieje się to w kulturze, którą znam od dziecka, bo się w niej wychowałam. Tylko wtedy mogę do widocznych faktów dodać podświadomy, instynktowny kontekst i być w stanie zrozumieć co on rzeczywiście oznacza.

Paradoksalnie zabawne jest to, że choć powyższe zdanie jest prawdziwe, to nie dotyczy naszej zachodniej cywilizacji, ponieważ stworzyliśmy w niej tak dużo iluzji i pozorów, że nikt już nie jest w stanie z całą pewnością odróżnić ich od prawdy.

Gdziekolwiek wyruszamy, zabieramy te bezwzględną względność ze sobą. Nosimy ją po prostu w umysłach jako jego nieodłączną część, jak filtr, przez który przechodzi wszystko, czego później dotkną nasze myśli.

I to właśnie stąd wzięło nieporozumienie dotyczące szamanów.

– Magiczny sok? – pytają ludzie z porozumiewawczym mrugnięciem. – Albo grzybki?

– No i ayahuaska! – dorzuca ktoś tajemniczym tonem.
– A co oni tam popalają? Muszą coś jarać, nie?
– Próbowałaś? Był odlot?

Nie było odlotu.
No, właściwie był, ale nie taki, jak sobie wyobrażasz.
Próbowałam.
I zrozumiałam coś bardzo ważnego.

Jaranie, wciąganie, wdychanie, zażywanie i inne „-anie" związane z próbowaniem narkotyków to rzecz istniejąca tylko w naszym zachodnim świecie, gdzie ludzie sięgają po środki zmieniające świadomość, żeby doświadczyć iluzji. Czasem chcą za ich pomocą dodać sobie pewności siebie, odwagi albo lepszego nastroju. Czasem robią to po prostu dla rozrywki, z ciekawości jak się wtedy poczują i jakich doznań doświadczą. Czasem robią to po to, żeby coś komuś udowodnić. Czasem robią to po prostu z bezmyślnej głupoty, bez zastanowienia, bo naśladują innych. A czasem robią to, choć wcale tego nie chcą, bo ktoś ukradkiem częstuje ich narkotykiem ukrytym w ciastku albo napoju.

Jeżeli wychowałeś się w mieście, gdzie te sprawy są dla wszystkich oczywiste i nikomu nie trzeba tłumaczyć co to jest kieliszek wina, jak się go pije i po co, to instynktownie, podświadomie, będziesz to swoje rozumienie rozciągał też na inne kultury.

Jeżeli ktoś powie, że Indianie w puszczy amazońskiej zażywają *rapé*, czyli sproszkowany tytoń z dodatkami, to słowa „zażywają",

„tytoń" i „dodatki" od razu wywołają w twoim umyśle pewien obraz – Indianina, który siedzi z przymkniętymi oczami, „zażywa" swoją substancję i czeka aż go porwie w krainę tęczowych snów.

Ale tak nie jest.

Choćby dlatego, że Indianie nigdy nie zażywają niczego w takim sensie, jak rozumie się to w naszej części świata.

Nigdy nie robią tego z tych powodów, które są oczywiste dla Europejczyków, czyli z ciekawości, bezmyślności, dla rozrywki, żeby się lepiej poczuć albo dla towarzystwa. Dlatego nie można nawet powiedzieć, że to „zażywają" ani że jest to jakaś odmiana „narkotyków" czy „środków odurzających".

Wszystko, co Indianie mają, pochodzi z dżungli. Jest jej częścią. Niezmienioną i nieprzerobioną. Świeże, wilgotne liście suszy się na słońcu, a potem kruszy i ściera na pył. Kawałki liany gotuje się w glinianym garnku w rzecznej wodzie. Nic więcej. Nie poddaje się ich żadnym chemicznym procesom, które zmieniałyby ich naturalne właściwości.

To jest następna największa różnica między życiem w dżungli a cywilizacją Zachodu.

W naszym świecie naturalne rzeczy są niechętnie widziane, bo za szybko się psują i trudno je przerobić na produkt, który byłby tani, lśniący i mógłby przez rok leżeć w sklepie. Dlatego naturalne rzeczy trafiają do laboratoriów, gdzie zostają przemielone, zmiażdżone, przeczołgane, wyciśnięte i chemicznie tak przetworzone, żeby zachowywały się jak plastik. Elastyczny, o długiej przydatności do spożycia i tani. Tyle że wtedy ta kiedyś naturalna rzecz ma już zupełnie inne właściwości i zupełnie inaczej reaguje z twoim organizmem.

To dotyczy także takich rzeczy, o których mówi się, że są „naturalne" i poleca się je jako zdrowsze – na przykład stewia, czyli słodzik zastępujący cukier. Naturalna stewia to zielone, wysuszone listki. Tylko w takiej postaci jest zdrowa. Ale w sklepie znajdziesz pewnie słodzik ze stewii pod postacią chemicznie zmodyfikowanego białego proszku. Tego samego słodzika używa się do słodzenia napojów, które uchodzą za zdrowe, chociaż w gruncie rzeczy jeden syntetycznie otrzymywany słodzik (biały cukier) został zastąpiony innym, tak samo sztucznym, chemicznie modyfikowanym słodzikiem (zrobionym na bazie stewii).

Ja wiem. Ty to wszystko wiesz. Ale pewnie nie zdajesz sobie sprawy z tego, jak bardzo to wpływa na twoje postrzeganie innych światów. Tych, gdzie codzienny sposób funkcjonowania jest zupełnie inny – choćby dlatego, że jest oparty wyłącznie na prawdziwych rzeczach.

Nie ma niczego, co udaje coś, czym nie jest. Albo co podszywa się pod coś lepszego.

Indianie nie robią tanich, gorszych strzał, które wyglądają jak lepsze jakościowo strzały mistrza myśliwego.

To nie miałoby żadnego sensu. Jeżeli coś się robi, to zawsze jest to pełnowartościowy produkt. Po prostu. Bo tylko takie uczciwe, porządne, pełnowartościowe rzeczy są przydatne i dobrze służą swojemu celowi.

Dziwisz się?

A czy zdarzyło ci się kiedyś zobaczyć w katalogu wysyłkowym taniego sklepu śliczną białą bluzkę, która na modelce wyglądała po prostu zjawiskowo? I czy skuszona tym obrazem zamówiłaś ją, bo też chciałabyś taką mieć? I co dostałaś w przesyłce? Założę się, że ta bluzka wyglądała zupełnie inaczej niż na zdjęciu. Nie była zrobiona z tej cienkiej, delikatnej, ładnie układającej się bawełny, tylko z taniej, szorstkiej, grubej, brzydkiej tkaniny, która była dziwnie nieprzyjemna w zetknięciu ze skórą. Tak było?

Wiesz dlaczego?

Bo to jest jedna z charakterystycznych cech naszego świata. Podróbka. Iluzja. Kłamstwo. Coś, co udaje coś, czym nie jest. Albo ktoś, kto kogoś udaje, choć w głębi duszy jest zupełnie inny.

No i zobacz.

Ktoś mówi, że w dżungli amazońskiej są szamani, którzy zażywają różne substancje i wtedy leczą chorych podczas rytuałów.

Co sobie wtedy myślisz? Jaki obraz powstaje w twojej głowie?

Pewnie kogoś, kto z lekka zawiany wykonuje dziwne ruchy rękami i zawodzi nad ciałem spuchniętego chorego. Albo kogoś, kto podszywa się pod szamana, chociaż wcale nie umie leczyć, i żeruje na naiwności ludzi potrzebujących pomocy. Albo może kogoś, komu wydaje się, że potrafi uzdrawiać, bo tyle się nawdychał i napalił, że stracił kontakt z rzeczywistością.

W twoim umyśle
rośnie drzewo,
które na wszystko
rzuca cień.

Drzewo strachu.

Tak czy inaczej zapewne podejrzewasz w tym coś fałszywego. Bo tak cię przyzwyczajono. Zawsze i we wszystkim, czego się tknąłeś, można było się spodziewać oszustwa. I tak nauczyłeś się oceniać świat.

W gruncie rzeczy nie potrafisz już pewnie z zaufaniem i szczerością spojrzeć na żadną sprawę na świecie. Ani na ofertę handlową, ani na człowieka startującego w wyborach, ani na szynkę w sklepie, ani na tytuł w gazecie. Wszędzie może się czaić jakiś fałsz. Nie musi, ale może.

Czy wiesz, że to ogranicza twój sposób myślenia także o sobie samym? To właśnie dlatego nie jesteś w stanie zdecydować o czym marzysz ani podjąć decyzji, do których miałbyś jednoznaczne, głębokie przekonanie. Ciągle się wahasz. Ciągle miotasz się między skrajnościami. Ciągle jesteś niezadowolony z siebie, z tego co zrobiłeś i z tego co masz.

To właśnie dlatego.

Bo w twoim umyśle rośnie drzewo, które na wszystko rzuca cień. Drzewo strachu. Nie, nie chodzi o to, czego się świadomie boisz. Chodzi o to, czego boi się twoja podświadomość. Na przykład tego, że ktoś cię oszuka, wykorzysta, porzuci, zrani.

Myślisz, że tego drzewa tam nie ma?

Ale jeżeli wychowałeś się w jego cieniu, który zawsze przy tobie był i we wszystkim ci towarzyszył, to skąd możesz wiedzieć jak wygląda życie bez niego?

Czy teraz rozumiesz co mam na myśli?

Wyobraź sobie świat, gdzie ludzie są tacy, jacy są. Kiedy ktoś coś robi, to instynktownie i zawsze robi to najlepiej jak potrafi. Kiedy ktoś mówi, że jest myśliwym, to naprawdę nim jest i najprawdopodobniej jest jednym z najlepszych myśliwych na świecie, bo tak się ćwiczył i trenował przez wiele lat.

Kiedy ktoś mówi, że jest szamanem, to jest szamanem. Bez wątpliwości. Jest kimś, kto czuje w sobie moc do pomagania innym ludziom. Kimś, kto poznał tajemnice uzdrawiania przekazane mu przez innych szamanów.

Rozumiesz?

Niektóre czynności szamańskie wymagają stosowania naturalnych środków roślinnych. Ale jest bardzo możliwe, że to, co my wiemy na ich temat w zachodnim świecie, nie ma absolutnie nic wspólnego z prawdą. Nie będę więc nawet próbować wyjaśniać do czego służy *rapé* czy *ayahuasca*, dlatego że to, co wiem na ich temat, pochodzi w większości z naszego świata. Z książek antropologów i opowieści moich przewodników wymieszanych z tym, co mi się na ten temat wydawało i co byłam w stanie moim światopoglądem zrozumieć.

Prawda może być zupełnie inna. Ale znać i w pełni rozumieć będą ją tylko ci, którzy się tam wychowali i dorastali w tamtej atmosferze, ze wszystkim świadomym i podświadomym, co się na nią składało.

I teraz cztery ważne wnioski.

Po pierwsze. Przyroda w swoim naturalnym kształcie nienaruszonym przez człowieka posiada niezwykłą moc.

Po drugie. Przyroda jest w naturalny sposób zaprogramowana na prawdę. Nic w niej nie powstaje z chęci zysku ani innych nieuczciwych intencji.

Po trzecie. Przyroda ma instynktowny talent do przywracania się do stanu harmonii i równowagi, który sprzyja zdrowemu i silnemu istnieniu wszystkich organizmów, jakie się na nią składają.

Po czwarte. Siła, prawda i harmonia przyrody w naturalny sposób stają się udziałem ludzi, którzy spędzą w niej wystarczająco dużo czasu.

Piąty wniosek płynący z czterech powyższych. Niezależnie od tego, jak bardzo pogmatwane jest twoje wewnętrzne życie, możesz spróbować je rozsupłać i wyprostować poprzez odszukanie więzi z czystą przyrodą w jej naturalnej postaci.

Szósty wniosek, do którego zmierzałam od początku tego rozdziału. Szaman, którego spotkałam w wiosce Indian Marubo w brazylijskiej dżungli, prawdopodobnie nie usiłował wyleczyć chorej Indianki.

Myślę, że on raczej starał się ochronić wioskę przede mną. Może wyczuł co kłębi się w mojej podświadomości i jak bardzo jest to różne od tego, co panuje w jego duszy. Bo przecież ja przywiozłam ze sobą wszystko, co wiem. Całą iluzję i fałsz zachodniego świata oparte na odgrzewanych frytkach i piwie z lodówki, wraz z jej pogardliwym przekonaniem o własnej wyższości nad wszystkimi innymi narodami świata.

Ja wtedy jeszcze nie zdawałam sobie z tego sprawy. Poza tym byłam zbyt pochłonięta fascynującym odkrywaniem egzotycznej strony Ameryki Południowej i dżungli amazońskiej. Tej bardziej powierzchownej i jaskrawej. I wtedy jeszcze patrzyłam na nią z wysokości Ekscelencji Europy.

Być może szaman zobaczył we mnie ten ukryty chaos. Obserwował mnie. Widział jak fotografuję, smaruję się kremem, używam latarki, przebieram się w kostium kąpielowy do pływania w rzece. Jak bardzo jestem związana z różnymi przedmiotami. I może widział też, że dopiero uczę się słuchać i patrzeć. I że wiszę jak jastrząb z rozłożonymi skrzydłami, i z całych sił wypatruję tego, co jest naprawdę ważne. Ale zanim to znajdę, będę jeszcze długo błądzić, potykać się i czasem niechcący pociągać za sobą innych.

I może dlatego śpiewał.

Może chciał namalować dla mnie głosem ścieżkę, po której w końcu do niego wróciłam.

Rozdział 34

Siódmy wniosek, który też wypływa z sześciu poprzednich.

Pewnego dnia jechałam rowerem po drodze niedaleko Warszawy. Było lato. Wiatr we włosach, krótkie spodenki, cudownie ciepłe powietrze. Nie myślałam o niczym. Cieszyłam się tylko ruchem, pedałowaniem, zapachem kwiatów.

I nagle poczułam coś bardzo dziwnego.

Zderzyłam się z myślami i uczuciami, które miałam kilkadziesiąt lat wcześniej. Aż przysiadłam na siodełku i przestałam pedałować z wrażenia.

Wjechałam rowerem w chmurę samej siebie sprzed dwudziestu pięciu lat!!! Nagle poczułam się w tamtej skórze, w tamtym stanie umysłu. Pełna pytań, marzeń i rozdzierającego pragnienia, żeby nie zgubić drogi, nie zabłądzić i nie stać się jeszcze jednym zabieganym, zmęczonym i narzekającym dorosłym, który ma za mało czasu, za mało pieniędzy, za mało motywacji, za mało siły, za mało radości.

Jako dziecko i nastolatka nie mogłam tego zrozumieć. Rozglądałam się szeroko otwartymi oczami. Obserwowałam świat dorosłych w telewizji, na ulicach, na klatce schodowej w bloku, w szkole, w parku, na dworcu, w autobusie, w moim własnym domu, w domach moich krewnych i w domach innych dzieci.

Nic mi w nim nie pasowało. To był świat rozerwany na kawałki, nielogiczny, niespójny. Był zagrażający nie tylko dla mnie, z czego wtedy sobie nie zdawałam sprawy, ale czułam, że on jest odbierany jako groźny i niebezpieczny przez tych samych dorosłych, którzy go tworzą.

I nie mam teraz na myśli sytuacji politycznej. Czasy bywają lepsze albo gorsze. Z jednej strony jest stan wojenny, puste sklepy i godzina policyjna. Ale z drugiej strony masz kapitalizm i przytłaczający nadmiar śmieciowych towarów, rozrywek i używek, pod którym giną wartości moralne, etyczne, duchowe. Myślę więc, że nie ma znaczenia w którym momencie historii się wychowujesz i jaki ustrój jest dookoła ciebie. Bo i tak to, co jest najważniejsze, znajduje się w ludzkich umysłach oraz w tym, jakie – i czy w ogóle jakiekolwiek – wyciągają z tego wnioski.

Z mojego ówczesnego punktu widzenia świat dorosłych był jak śmiertelna lawina, która w pewnym momencie życia musi na każdego spaść. Nie wiesz dokładnie kiedy i nawet nie czujesz tego jako wielkiej katastrofy.

Gdyby to była jedna wielka lawina, która wali ci się na głowę, to wtedy jeszcze może miałbyś szansę zareagować, zorientować się jakie grozi ci niebezpieczeństwo i uciec.

Ale to jest lawina złożona z setek małych lawin. Niektóre są tak delikatne, że być może nawet nie jesteś ich świadomy. Spadają dookoła ciebie z wysokich szczytów codzienności i coraz bardziej utrudniają ci drogę. Rosną. Nawarstwiają się. Masz wrażenie, że dookoła ciebie jest coraz bardziej ciasno, z coraz większym mozołem poruszasz nogami, coraz trudniej oddychać. Aż przychodzi dzień kiedy spada jeszcze jedna, prawie niezauważalna lawina, ale to jest ta, która odcina ci dostęp do powietrza. I wtedy po prostu giniesz.

Niby jesteś wciąż żywy, poruszasz się, wykonujesz jakieś czynności, ale twoja dusza straciła przytomność. Została zasypana masą zimnego, ciężkiego śniegu i nie jest w stanie o własnych siłach się z niego otrząsnąć.

Dlatego nie chciałam być dorosła. Nie chciałam zostać takim dorosłym unieruchomionym pod lawiną.

I bardzo się bałam, że nie zauważę tych kolejnych drobnych lawin, które zaczną mnie przysypywać.

Dlatego ze wszystkich sił starałam się utrzymać moją duszę w stanie pełnej świadomości.

Kiedy miałam szesnaście lat, zaczęłam pisać do siebie listy, które miałam otworzyć w przyszłości. Bardzo dużo rysowałam, pisałam i rozmawiałam ze sobą. I dużo płakałam, bo czasem czułam się bardzo samotna i bezradna.

I wtedy właśnie czułam jak płynie do mnie wspierająca siła. Pocieszenie. Dziwna moc, która pozwalała mi ciągle na nowo uwierzyć w siebie i iść dalej. Podejmowałam decyzje, których nikt nie pochwalał. Buntowałam się. Uciekałam. Nie chciałam robić tego, co wszyscy. Mówiono mi, że źle skończę.

A ja czułam gdzieś w środku dobry, ciepły głos, który mnie prowadził. Wcale niekoniecznie tam, gdzie sama chciałam pójść. Popychał mnie na środek oceanu, a ja czułam się jak okręt, który płynie przez gwałtowne sztormy i pokonuje gigantyczne fale. Załamuje się, chwieje, już prawie poddaje się burzy, ale wtedy coś budzi się w nim pod pokładem, unosi go i przytrzymuje na powierzchni, jak zwycięzcę. Sztorm łagodnieje, ciemność blednie, a niebo wydaje się mówić:

– Taki uparty jest ten statek, ma tak mało sił, ale tak dzielnie walczy! Pomóżmy mu.

Daleko na horyzoncie pojawia się jasny, świetlisty pasek nadziei. Chmury miękną, a deszcz już nie bije twardymi strumieniami, tylko głaszcze i zmywa z ciebie słone łzy.

– Dam radę! – myślisz sobie cichutko i jest to najcichsza i najbardziej nieśmiała myśl, jaką można sobie wyobrazić, ale jednocześnie jest to myśl tak mocarna i pełna wiary, że przywraca cię do życia.

Tak się czułam.

Tak żeglowałam po oceanie życia, czasem płynąc śmiało z rozstawionymi żaglami, nie zważając na to, co myślą i mówią inni, wbrew ich radom i opiniom. A czasem czułam, że spadam na dno i jeżeli nie zdarzy się jakiś cud, to zatonę na zawsze. I wtedy pojawiał się ten dobry, przyjazny, mocny głos, który brzmiał w mojej głowie i mówił:

– Nie poddamy się! To nie miałoby sensu! Wierzę w ciebie! Kocham cię! Jestem z tobą! No już, otrzyj łzy. Oprzyj się o mnie. Daj mi rękę. Ja ci pomogę. Wstajemy. Ruszamy dalej. Śmiało.

I choćbym była na dnie rozpaczy, czułam jak dotyka mnie w środku wielka, ciepła dłoń, pociesza, pomaga się podnieść. Wiedziałam, że ma rację. Wiedziałam, że jest dla mnie dobra.

Czułam się tak, jakbym była w stanie wyciągnąć kotwicę, która zaplątała się w muliste dno i zarzucić ją w przyszłość, zaczepić tam na jasnej, słonecznej chmurze i przyciągać do niej mój statek. Coraz bliżej i bliżej.

Myślę, że ja wtedy byłam w stanie sięgnąć do siebie samej z przyszłości.

I myślę, że tak samo jak można podróżować między różnymi warstwami równoległych rzeczywistości odbywających się na wielu płaszczyznach czasu i przestrzeni, tak można też wędrować po własnym życiu.

Powiem więcej.

Mam wrażenie, że życie usiłuje odtwarzać pewne zapalne, zagmatwane, nierozstrzygnięte punkty przeszłości poprzez zmuszanie nas do przeżywania ich na nowo, kreując zbliżone emocjonalnie sytuacje w teraźniejszości.

Na przykład wtedy, kiedy zaczynasz pragnąć czegoś w niezrozumiały dla samej ciebie, natrętny, niemożliwy do opanowania sposób. Na przykład zostajesz ogarnięta maniacką myślą o tym, że koniecznie chcesz mieć dziecko.

Wszystko inne przestaje być ważne. Nie trafiają do ciebie żadne argumenty. Owszem, słuchasz, kiwasz głową, obiecujesz, że to przemyślisz, ale wiesz w głębi duszy, że *ty musisz* to zrobić.

Niezależnie od tegojaka jest twoja sytuacja materialna, życiowa, rodzinna, jakie miałaś inne plany albo co komu obiecałaś. Ty *musisz* mieć dziecko.

Myślę, że jest tak dlatego, że wyniosłaś z wczesnego dzieciństwa jakiś nierozwiązany problem emocjonalny. Coś takiego, z czym twoja podświadomość do dzisiaj nie jest w stanie sobie poradzić. Nie może tego jednoznacznie zakwalifikować do żadnej kategorii zdarzeń. To jest coś w rodzaju supła emocjonalnego, który się zapętlił i uwiera. Podświadomość domaga się, żeby to się zdarzyło jeszcze raz, żebyś miała okazję na nowo się temu przyjrzeć i jeszcze raz to przeżyć, ale tym razem inaczej.

Nie możesz na nowo stać się maleńkim dzieckiem. Ale możesz powołać takie dziecko do życia. Będziesz z nim tak mocno związana emocjonalnie, jakbyście byli jednym ciałem. A podświadomość doprowadzi do powtórzenia tych trudnych sytuacji z przeszłości, których ty kiedyś byłaś świadkiem, ale nie umiałaś ich zrozumieć, zaakceptować i przyjąć, więc zapisałaś je w sobie jako węzeł, jako coś zbyt trudnego i zbyt ciężkiego, żebyś mogła to unieść i zaakceptować.

I oczywiście ty nie zdajesz sobie sprawy z tego, że nosisz coś takiego w podświadomości, bo jest to odpowiednio ukryte. Ale czasem boli. Uwiera. Chce wypłynąć na powierzchnię. A wtedy twoja podświadomość – żeby cię przed tym obronić – odwraca czymś twoją uwagę. Na przykład mówi, że masz nieodpartą chęć na coś słodkiego. Musisz natychmiast zjeść czekoladę. Ty posłusznie sięgasz po czekoladę i problem rozpływa się w oparach posłodzonych wrażeń.

Ale nie znika. Tylko trochę się chowa. Na pewien czas. A potem znów rośnie, kłuje, domaga się rozwiązania.

I wtedy właśnie twoja podświadomość może próbować wywołać podobne okoliczności, w których zostaniesz postawiona przed zbliżonymi emocjami, a kiedy tak się stanie i kiedy rzeczywiście ogarną cię takie uczucia, to będzie można też uwolnić ten skrywany kłębek emocji, żeby przy okazji tego nowego wydarzenia on też miał szansę się rozpętlić.

Tyle tylko, że to jest prawie niemożliwe. Bo przecież ty emocjonalnie jesteś prawdopodobnie dokładnie tą samą osobą, jaką byłaś wcześniej i nie posiadasz nowych narzędzi do radzenia sobie z emocjami.

Chyba że świadomie pracujesz ze swoim umysłem, uczysz się nowego sposobu myślenia, masz prawdziwy kontakt ze swoją duszą, potrafisz nazywać swoje emocje i nie boisz się także tych, które uważasz za negatywne. Czyli świadomie przeżywasz to, co się dzieje, bo wiesz, że wszystko, co znajduje się w twoich myślach, ma jakieś źródło. Udawanie, że czegoś nie ma, wcale tego nie naprawia, a wprost przeciwnie, tylko powiększa mętlik. Więc jeśli jesteś świadoma swoich emocji i uczciwie nazywasz je po imieniu, to takie odtwarzanie zdarzeń zaprojektowane przez twoją podświadomość może ci pomóc w dotarciu do różnych wcześniej niewidocznych spraw.

Ale w przypadku większości osób tak się nie dzieje.

Dawny kłujący węzeł, który wypływa na powierzchnię teraźniejszości w zbliżonej sytuacji, nie zostaje rozwiązany, ale dodatkowo zapętlony o nowe sprzeczne, niezrozumiałe dla ciebie emocje. O strach, poczucie zagubienia i bezradności, rozterki, brak zaufania do siebie. To wszystko składa się na depresje, poczucie wyizolowania i samotności, skłonność do popadania w uzależnienie od leków albo alkoholu.

Myślałaś, że będzie tak pięknie.

Mówiłaś, że tak, na pewno, koniecznie, bez żadnej wątpliwości i jak najszybciej, najlepiej natychmiast chcesz to zrobić.

A teraz sama już nie wiesz o co ci wtedy chodziło i czy miałaś rację.

Prawda?

Rozdział 35

Powiem coś, co może ci się wydać dziwne.

Wszystko jest. I nie jest jednocześnie.

Coś trwa, ma określony zapach, kształt, wydaje się bardzo realne. Ale jednocześnie wcale tego nie ma.

Ponieważ o tym czy to istnieje, czy nie, decyduje nie jakaś obiektywnie istniejąca „realność", ale twój umysł.

Twój umysł jest początkiem wszystkiego.

Więcej.

Twój umysł jest początkiem *wszystkiego*.

Rozumiesz?

Wszystkiego, co jest.

Wszystkiego, co widzisz, czujesz, wszystkiego, czego doświadczasz, wszystkiego, co się zdarza. Twój umysł nieustannie kreuje twoje osobiste wyobrażenie wszystkiego, z czym się stykasz. Na wszystkich możliwych poziomach świadomości. Od tego, co myślisz skrycie na swój własny temat aż po to, kto przyciąga twoją uwagę.

Myślisz, że zakochujesz się w kimś, bo ten ktoś jest taki niezwykły, ale w rzeczywistości niezwykły jest tylko sposób, w jaki postrzega go twoja podświadomość. I dlatego ten ktoś najprawdopodobniej przestanie wydawać ci się niezwykły po pewnym czasie. Nie dlatego, że się zmienił, ale dlatego, że twoja podświadomość zacznie w inny sposób na niego patrzeć. Na przykład dlatego, że nie spełnił roli, jakiej twoja podświadomość oczekiwała.

Twój umysł jest źródłem wszystkiego, co się dzieje.

Postrzegasz to jako sprawy zewnętrzne, niezależne od ciebie – tak samo jak nie zdajesz sobie sprawy z tego, co jest zapisane w twojej podświadomości, ani z tego, że to jest właśnie siłą sprawczą twoich emocji, decyzji, wyborów, twojego samopoczucia i zdrowia. O tym jak wygląda ten mechanizm i jak działa napisałam w książkach z serii „W dżungli podświadomości".

Twój umysł jest czymś więcej niż racjonalna, świadoma cząstka twojego mózgu, za pomocą której czytasz litery, liczysz pieniądze i masz poczucie, że coś rozumiesz.

Twój umysł jest częścią siły większej od wszystkiego co znasz i rozumiesz. Twój umysł i twoja dusza są w nią wpisane, zawierają się w niej i istnieją w niej znacznie bardziej niż w tobie samym – choćby dlatego, że twoja świadoma obecność tutaj jest ograniczona długością możliwości użytkowania twojego ciała.

Jeśli spróbujesz otworzyć swój sposób postrzegania, poszerzyć go tak, jak odsłania się dwie części kurtyny wcześniej zasłaniające scenę, to poczujesz, że jesteś integralną częścią wielkiej mocy. Niektórzy nazywają ją Bogiem, ale wydaje mi się, że poprzez nadawanie imion, twarzy, cech i definicji ludzie bardzo ograniczają swoją wiedzę i bardziej wtedy koncentrują się na odtwarzaniu stworzonych przez siebie reguł niż na przeżywaniu prawdy.

Mam to dokładniej wyjaśnić?

Myślę, że ludzie stworzyli koncepcję Boga, żeby nazwać to, czego nie byli w stanie zrozumieć. Dlaczego człowiek przychodzi na świat? Co sprawia, że z dwóch niewidocznych gołym okiem komórek tworzy się tak skomplikowany, złożony organizm, który później sam pobudza się do wzrostu i rozwoju?

No jak to. Bóg to robi. A inni powiedzą, że to prawo natury. Ale i tak nikt nie będzie w stanie wyjaśnić czym dokładnie jest ten Bóg albo skąd się wzięły siły natury. To jest coś, co przekracza możliwości ludzkiego rozumu.

Bardzo dawno temu ludzie też czuli, że otacza ich coś Wielkiego. Coś, co utrzymuje ich przy życiu. Co jest esencją, źródłem, sprawczą siłą. Co pcha drzewo ku górze i pozwala nam oddychać tlenem zawartym w powietrzu. Bo przecież ten tlen mógłby uciec, ulotnić się, po prostu zniknąć. A my wszyscy padlibyśmy martwi na ziemię. A drzewa mogłyby zacząć rosnąć ślimakiem dookoła nasiona zamiast w górę. I my – ludzie – nie mielibyśmy na to najmniejszego wpływu. Ani wtedy, ani dzisiaj.

No, ale jest jakaś moc, która scala wszystkie elementy naszej rzeczywistości. Od powietrza, przez wodę i zdolność życia wszystkich żywych istot.

Bardzo dawno temu ludzie zauważyli, że pewne procesy zaczynają się tylko w obecności słońca. Skierowali się więc ku niemu. Nie nazywali go Bogiem i nie modlili się do niego. Widzieli tylko, że słońce ma nadzwyczajną moc, więc okazywali mu wdzięczność. Mieli potrzebę nawiązania z nim aktywnego duchowego kontaktu. I fizycznej obecności w jego widzialnej sferze.

Myślę, że nie można tego nazwać „wyznawaniem słońca jako Boga", bo działo się to na długo przed tym, jak pojęcie „Boga" w ogóle powstało.

Było to tylko poczucie więzi ze źródłem, z którego pochodzi życie. I logicznie wypływająca z tego faktu wdzięczność, radość, szczęście. Takie uczucie, jakiego doświadcza dziecko wobec swoich rodziców. Cieszy się, że należy do kogoś większego od siebie, że ktoś się nim opiekuje, że dostarcza mu niezbędne do życia rzeczy, których samo nie byłoby w stanie sobie zapewnić.

Czy zdarzyło ci się kiedyś poczuć coś takiego?

W mieście trudno tego doświadczyć, bo jest zbudowane w sztuczny sposób z twardych, zimnych, nieprzyjaznych materiałów.

Ale może zdarzyło ci się być kiedyś w lesie, na polanie pełnej poziomek, usiąść w słońcu, zamknąć oczy i poczuć czyste szczęście? Takie trudne do wysłowienia i bez konkretnego powodu. Po prostu wielkie, czyste, radosne, przepełniające cię uczucie. I może poczułeś wtedy równie ogromną wdzięczność za to, że możesz się tak czuć. I może pocałowałeś z tej radości drzewo albo poziomkę?

Może zdarzyło ci się
na polanie pełnej
poziomek
usiąść w słońcu,
zamknąć oczy
i poczuć
czyste szczęście?

Można by powiedzieć, że wyznawałeś wtedy religię animistyczną ☺ A i jeszcze pan habilitowany w garniturze dodałby, że była to „prymitywna forma religii ludów pierwotnych".

Ale to, co czułeś, to wcale nie było ani pierwotne, ani prymitywne, prawda? To było piękne, radosne, pełne nadziei i siły.

No właśnie.

Dopiero później ludzie wpadli na pomysł, żeby jakoś tę moc nazwać, zamknąć w jakiejś szufladce i opisać, bo wtedy mieli podświadome wrażenie, że są jej równi. I wymyślili Boga. Dodali mu jak najbardziej ludzką historię, ludzkie cechy i ludzką postać. W różnych opowieściach różnych religii Bóg – albo Bogowie – zachowuje się jak człowiek. Wścieka się, przeprasza, załamuje, cierpi, czasem nawet oszukuje, walczy i zabija.

No ale serio.

Czy naprawdę myślisz, że BÓG ma ludzkie cechy charakteru?

Czy naprawdę myślisz, że można go przekupić albo obłaskawić?

I czy naprawdę uważasz, że ludzie, którzy z wdzięcznością i miłością patrzyli na słońce, byli bardziej prymitywni od ludzi, którzy modlą się do olejnego obrazu?

Moim zdaniem nie. Na wszystkie trzy pytania.

Bóg nie jest podobny do człowieka, nie ma ludzkich cech. Nie jest ani dobry, ani zły, bo znajduje się powyżej wszystkich znanych człowiekowi kategorii ocen.

Bóg po prostu JEST.

Jest wielką siłą, która istnieje wszędzie dookoła nas.

Ludzkie dusze i umysły stanowią jego część. Są po prostu *nim* oraz *w nim*, nie ujmując mu niczego z boskości ani nie starając się mu dorównać. Są po prostu jak oko albo jak ucho umieszczone na większej od siebie całości.

I dlatego jeżeli potrafisz uwolnić swój umysł z narzuconych na niego wcześniej ograniczeń, poczujesz coś niezwykłego.

Poczujesz więź, jaka łączy cię z tą boską mocą utrzymującą cię przy życiu.

Poczujesz, że wszystko jest możliwe, bo przecież znajdujesz się w kręgu wielkiej, czystej, dobrej siły.

Będziesz w stanie dostrzec to, co jest puste, śmieciowe i bezwartościowe, i co niepotrzebnie zapełnia twój świat.

A jednocześnie zaczniesz świadomie poszukiwać tego, co jest pozytywne, wartościowe, pożywne i dostarcza ci jeszcze więcej siły, zarówno w kontekście twojej duszy, umysłu, jak i ciała.

Zorientujesz się też, że świat jest czymś więcej niż to, co widać w poziomie i w pionie, a sprawy dzieją się w nim w znacznie większych i bardziej niezwykłych wymiarach niż tylko przeszłość, teraźniejszość i przyszłość.

Znajdziesz w swoim umyśle korytarz łączący cię ze wszystkim co jest, ze wszystkim co było i ze wszystkim co będzie.

I wtedy właśnie będziesz mógł spotkać się z kim zechcesz. Także z samym sobą sprzed dwudziestu lat. I z samym sobą za lat dwadzieścia.

Ja tak właśnie zrobiłam.

I uświadomiłam sobie najbardziej niezwykłą rzecz.

Kiedy miałam siedemnaście lat, byłam pełna marzeń, lęków, sprzeczności, pragnień, oczekiwań. Walczyłam, uciekałam, lubiłam się upijać, eksperymentowałam z narkotykami, bo chciałam spróbować znaleźć cokolwiek – choćby iluzję – która da mi poczucie spełnienia i spokoju. I nie znajdowałam. Pędziłam więc dalej naprzód. Zapisywałam grube zeszyty surrealistyczną prozą, robiłam tysiące rysunków, pasjami słuchałam muzyki. Szukałam. Szukałam czegoś, co dałoby mi pewność, że zmierzam w dobrą stronę.

Czułam się przy tym tak zagubiona i samotna, że czasem spadałam w otchłań rozpaczy bez dna, bez nadziei i bez wiary.

I wtedy coś mnie zawsze z niej wyciągało.

Wiesz kto?

Ja sama z przyszłości.

Ja *wiedziałam*, że pewnego dnia uda mi się poskładać to wszystko w całość i zrozumieć o co w tym chodzi. Zaprzyjaźnić się ze sobą i oczyścić moją duszę z tego, co zostało w niej fałszywie zapisane. Wiedziałam, że będę kiedyś silnym, szczęśliwym człowiekiem. Mimo że wtedy, mając siedemnaście lat, absolutnie i w żaden sposób nie zdawałam sobie sprawy z tego jak to zrobić i gdzie tego szukać.

Ja *wiedziałam* to czymś, co ludzie nazywają szóstym zmysłem, czyli jakąś cząstką duszy, która ma wgląd w to, czego rozum nie jest w stanie racjonalnie objąć.

Wiedziałam o tym, nie zdając sobie nawet sprawy z tego, że to wiem.

Bo wcale nie było tak, że w chwilach załamania, rozpaczy i bezradności zdobywałam się na myśl, że „może jednak nie jest tak źle i może jednak uda mi się jakoś z tego wyjść".

Nie. Wprost przeciwnie.

Leciałam na dno jak kamień. Nie byłam w stanie tego powstrzymać ani pocieszyć samej siebie. Płakałam wylewając oceany łez. I zawsze przychodził taki moment, kiedy jakiś głos wewnątrz mnie zaczynał do mnie mówić:

– Nie jesteś sama, ja jestem z tobą. Ja ciebie kocham. Opiekuję się tobą. Otrzyj łezki. Daj mi rękę. Jestem z tobą i zawsze będę.

Nie zastanawiałam się kto to może być. No, po prostu taki głos w duszy.

Ratował mnie z opresji i pocieszał. Ocalał mi życie. Podnosił mnie kiedy leżałam prawie bez życia. Rozniecał ciągle na nowo gasnący płomyk w mojej duszy. Ogrzewał mnie kiedy moje serce zamieniało się w lodowaty kamień. Przytulał mnie kiedy czułam się jak zagubione, bezradne i bezdomne dziecko. Mówił do mnie kiedy tonęłam w samotności. Trzymał mnie za rękę i ciągle na nowo pokazywał właściwy kierunek. Nieważne jak bardzo zabłądziłam, on zawsze pojawiał się w takim momencie, żebym nie wpadła w przepaść bez odwrotu. Dotykał mnie, a ja znów słyszałam w duszy głos, który podpowiadał co dalej, jak i którędy.

Zawsze tak było.

Przy wszystkich najtrudniejszych i najbardziej dramatycznych zdarzeniach mojego życia. Kiedy próbowałam odebrać sobie życie, kiedy byłam chora na anoreksję i bulimię, kiedy stałam na krawędzi uzależnienia od alkoholu i używek, kiedy byłam w związku z człowiekiem uzależnionym od alkoholu, kiedy zostałam zgwałcona, kiedy byłam zdradzona, kiedy traciłam to, co dla mnie ważne, kiedy umierałam z samotności. Nawet wtedy, kiedy leżałam bez przytomności w wysokich górach w Peru i myślałam, że właśnie kończy się moje życie. I kiedy dostałam tropikalnej gorączki denge, na którą nie ma lekarstwa, która odbiera siły, zmysły i świadomość.

Zawsze w ostatniej chwili pojawiał się we mnie silny, ciepły, dobry głos, który podnosił mnie, ożywiał, przywracał do życia.

Mówił mi co trzeba zrobić.
Przynosił dobre myśli i wsparcie.
Przytulał mnie i mówił:
– Jestem z tobą. Czekam na ciebie. Chodź do mnie.

Ten płomyk w duszy zawsze mnie ratował.
I to byłam ja.

Tym płomykiem byłam ja z wielu lat naprzód. Ta dużo późniejsza, kiedy już odkryłam i zrozumiałam to, co dzisiaj wiem. Lubiąca samą siebie. Zaprzyjaźniona ze sobą jak z najlepszym przyjacielem. Wdzięczna za życie, za słońce, za każdą dobrą myśl, którą jestem w stanie stworzyć.

Ja z dzisiaj sięgałam do siebie z przeszłości z całą siłą, jaką dzisiaj mam, żeby siebie wesprzeć, wspomóc i poratować.

Ja z przeszłości czułam jakąś cząstką duszy, że mi się uda, więc nieświadomie zwracałam się do siebie samej o pomoc.

Kiedy tonęłam we łzach, smutku i poczuciu bezsilności, i wszystko we mnie krzyczało:

– Pomocy! Ratunku! Ja umieram z żalu i samotności!

Po pewnym czasie słyszałam w odpowiedzi, też w moich własnych myślach, sama zaskoczona, że w tym oceanie rozpaczy pojawia się taka kropla nadziei:

– Jestem z tobą. Bądź silna. Kocham cię.

– Jestem silna! – szeptałam wśród łez. – Jestem silna! Będzie dobrze! Kocham cię!

Ja wiedziałam, że mi się uda. Wiedziałam, że znajdę właściwą drogę – bo czułam obecność samej siebie z wielu lat później, kroczącej po tej drodze bez cienia wątpliwości.

Uświadomiłam to sobie właśnie pewnego dnia, kiedy jadąc rowerem wpadłam w chmurę moich własnych dawnych myśli i uczuć. Zdumiałam się. Poczułam się dokładnie tak jak wtedy. Przy tym starym drewnianym biurku, naprzeciw ściany obwieszonej rysunkami, w podłużnym wąskim pokoju, między drzwiami a oknem.

Tak jakbym niechcący wjechała w moment, w którym byłam obecna zarówna ta dawna z przeszłości, zapłakana nastolatka, jak i ta późniejsza, silna, pocieszająca ją dorosła.

I wtedy nagle zrozumiałam, że tak samo jak ja mogę teraz sięgnąć wspomnieniami do tego, co się zdarzyło dawno temu, tak samo ja dawno temu byłam w stanie sięgnąć w przyszłość i zaczerpnąć z niej siły i nadziei do tego, żeby iść dalej.

Teraz świadomie wysyłam silne, motywujące myśli do siebie sprzed wielu lat.

Ja w przeszłości wiedziałam, że to zrobię, mimo że z mojego ówczesnego punktu widzenia ja jako szczęśliwy, spełniony człowiek jeszcze w ogóle nie istniałam.

Ale mówiłam już, że człowiek ma ograniczone pole widzenia.

Chyba że oczyści swoją duszę, umysł i ciało, poszerzy swoje możliwości postrzegania, nie będzie starał się ich zrozumieć ani opisać, tylko po prostu podąży za nimi w dal.

Rozdział 36

I to właśnie chciałam ci powiedzieć.
Wszystko jest możliwe.
Będziesz kim zechcesz, bo byłaś tam, gdzie miałaś być.

Rozejrzyj się.

Oddziel to, co jest prawdziwe i wartościowe, od tego, co zatyka cię jak wata, odbiera ci siły, smak i poczucie sensu.

Spróbuj dzień po dniu ćwiczyć się w poszukiwaniu tego, co jest prawdziwe, wartościowe i wspiera ciebie jako człowieka. Zbieraj te prawdy w swojej świadomości i świadomie wybieraj, żeby się nimi kierować.

Tylko tyle.
Dobro. Uczciwość. Prawda.
Wolność od śmieci i iluzji.

To daje wielką moc. Moc wszystkiego. Tego, czego nie będziesz w stanie objąć rozumem, ale też będziesz wiedział, że wcale nie ma takiej potrzeby.

Będą cię pytać:

– No ale jak, przecież to jest niemożliwe!

A ty odpowiesz:

– Spróbuj. Sam się przekonasz.

Spróbuj.

Sam się przekonasz.

Spróbuj przywołać w myślach siebie sprzed wielu lat. Przenieś się myślami w tamtego – tamtą – siebie. Być może ogarnie cię tamten smutek albo poczucie zagubienia, ale teraz wkraczasz w ten stan z nową siłą. Wracasz w przeszłość, żeby dać sobie siłę do przetrwania trudnych chwil. I wtedy przypomnisz sobie, że kiedy było naprawdę ciężko, ty czułeś gdzieś głęboko w sobie jakieś tajemnicze wsparcie. Bo ty już wtedy – mimo że teoretycznie nie mogłeś tego wiedzieć i świadomie nie zdawałeś sobie z tego sprawy – wiedziałeś, że sięgniesz do siebie z przyszłości, żeby podać sobie rękę i dostarczyć siły potrzebnej do pokonania przeciwności.

Tak, to byłeś ty!

Bo twoje życie nie jest rozcięte na pojedyncze lata. Ani na inne zamknięte i rozłączone ze sobą etapy. Twoje życie jest stanem ciągłym. Możesz w każdej chwili sięgnąć do siebie z przeszłości i możesz też połączyć się ze sobą z przyszłości.

Wystarczy tylko otworzyć umysł. Najpierw go oczyścić ze śmieci, a potem pozwolić, żeby cię zabierał w najbardziej niezwykłe podróże.

Między światami.

Między tym, co znasz i rozumiesz, a tym, co jest nowe, inne i niezrozumiale. Między tym co jest a tym co było i co stworzyło cię takim, jaki jesteś teraz.

Jest tylko jeden warunek.

Wszystko staje się możliwe wtedy, kiedy twoje intencje są czyste i pozytywne.

Dobro zaprowadzi cię wszędzie, gdzie zechcesz.

Zło uczyni z ciebie niewolnika.

Mam na myśli zło w wielu różnych postaciach. Nie tylko świadomą chęć zrobienia komuś krzywdy, ale też chęć zemsty, odegrania się na kimś, zazdrość i zawiść, nienawiść, brak przebaczenia. Jeśli karmisz się takimi emocjami, to zmierzasz po drodze donikąd. Chcesz się uwolnić, ale krążysz w kółko pod murami więzienia, którym jest twoja własna dusza.

Dlatego zaczęłam od tego, żeby oczyścić swoją duszę, umysł i ciało.

Oczyścić, czyli usunąć z nich niepotrzebne śmieci.

Wyrzuciłam z mojego życia szum nieprzerwanie płynących informacji, które nie są mi do niczego potrzebne. Przestałam oglądać telewizję, słuchać niekończących się dyskusji politycznych, nie czytam gazet.

Zamiast tego aktywnie szukam wiedzy, która pomaga mi się rozwijać. Czytam książki, oglądam pozytywne filmy, słucham ulubionej muzyki. Chodzę na spacery, słucham jak śpiewają ptaki, świadomie patrzę na świat dookoła. Ćwiczę pozytywne myślenie. Rozmawiam ze sobą, bo lubię siebie.

Z mojej kuchni wyrzuciłam wszystkie produkty z fabryk żywności, czyli wszystko, co jest w jakikolwiek sposób przetworzone. Nie używam oleju, masła ani margaryny, żadnych konserw ani wyrobów w słoikach czy pudełkach, niczego nie robię z proszku ani z kostek. Nie jem mięsa, kupnych słodyczy ani chleba.

Zamiast tego kupuję zwykłe, proste rzeczy, z których w pół godziny robię smaczne i zdrowe potrawy. Wystarczy ugotować ziemniaki z kalafiorem, z dodatkiem ziela angielskiego, pieprzu i odrobiny soli. Albo soczewicę z brokułami i pestkami dyni. Albo zupę z cukinii. Pyszne, zdrowe, daje mnóstwo prawdziwej energii. Czasem piekę zdrowy chleb na zakwasie albo równie zdrowe ciastka z płatków owsianych. Jem orzechy, suszone daktyle i owoce.

Czuję, że zmierzam do przodu.

Tak samo jak kiedyś kręciłam się w kółko własnej bezsilności, teraz idę naprzód. I odkrywam coraz to nowe fascynujące rzeczy.

Rozdział 37

Spróbuj.

Zrozumiesz, że wszystko jest możliwe.

Nie dlatego, że używasz jakiejś magii. Tylko dlatego, że twój umysł posiada nadzwyczajne umiejętności, z których dotychczas nie korzystałeś.

Był taki film z Denzelem Washingtonem w roli głównej. Policjant prowadzi śledztwo w sprawie wybuchu bomby na pasażerskim promie i pewnego popołudnia dostaje wiadomość, że szuka go tajemnicza kobieta, która zostawiła swój numer telefonu i adres. Policjant dzwoni do niej, nagrywa się na sekretarce, a potem jedzie do jej domu.

Wchodzi do środka i na lodówce widzi napis: „Możesz ją uratować". Najpierw nie zwraca na to uwagi, ale potem odkrywa, że to on sam w przeszłości ułożył ten napis z kolorowych liter na lodówce dla siebie samego z przyszłości, żeby w ten sposób przekazać sobie ważną informację.

Bo on był w tym domu wcześniej, tyle że w innym wymiarze. W innej sferze rzeczywistości. Wtedy, kiedy sprawy toczyły się w zupełnie innym kierunku. I wiedział, że pewnego dnia znów wejdzie do tej kuchni, nieświadom tego, że był tu wcześniej. Będzie mu się wydawało, że jest tu po raz pierwszy, bo przyjechał w poszukiwaniu tropów w sprawie jednej z ofiar wybuchu – młodej kobiety, która właśnie tu mieszkała. Wejdzie i zobaczy napis: „Możesz ją uratować".

W pierwszej chwili oczywiście nie rozumie o co chodzi, skąd się wziął ten napis ani do kogo jest skierowany. Ale z biegiem czasu zaczyna sobie uświadamiać jaka jest prawda i teraz już wie, że może zmienić bieg zdarzeń. A ona wcale nie musi zginąć.

Wszystko się przenika nawzajem.

To co było, miało wpływ na to, co jest. To co jest, wywołuje to, co dopiero ma nastąpić. Ale ty ze swoim niezwykłym, żywym, pulsującym energią umysłem możesz być wszędzie. Możesz wrócić do tego co było i nadać temu nowy rytm. Możesz sięgnąć do tego co będzie i natchnąć siebie samego inspiracją i siłą.

Możesz jeśli zechcesz.

Nie potrzebujesz do tego żadnych dodatkowych narzędzi. Żadnych świeczek, zapachów, amuletów, proszków, wywarów, zaklęć, gestów, rytuałów, słów ani pieśni.

Jedyne, co jest potrzebne, to umiejętność skupienia uwagi i skierowanie jej w dowolne miejsce czasu albo przestrzeni.

I odwrotnie. Czasem warto uwolnić się od wszystkich świadomych, racjonalnych myśli, przestać kierować swoim umysłem w stronę, która wydaje ci się słuszna albo najlepsza. Puścić swój umysł wolno. Zdjąć z niego wszystkie ograniczające wędzidła i lejce. I patrzeć dokąd biegnie.

I wtedy właśnie może ci przynieść komunikat od ciebie samego – lub ciebie samej – z przeszłości.

Bo jak inaczej miałbyś go odebrać, jeżeli ciągle znajdujesz się w stanie wpół świadomego przetrawiania niepotrzebnych ci do niczego komunikatów o tym, kto co o kim myśli, kto komu sprzedaje broń, kto do kogo strzelał i w jakim celu, pływając jednocześnie w toksycznym koktajlu reklam, które każą ci coś mieć, śpieszyć się, gromadzić, odmładzać, i zachęcać do tego, żeby być głupim, chorym i zmęczonym, bo przecież na każdy problem możesz kupić suplement diety.

Powiesz, że słuchasz wiadomości po to, żeby wiedzieć co się dzieje na świecie, bo interesujesz się bieżącymi wydarzeniami – choćby po to, żeby móc śpieszyć z pomocą potrzebującym?

Ale jak ty im możesz pomóc jeżeli sam wymagasz pomocy?

Ulitujesz się w myślach nad tymi, którzy cierpią gdzieś w Afryce? Przekażesz im trochę swojego żalu, cierpienia, przykrości, poczucia niesprawiedliwości? Myślisz, że to im pomoże?

A gdybyś spróbował inaczej?

Bo zobacz.

Kiedy oglądasz w telewizji albo w gazecie przerażające zdjęcia pokazujące z bliska cierpienie, krew, rany i śmierć, co się dzieje w twoim umyśle? Czujesz strach. Przerażenie. Rozpacz. Może nienawiść do tych, którzy są temu winni. Żal. Złość. Współczucie.

Czy któraś z tych emocji jest pozytywna i konstruktywna? Raczej nie. Czujesz się raczej przytłoczony, zmęczony, przerażony, wstrząśnięty. Czym chcesz się więc dzielić ze światem? Swoim strachem? Poczuciem krzywdy? Bólem? Gniewem? Myślisz, że cierpiący ludzie nie mają dosyć własnego cierpienia?

Zwróć uwagę na to jakie emocje wywołuje w tobie okładka gazety z informacją o wojnie, ataku bombowym albo zdjęciem zabitego człowieka. Sięgasz po to niecierpliwie, pośpiesznie, bo czujesz dziwny strach, nieprzyjemne poruszenie, czujesz się jak człowiek w obliczu nadciągającej katastrofy. Nie wiesz gdzie mógłbyś się ukryć, bo nagle odkrywasz, że świat jest niebezpieczny, zły, zagrażający. Gorączkowo szukasz myślami jakiejś bezpiecznej kryjówki, ale jej nie ma.

Czujesz się więc jeszcze gorzej. Rośnie w tobie stres. Myślisz, że musisz się napić na uspokojenie albo zjeść coś słodkiego, żeby uśmierzyć niepokój. Sięgasz po alkohol albo słodycze, nie zdając sobie sprawy z tego, że one mają dokładnie odwrotne działanie od tego, na które liczyłeś.

Na moment odwracają twoją uwagę, ale potem przygniatają jeszcze gorszym samopoczuciem, wysysają energię. Nie masz na nic ochoty. Jakoś ci ciężko w myślach, w duszy, w umyśle. I pewnie

nie skojarzysz tego z wiadomościami, od których rozpocząłeś dzień i które wlały w ciebie toksyczną mieszankę strachu, zniechęcenia i bezsilności.

Czy myślisz, że człowiek karmiący się takimi komunikatami może dzielić się z ludźmi pozytywną energią?

Myślę, że nie, bo po prostu sam jej nie ma.

Dlatego namawiam cię, żebyś spróbował inaczej.

Szukaj pozytywnych komunikatów. Takich, które dają ci wewnętrzną siłę, nadzieję, inspirację. Dbaj o to, żeby twoje myśli były jasne i czyste. Karm je tym, co jest dobre, wartościowe, prawdziwe. Świadomie unikaj iluzji, agresji i kłamstw, nawet jeżeli są atrakcyjnie opakowane i dają chwilę przyjemności.

Uśmiechaj się do siebie i do świata.

Szukaj słońca, dobra i ciepła. Poczuj jak wielką moc ma wolna od człowieka przyroda. Poczuj jaka fantastyczna, mocna i pozytywna więź istnieje między tobą a resztą naturalnego świata.

Ćwicz pozytywne myślenie.

Dostrzegaj to, co jest dobre.

Pamiętaj, że wszystko ma źródło w twoim umyśle. To jak postrzegasz świat jest zawsze i w każdej sekundzie przefiltrowane przez to, w co podświadomie wierzysz.

Im więcej strachu, nieufności i ukrytych kompleksów nosisz w sobie, tym bardziej groźni, nieuczciwi i głupi wydają ci się ludzie, których spotykasz.

Szukaj pozytywnych komunikatów.

Karm się tym, co jest dobre i pełnowartościowe.

Im więcej katastroficznych wiadomości połykasz, tym bardziej rośnie strach w twojej duszy.

Spróbuj inaczej.
Szukaj dobra.

Uśmiechaj się do słońca. Zwyczajnie, z wdzięcznością za to, że świeci. Po prostu dlatego, że się cieszysz.
Uśmiechaj się do siebie. Po prostu dlatego, że jesteś sobą i chcesz być szczęśliwy.

Im bardziej jesteś czystym wewnętrznie, jasnym, pozytywnym człowiekiem, tym więcej cudownej, dobrej, pozytywnej energii z ciebie emanuje. I w ten sposób najlepiej pomożesz tym, którzy cierpią. Nawet tym, których nie znasz osobiście i nie wiesz jak wyglądają.

Twoje dobre myśli, pogodne usposobienie, pozytywne nastawienie, chęć bycia dobrym człowiekiem, wiara w uczciwość i wola zmieniania się na lepsze to ogromna siła. To ona właśnie zmienia świat. Dobro płynące z serca szybko się mnoży. Ludzie podchwytują takie nastawienie i sami mają ochotę być lepsi. Im ty jesteś wewnętrznie silniejszy, bardziej uczciwy i pozytywny, tym więcej ludzi instynktownie będzie też szukało dobra, uczciwości i prawdy.

Nie musisz niczego głosić, nie musisz nikogo nauczać. Wystarczy, że ty we własnej duszy, najprawdziwiej i najszczerzej jak to jest możliwe, będziesz starał się być dobrym człowiekiem.

To uwolni cię od wszystkiego, na co teraz narzekasz. Od złych ludzi, złych zdarzeń, złego samopoczucia, od złego pecha i braku sił.

I wiesz co jeszcze się zdarzy?

Będziesz wtedy w stanie dać siłę samemu sobie.

Temu, który z takim przytłaczającym poczuciem bezradności zatrzymał się kiedyś i patrzył pustym wzrokiem dookoła w poszukiwaniu pomocy.

Teraz ty możesz sobie pomóc.

Bo teraz ty masz siłę, którą możesz się ze sobą podzielić.

Rozdział 38

Pewnie nawet nie wiesz jak wielką siłę masz w sobie.

Ja też nie wiedziałam.

Wychowałam się w wygodnym świecie pełnym krzeseł i foteli. Uczono nas tylko jak siadać, żeby odpocząć. Z jednego fotela na drugi. Żebyś przypadkiem się nie zmęczył.

Zmęczenie i wysiłek zaczęły być uważane za niepotrzebne i nieprzyjemne, a ludzie zaczęli robić wszystko, żeby ich uniknąć.

I tak właśnie zaczęli pielęgnować w sobie lenistwo, słabość, zniechęcenie i depresję.

Sama myśl o wysiłku wydaje się już męcząca, prawda? Więc odruchowo starasz się tak urządzić życie, żeby było ciepło i wygodnie, i żebyś pod żadnym pozorem nigdy nie musiał już wstawać z fotela i robić czegoś trudnego.

Ale jak myślisz, skąd się bierze siła?

Z leżenia? Czekania? Siedzenia? Marudzenia? Z unikania wysiłku? Z pomocy społecznej? No skąd?

SIŁA BIERZE SIĘ Z DZIAŁANIA.

Siła bierze się stąd, że podejmujesz decyzję i chociaż wiesz, że jej wykonanie wymaga od ciebie konkretnego wysiłku, zbierasz się w sobie i realizujesz ją krok po kroku.

Ta siła przez cały czas w tobie jest – niezależnie od tego czy jej używasz, czy nie. Kiedy po nią nie sięgasz i kiedy jej nie używasz, bo siedzisz sobie leniwie zanurzona w życiowy fotel, twoja wewnętrzna siła jest w stanie uśpienia, hibernacji. Nigdy nie ginie. Tylko czasem zapada w sen.

Siła zawsze w tobie jest.
Możesz z niej korzystać – tyle że nie zawsze chcesz.

Dokładnie tak samo jest z twoim umysłem. Zwykle tylko w tobie drzemie. Tak nas nauczono. W szkole chodziło o zdobycie dobrego stopnia, a nie wiedzy, prawda? Więc zamiast ćwiczyć nasze umysły w rozumieniu, odkrywaniu, analizowaniu, wyciąganiu wniosków, my zajmowaliśmy się pisaniem ściągawek i udawaniem, że coś umiemy.

Nauczono nas lenistwa, uchylania się, prześlizgiwania i robienia dobrego wrażenia.

Na szczęście teraz my jesteśmy dorośli.
I my świadomie możemy podejmować nowe decyzje.

Siła bierze się

z działania!

Możemy świadomie na nowo nauczyć korzystać się z naszej wewnętrznej siły. I z mocy naszych umysłów.

Spróbuj.
Zdarzy się fantastyczna rzecz.

Ty jako ty istniejący tu i teraz. Żywy, myślący, aktywny. Spróbuj sięgnąć myślami do siebie z przeszłości. Skoncentruj się i przenieś się wyobraźnią i uczuciami do tego, co było.

Jeśli przypominasz sobie coś szczęśliwego, pełnego mocy i radości, zaczerpnij tej swojej siły, uciesz się nią, przeżyj ją na nowo. To da ci nową nadzieję, świeżą energię, przywróci wiarę we własne możliwości.

A jeżeli twoje myśli powędrowały wstecz do ciężkich momentów, do chwil kiedy czułaś się samotna, smutna, opuszczona, nieszczęśliwa, teraz jest właśnie ten moment, żeby dać sobie wsparcie! Przytul siebie! Pociesz tę smutną, rozczarowaną siebie z przeszłości. Wyobraź sobie, że stoisz obok niej, i powiedz na głos:

– Kocham cię! Jestem z tobą!

Poczujesz ciepło i podwójną siłę. To będzie ta siła, którą ty masz teraz w sobie, i ta siła, którą właśnie przekazałaś sobie z przeszłości. I to właśnie dzięki temu, że teraz cofniesz się myślami w przeszłość i dasz sobie szczere, prawdziwe wsparcie, będziesz w stanie przeżyć swoje życie lepiej i umożliwić sobie z przeszłości dotarcie do tego momentu, w którym jesteś teraz, i masz sobie tyle siły, że możesz się nią dzielić.

Rozumiesz?

Możesz umysłem cofnąć się w przeszłość i dać tamtej nieszczęśliwej sobie tę siłę, którą masz w sobie teraz. To zmieni bieg twojego życia. To pozwoli ci poradzić sobie ze sprawami, które wydawały się zbyt trudne. Pamiętasz? Na pewno zdarzyły się takie sytuacje w przeszłości, kiedy myślałaś, że nie dasz rady, a jednak nagle poczułaś w sobie dziwną siłę, która pomogła ci przetrwać i pokonać przeciwności.

Tak, dostałaś tę siłę od samej siebie. Z przyszłości.

Dziwisz się?

A może zastanawiasz się skąd wziąć tę siłę, bo myślisz, że wcale jej nie masz?

No ale przecież napisałam o tym wcześniej. Tyle że pewnie nie lubisz o tym czytać, więc nie starałaś się tego zrozumieć ani zapamiętać. Część tej siły już w sobie masz, tyle że ona leży uśpiona pod schematami myślenia i działania, w ramach których poruszasz się na co dzień.

Obudź się.

Zastanów się co robisz i po co to robisz. Jaki to ma skutek i w jaki sposób wpływa na twoje życie.

A potem podejmij świadome decyzje o tym, czym karmisz swoje ciało, swój umysł i swoją duszę.

Bo to z tego właśnie płynie nowa siła, której tak potrzebujesz.

Z wartościowego paliwa, którym siebie napędzasz.

Wiem, nie lubisz o tym słyszeć. Wydaje ci się, że to drażniące i niepotrzebne – to ciągle mówienie o śmieciowym jedzeniu, śmieciowym alkoholu, śmieciowych wiadomościach.

Nie chcesz tego zaakceptować, bo twoja podświadomość nie chce ci na to pozwolić. Z jej punktu widzenia najważniejsza jest chwila przyjemności dostarczana przez kieliszek wina albo baton czekoladowy. Ta chwila jest ważniejsza niż informacja o tym, że alkohol wywołuje uzależnienie, że osłabia twój organizm i niszczy twoją naturalną odporność na choroby. Ważniejsza niż naukowo dowiedziona informacja, że biały cukier, syrop glukozowo-fruktozowy, aspartam i inne słodziki mają toksyczne i negatywne działanie na twój mózg i twoje ciało.

Czytasz to, widzisz te słowa, ale *nie chcesz* ich rozumieć.

Wiem to, bo ja też kiedyś nie chciałam widzieć pewnych spraw. Wolałam udawać, że one nie istnieją.

A potem jednak postanowiłam zdobyć się na wysiłek, żeby sprawdzić o co w nich naprawdę chodzi. Nie dlatego, że uwierzyłam w czyjeś podejrzenia. Raczej z ciekawości i z uczciwości wobec samej siebie.

Ja po prostu chciałam wiedzieć czym jest to, czym karmię swoje ciało.

Wtedy odkryłam zdumiewający świat fabryk, które masowo produkują śmieci tanio sprzedawane ludziom do jedzenia i picia. Śmieci, które są puste, bezwartościowe, są zaprzeczeniem zasilania i pożywiania.

Dlatego namawiam cię do myślenia i podejmowania świadomych decyzji.

Do tego, żebyś uwolnił się od tego, co ogranicza możliwości twojego umysłu i odbiera ci wewnętrzną siłę.

Namawiam cię do tego, żebyś świadomie wybierał to, co cię wzmacnia.

Wtedy szybko zorientujesz się jaką wielką masz siłę i możliwości.

Poczujesz się potrzebnym, idealnie pasującym elementem całego wszechświata. Wiesz dlaczego? Bo będziesz się kierował dokładnie tym samym, co utrzymuje go w istnieniu, czyli wiernością prawdzie, instynktowną uczciwością i chęcią szerzenia dobra. Zarówno dla samego siebie, jak i dla wszystkich innych.

Będziesz czerpał siłę z przekonania o tym, że największy sens ma kierowanie się pozytywnymi wartościami.

Zamiast osłabiać się walką z samym sobą i z innymi, ty będziesz siebie wzmacniał tym, co jest wartościowe, dobre, konstruktywne.

Poczujesz się tak, jakbyś wrócił do domu po samotnej tułaczce w wiecznym cieniu.

Nagle dostrzeżesz nadzieję, która jest wszędzie dookoła. W słońcu, w kwiatach, w drzewach, w bzyczącym chrabąszczu i w powietrzu, którym oddychasz.

I wtedy pewnie zrozumiesz, że wszystko jest możliwe.

Możesz cofnąć się do siebie z przeszłości i dać sobie siłę do pokonania wszystkiego, co jest trudne.

Możesz spotkać się ze sobą z przyszłości, uściskać siebie i ucieszyć się, że jesteś na dobrej drodze.

Możesz wędrować przez wszystkie poziomy rzeczywistości, które rozgrywają się jednocześnie w wielu różnych wymiarach.

Najbardziej fascynujące jest w nich to, że nieustannie się zmieniają pod wpływem stanu świadomości ludzi, którzy się w nich znajdują.

To jest dokładnie tak samo jak w twoim życiu.

Im jesteś bardziej silny wewnętrznie, pozytywny i świadomy, tym łatwiej kreujesz równie pozytywne, dobre i wspierające cię okoliczności. Emanujesz dobrą energią, z której wypływają dobre zdarzenia, przyciągasz równie wartościowych i pozytywnych ludzi, więc wszystkie drobne elementy twojego życia, na które teoretycznie nie masz wpływu, także składają się w harmonijną, pozytywną całość, z której czerpiesz energię.

Tworzysz w ten sposób swoje życie i swoją najbliższą rzeczywistość. Tworzysz swoją aurę, która cię otacza, unosi, w której dzieją się następne sprawy.

Każdy człowiek znajduje się w kręgu tego, czym jest głęboko w głębi duszy. Ta jego wewnętrzna moc promieniuje na zewnątrz. Dlatego jeżeli chcesz zmienić świat, jaki cię otacza, zacznij od zmiany samego siebie. Wszystko inne automatycznie stanie się samo.

Każdy z nas tworzy
rzeczywistość.

Nie poprzez wojny
i zbrojne rewolucje,
ale poprzez

swoją wewnętrzną
moc.

Im bardziej jasny, czysty, pozytywny i uczciwy będziesz ty sam w głębi serca, tym bardziej jasny, przyjazny, pozytywny i harmonijny stanie się świat dookoła.

Wiesz co to oznacza?
To znaczy, że wszystko jest możliwe.

Każdy z nas tworzy rzeczywistość. Nie poprzez wojny, demonstracje i zbrojne rewolucje, ale poprzez swoją wewnętrzną moc.

Rozdział 39

Jesteśmy tutaj i teraz.

Ale jednocześnie mamy dostęp do wszystkiego, co było, i wszystkiego, co będzie.

Wszystko istnieje we wspólnej chmurze ludzkich umysłów posiadających niezwykłą moc. Większą niż można zmierzyć za pomocą znanych urządzeń.

Możesz cofnąć się w dowolne miejsce trójwymiarowej mapy czasu i przestrzeni. Możesz zwiedzać równoległe światy jak turysta lub podróżnik, odkrywając zaskakujące fakty i doświadczając niezwykłych wrażeń.

Możesz też spotkać się z samym sobą sprzed wielu lat albo z tym, co dopiero ma się zdarzyć, i ty możesz być dla samego siebie świadomym źródłem mocy.

Spróbuj spotkać się ze sobą w dniu, kiedy przyszedłeś na świat.

Nie potrzebujesz żadnych specjalnych technik ani rekwizytów. Nie musisz poddawać się hipnozie, zażywać rozluźniających proszków ani pić oświecających ziół. Niczego nie potrzebujesz. Oprócz samego siebie.

Chwili skupienia uwagi.

Świadomie przenosisz swoją jaźń do momentu własnych narodzin. Widzisz w wyobraźni małe, nagie ciałko, niespodziewanie wyrwane z ciepłej, przyjaznej, wilgotnej ciemności, w której mieszkało przez tyle miesięcy. Bądź z nim myślami. Przytul je do siebie w wyobraźni. Stań się z nim jednością, natchnij je swoją siłą. Nieważne co robią wtedy wszyscy inni. Nieważne co mówią, jak się zachowują.

Ty bądź ze sobą.

Poczuj siebie we własnych objęciach. Daj sobie poczucie bezpieczeństwa, przyjaźń i opiekę.

Powiedz do siebie na głos:

– Kocham cię! Kocham cię! Zawsze będę z tobą. Jesteś moim ukochanym dzieckiem. Ze mną zawsze będziesz bezpieczna. Ja zawsze będę z tobą. Kocham cię!

Być może poczujesz wzruszenie i lęk. Może zaczniesz płakać. To dobrze. Powiedz do siebie:

– Zabieram twój strach. Zabieram od ciebie lęk, niepewność i zagubienie. Daję ci moją moc. Daję ci moją siłę. Zabieram cię do mojego serca. Moja ukochana. Zawsze będę z tobą. Zawsze możesz

Możesz cofnąć się
w dowolne miejsce
trójwymiarowej
mapy
czasu
i przestrzeni.

na mnie liczyć. Zawsze będziesz ze mną bezpieczna. W każdej chwili twojego życia.

Czujesz to?

Tak, bo przecież ty naprawdę *byłeś* ze sobą w każdej chwili swojego życia! Wspierałeś siebie kiedy byłeś już o krok od katastrofy, dodawałeś sobie wiary, prowadziłeś siebie uparcie przez wzburzone wody różnych spraw. Prawda? Wiesz dlaczego? Bo właśnie przed chwilą zmieniłeś bieg swojego życia.

Już nigdy nie będziesz samotny.

Będziesz dla samego siebie niewyczerpanym źródłem siły.

Dla samego siebie z przeszłości, dla samego siebie, którym dopiero będziesz, i dla tego siebie, którym jesteś teraz.

Ty jesteś źródłem swojej mocy.

Dla wszystkiego, co było, jest i będzie.

Rozdział 40

Czułam się jak Neo w Matrixie, który widzi dookoła siebie ściany, ale jednocześnie jakimś szóstym zmysłem wie, że te ściany to tylko iluzja. I wie, że istnieje sposób, żeby zobaczyć to, co dzieje się poza nimi. I odkryć tam drugi, bardziej wielowymiarowy i prawdziwy świat.

Tak się czułam.

Najpierw wydawało mi się, że muszę uwolnić się od wszystkiego, żeby móc to zobaczyć. Chciałam uciec. Ze szkoły, z mojego miasta, z Polski.

Uciekłam. Zaczęłam podróżować po Ameryce Południowej.

Myślałam, że może tam znajdę jakieś magiczne drzwi, które prowadzą na drugą stronę. Chętnie próbowałam różnych indiańskich ziół i rytuałów. Spotykałam szamanów i uzdrowicieli.

Ale najważniejsze było to, co działo się w mojej głowie.

W dżungli nauczyłam się wszystkiego, co dzisiaj uważam za najważniejsze. To jest miejsce tak trudne, wymagające i niebezpieczne, że wymusza przyznanie się do prawdy. Zdejmuje z ciebie wszystkie maski i pokazuje ciebie takim, jaki jesteś naprawdę. Nagi, przestraszony, słaby, bezradny, kurczowo trzymający się uprzedzeń, stereotypów i przesądów zapisanych w tobie tak dawno, że sam o nich nie pamiętasz.

To była najtrudniejsza szkoła życia, jaką można sobie wyobrazić.

Musiałam zmierzyć się z iluzjami, w których wcześniej żyłam. Były bardzo wygodne. Pozwalały mi tworzyć kłamstwa na mój własny temat i na temat innych ludzi. Myślałam, że jestem silna, odważna, że zawsze sobie poradzę.

Nagle zderzyłam się z tym, jak naprawdę zachowuję się w ciężkiej, kryzysowej sytuacji. Z tym jak rzeczywiście znoszę ból, zmęczenie, głód, strach.

I wtedy zrozumiałam jak jest naprawdę.

Byłam silna, owszem, ale tylko wobec słabszych od siebie. Podświadomie wybierałam takich przyjaciół, którzy potrzebują pomocy i wsparcia.

Byłam odważna, to prawda, ale głównie wtedy, kiedy mogłam coś na tym zyskać. Brakowało mi jednocześnie odwagi, żeby przyznać się przed samą sobą, że robię rzeczy, których nie chcę robić, i jestem w tej kwestii kompletnie bezsilna.

A moje przekonanie, że „zawsze sobie poradzę", w gruncie rzeczy wynikało ze strachu przed okazaniem słabości, czyli było dowodem na moją bezradność, a nie odwrotnie.

Miałam w sobie gotowość, żeby się uczyć.

Odkrywałam centymetr po centymetrze co jest naprawdę zapisane w moim umyśle i w jaki sposób wpływa na moje zachowanie. Zdobyłam się na szczerość wobec samej siebie.

Czy wiesz jak trudno jest przyznać się przed samym sobą do czegoś, co dotychczas wolałeś przed sobą ukrywać? Masz wtedy z samym sobą cichą zmowę milczenia, że nie wracasz do tego tematu, nie zastanawiasz się nad nim, po prostu totalnie ignorujesz jego istnienie.

Zaczęłam świadomie szukać tych trudnych spraw i konfrontować z nimi moją duszę. Uparcie zadawałam sobie pytania dlaczego tak jest i co mogę zrobić, żeby to zmienić.

Pomału, stopniowo zaczęłam znajdować w mojej podświadomości różne przekonania, o których nigdy w gruncie rzeczy świadomie nie myślałam. Nigdy wcześniej nie zadałam sobie pytania czy to jest słuszne i czy chcę w to wierzyć. Na przykład to czy ja naprawdę jestem gorsza albo lepsza od innych? Dlaczego miotały mną sprzeczne emocje? Czasem czułam się lepsza i kimś pogardzałam, a czasem cała kuliłam się w sobie i usiłowałam być niewidoczna, bo wydawało mi się, że jestem tak bardzo gorsza, bezwartościowa i nieważna.

Widzisz tyle,
na ile pozwala ci
stan
twojego umysłu.

Spróbuj zdobyć się
na wysiłek,
żeby posprzątać w nim
stary bałagan,

usunąć to, z czym
wcale się
nie zgadzasz

i zastąpić to tym,
w co chcesz
świadomie wierzyć.

Pytałam więc siebie dlaczego mam takie sprzeczne uczucia i czy chcę je mieć? Skąd się biorą? Czy to można zmienić? A jeśli tak, to jak?

Szukałam odpowiedzi. Nauczyłam się szanować ciszę, w której słyszałam moje własne myśli. Zaczęłam podejmować świadome decyzje odnośnie tego co mnie otacza, co słyszę, co oglądam, co ma wpływ na moje myśli.

I tak powoli, powoli, krok po kroku tropiłam prawdę jak Sherlock Holmes.

Codziennie pracowałam nad tym, żeby oczyścić moje myśli. Przekuwać różne fałszywe, nigdy wcześniej nie weryfikowane zapisy na nowe, pozytywne, prawdziwe, pełne mocy komunikaty. Takie, w które świadomie chciałam wierzyć i które oddawały mój nowy, prawdziwy sposób myślenia o świecie.

Wtedy zrozumiałam, że to, czego tak usilnie poszukiwałam na końcu świata, w gruncie rzeczy znajduje się – i zawsze się znajdowało – tuż obok mnie. Tyle tylko, że nie byłam w stanie tego zobaczyć.

Wcześniej bez zastanowienia przyjmowałam to, co przynosi moja zachodnia cywilizacja. Cieszyłam się kiedy mi było wygodnie, narzekałam kiedy coś nie działało. Wierzyłam w to, że jesteśmy lepsi niż „kraje trzeciego świata".

Podobało mi się to, że mogę kupić trzy bluzki w cenie jednej, i wtedy w ogóle nie przeszło mi przez myśl, że ja tak naprawdę wcale nie potrzebuję trzech bluzek. Chciałam mieć dużo. Dużo wszystkiego. Bo w mojej podświadomości zasiano przekonanie, że ten, kto ma dużo, ma fajnie, jest bogaty i zadowolony.

A ja nigdy nie poddałam tego w wątpliwość.

Do czasu.

A dokładnie do chwili, kiedy spotkałam ludzi, którzy nie mają prawie nic, a są znacznie bardziej bogaci i zadowoleni.

I wtedy zaczęłam myśleć.

Wtedy też przestałam szukać ukrytych drzwi, które mogłyby mnie zaprowadzić do jakiegoś specjalnego, lepszego, bardziej niezwykłego świata. Wcześniej szukałam ich dookoła siebie. W ludziach, dalekich podróżach, nowych doświadczeniach, używkach, w książkach, w religiach, świątyniach.

Zapomniałam o tym.

Zaczęłam najbardziej niezwykłą i wyjątkową wyprawę w głąb mojego własnego umysłu, gdzie odkryłam mnóstwo śmieci, przysypanych kurzem przesądów, fałszywych informacji i dziwacznych iluzji, które przesłaniały mi wzrok.

Byłam zdumiona, że noszę w sobie taki bałagan, ale z drugiej strony to było całkiem logiczne. Przecież ja czułam go w sobie. To przecież z niego brały się powracające depresje, poczucie chaosu i zagubienia, samotność, mętlik w myślach, panika przed podjęciem decyzji, sprzeczne uczucia, które miotały mną w związkach.

Ja właściwie wiedziałam od dawna, że noszę w sobie nigdy nie uporządkowany chaos, tylko nigdy nie miałam odwagi, żeby przyjrzeć mu się z bliska, nie mówiąc już o sprzątaniu.

Ale teraz nie było już odwrotu.

Nieważne, że to sprzątanie wymaga czasu, jest trudne i nie wiadomo co na mnie znienacka wyskoczy z nigdy nie otwieranych szaf.

Ja *chciałam* posprzątać. I na tym się skoncentrowałam.

I wtedy jak Neo trafiłam prosto do źródła.

Świat wydaje się ograniczony tylko wtedy, kiedy patrzysz na niego ograniczonym umysłem. Kiedy patrzysz przez pryzmat tego, w co nauczyłeś się wierzyć. A nie tego, w co naprawdę wierzysz. Bo nigdy świadomie nie dokonałeś takiego wyboru.

W szkole nauczono nas tworzyć iluzje zamiast szukać prawdy. W tej sztuce ludzie stają się prawie doskonali. Ale im bardziej coś udają, grają jakąś rolę i usiłują się marketingowo wypromować, tym bardziej tracą kontakt z prawdziwymi samymi sobą. Budują w sobie coraz większy mętlik, który rośnie, przesłania i zniekształca wszystko, na co patrzą, łącznie z samymi sobą.

Czują się coraz bardziej ograniczeni i mają wrażenie, że odbijają się od betonowych ścian życia, poza którymi nie istnieje już nic więcej.

Ale to nieprawda.

Widzisz tyle, na ile pozwala ci stan twojego umysłu. Spróbuj zdobyć się na wysiłek, żeby posprzątać w nim stary bałagan, usunąć to, z czym wcale się nie zgadzasz, i zastąpić to tym, w co chcesz świadomie wierzyć.

Odkryjesz wtedy zupełnie nowy świat.

Bez ograniczeń.

Skonstruowany w tak fascynujący, zachwycający sposób, jakiego nawet nie byłeś w stanie sobie wyobrazić.

Wielowymiarowy, otwarty, żywy, istniejący na wielu poziomach. Dostępny dla ciebie w każdej chwili i bez żadnych dodatkowych warunków.

Możesz z niego korzystać lub nie, jak zechcesz. Możesz bywać, podróżować, poznawać, uczyć się, przybliżać samego siebie do zdobycia tego, o czym marzysz. Możesz dzielić się swoją siłą, budować dobro i harmonię.

Możesz też milczeć, uśmiechać się i wiedzieć, że wszystko zmierza w najlepszą możliwie stronę, a ty jak kropla wody w przyjaznym oceanie unosisz się wraz z nim.

Rozdział 41

Masz w sobie wielką siłę. Nawet jeżeli o niej nie wiesz.

Każdy z nas ma w sobie wielką moc, tylko nie każdy chce ją w sobie poczuć i odkryć. I zacząć jej używać.

Czy wiesz co to oznacza?

To jest najbardziej niesamowita rzecz na świecie.

Możesz przenieść się w dowolny moment w czasie i przestrzeni. Możesz użyć swojej mocy, żeby czynić dobro tam, gdzie panuje zło.

Możesz użyć swojej wewnętrznej mocy, żeby ocalić tych, którzy cierpią.

Kimkolwiek są.

Władcą dawnego imperium zaatakowanego podstępem przez Hiszpanów, rannym białym niedźwiedziem wędrującym po lodowych krach, uderzonym psem, którego skowyt słyszysz w nocy, skrzywdzonym dzieckiem w sierocińcu, które płacze z samotności i tęsknoty, człowiekiem skulonym na mrozie, rybami stłoczonymi w zbyt ciasnym sztucznym stawie, umierającym słoniem na sawannie, wiewiórką przejechaną przez samochód.

Zatrzymaj się.

Odsuń myśli, odsuń żal, smutek i gniew na tych, którzy to zrobili.

Skoncentruj się na swoim sercu. Na swojej duszy.

Zamknij oczy.

Spójrz w głąb siebie.

Znajdź tam dobro, miłość i swoją wielką pozytywną moc.

Oddychaj nimi.

Ty jesteś teraz całym światem.

Unieś cząstkę swojej duszy i wyjdź z nią na zewnątrz.

Ona tobą pokieruje.

Przeniesiesz się w czasie i w przestrzeni w dowolny moment wszechświata. Gdziekolwiek zechcesz.

Na lodowe kry, po których kulejąc stąpa wychudzony polarny niedźwiedź. Ludzie zabrali mu przestrzeń, zepchnęli do miejsc, gdzie nie ma jedzenia. Jest ranny, chory, samotny, nieszczęśliwy.

Widzę go. Zbliżam się do niego. Patrzę na niego. Czuję jego zmęczenie. Siedzi na krze, ciężko oddycha i patrzy zamglonym wzrokiem na białe lodowe góry. Widzę je jego oczami. Jestem w nim, w środku, w jego jaźni. Czuję jak bolą go piekące, suche powieki. Czuję jak skóra opina się na jego żebrach i czuję, że jest lekki tą dziwną lekkością bycia gotowym na śmierć. Kiedy w ciele powoli zamiera życie, bo jest zbyt wycieńczone, żeby świecić swoim wewnętrznym blaskiem, karmić komórki i otrzymywać od nich energię.

Jest ciężko, pusto, zimno. Nie ma nadziei.

– Nie jesteś sam – mówię do niego w myślach. – Weź moją siłę.

Otwieram serce, umysł i duszę. Czuję jak wypływa ze mnie ciepła fala mocy.

– Bierz ile chcesz – mówię do niedźwiedzia. – Możesz wziąć wszystko.

Czuję jak chłonie moją moc.

Niech go otuli, niech napełni go ulgą, promykiem nadziei, spokojem.

Nie proszę o nic. Nie modlę się o to, żeby został uratowany, żeby znalazł jedzenie i wyleczył rany. Być może jego przeznaczeniem jest odejść.

Nie mam żadnych gotowych rozwiązań i niczego nie żądam.

Daje mu tylko moją siłę. Moją moc, mój spokój, moje wewnętrzne ciepło.

Czy znasz to uczucie? Kiedy płaczesz w rozpaczy i niespodziewanie pojawia się w tobie dziwnie zuchwały promyczek szczęścia, nadziei, wiary, pocieszenia?

Przybywa nie wiadomo skąd i karmi cię swoją nieuległą mocą, koi cię swoim ciepłem.

Wszyscy jesteśmy ze sobą powiązani.

Im więcej
oddajesz innym
swojej
wewnętrznej siły,
tym więcej jej masz!

Ktoś wysyła do ciebie ten promyk, tak samo jak ja wysyłam go do rannego niedźwiedzia na polarnych krach.

Cokolwiek ma być, będzie.
Nie staram się zmienić biegu zdarzeń.
I właśnie dlatego udaje mi się go zmienić.

Oddaję tylko moc mojego serca. Otwieram je i mówię światu:
– Bierz ile chcesz.
Jeśli trzeba, weź wszystko.

Jeśli moja moc jest bardziej potrzebna komuś innemu, nie mnie, to jestem gotowa oddać wszystko do ostatniego oddechu.

Gdyby ranny biały niedźwiedź zabłąkany na lodowej pustyni potrzebował całej mojej duszy i całej mojej siły, oddałabym bez wahania.

Ale najbardziej niezwykłe w tym jest to, że im więcej oddajesz, tym więcej jej masz. Stajesz się ośrodkiem mocy. Tak jakby za każdym razem, kiedy ją oddajesz innej istocie, powstawała niewidzialna nić, która prowadzi do niej i z powrotem do ciebie, a z tych nici powstaje coraz większa i bardziej gęsta energetyczna sieć.

Sieć miłości.
Krąg wewnętrznej mocy, która udziela się ludziom i innym istotom.

W ten sposób możesz zmienić bieg świata.

Rozdział 42

Przenieś się duszą do czasu, kiedy twoja mama była małą dziewczynką. Poczuj jak się wtedy czuła. Ile było w niej strachu, niepewności, pragnienia poczucia bezpieczeństwa.

Zobacz jakie miała przestraszone oczy kiedy patrzyła na dorosłych, którzy walczyli ze sobą o chleb, o pieniądze, o wolność.

Czy wiesz, że to, co wtedy przeżyła jako dziecko, miało ogromny wpływ na to, jakim jest dorosłym? Czy wiesz, że jeśli żyła w strachu i niepewności, to nigdy nie czuła się bezpieczna i kochana? A jeśli nie czuła się bezpieczna i kochana, to nigdy sama nie nauczyła się kochać. Dlatego nie potrafi dać poczucia bezpieczeństwa i miłości swoim dzieciom.

To dlatego jest nastawiona krytycznie, oceniająco i władczo. To wypływa z jej podświadomego, nigdy nieukojonego lęku. Nieświadomie usiłuje zdobyć w ten sposób poczucie bezpieczeństwa i własnej wartości, których nigdy nie dostała OD NIKOGO.

Czy wiesz, że ty możesz to zmienić?

Przenieś się w czas, kiedy twoja mama była małą dziewczynką.
Zamknij oczy, odsuń myśli.
Oddychaj.
Otwórz swoje serce, duszę i umysł. One cię poprowadzą.

Zobaczysz swoją mamę jako dziecko.
Patrz na nią, podążaj za nią oczami swojej duszy.
Kiedy poczujesz, że jesteś tam razem z nią, otwórz swoją duszę i wyślij do niej całą swoją dobrą moc. Całą miłość, życzliwość, przyjaźń, czułość, opiekę i dobro.

Bądź przy niej.
Przytulaj ją, uśmiechaj się do niej.
Kochaj ją.

Powiedz jej, że zawsze przy niej będziesz, że zawsze może na ciebie liczyć.

Zobacz jak opromienia ją blask twojej miłości. Poczuj jak się cieszy. Pogłaszcz ją, powiedz do niej:

– Kocham cię, moja kochana dziewczynko. Zawsze będę z tobą. Zawsze będę cię kochać.

Jeśli zobaczysz ją w przeszłości bardzo malutką, weź ją na ręce i kołysz, przytulaj, ogrzej ją ciepłem twojego ciała. Poczujesz jak twoje ciepło przenika do jej krwi, przez jej skórę, do jej serca i jak zasila jej wewnętrzną moc.

Całe zło na świecie bierze się z braku miłości.

Kiedy nie ma miłości, powstaje strach.

Strach zniewala i więzi ludzi w nienawiści, osądzaniu, wywyższaniu się, poniżaniu innych, w bólu, chorobach, słabości i uzależnieniach.

Jeśli chcesz kogoś uzdrowić, można to zrobić tylko za pomocą miłości.

Jeżeli przeniesiesz się w czas dzieciństwa swojej mamy i zobaczysz ją w rozpaczy, bólu, złości albo zbuntowanym uporze, bądź cierpliwy i łagodny. Kochaj. Wysyłaj do niej dobre myśli. Czekaj aż dotrą do jej świadomości. Zobaczysz, że nagle odwraca do ciebie głowę i patrzy na ciebie z lękliwym, niepewnym oczekiwaniem.

Ona tak bardzo pragnie być kochana, ale jednocześnie tak bardzo nie wierzy w to, że zasługuje na miłość i że ktoś po prostu może ją kochać za to, że jest taka, jaka jest.

Po to właśnie ty tam jesteś.

Kochaj ją. Powiedz jej o tym. Otul ją swoim kochającym sercem. Daj jej swoją dobroć, akceptację, przyjaźń i opiekę.

Otwórz swoją duszę, serce i umysł. Przekaż swojej mamie całą swoją dobrą moc. Napełnij ją dobrem, miłością i siłą.

Zobaczysz jak lśnią jej oczy z radości. Poczujesz jej wdzięczność i miłość.

To wszystko zmienia.

Nie mów jej o tym, bo prawdopodobnie twoja mama nie jest gotowa przyznać się przed sama sobą do tego, że nosi w sobie lęk.

Ona jest taka, jaka jest. Zbudowała sobie takie życie, jakie chciała. Z takim życiem jest jej bezpiecznie i dobrze. Nie oceniaj. Nie próbuj jej zmieniać.

Daj jej tylko swoją miłość i wewnętrzną moc.

Połącz się z nią duszą, sercem, uczuciem. Najlepiej jeśli spotkasz się z nią wtedy, kiedy była małym dzieckiem, bo jeśli wtedy dasz jej swoją wewnętrzną moc, to będzie mogła z niej korzystać przez całe życie, także wtedy, kiedy rozpocznie się poród i ty zaczniesz przychodzić na świat.

I być może to, że dzisiaj wyruszysz w taką podróż w przeszłość, spotkasz ją jako dziecko, ukoisz jej lęk, dasz jej swoją siłę, poczucie bezpieczeństwa, przyjaźń, opiekę i miłość, sprawi, że w ogóle będzie w stanie zajść w ciążę, donosić ją i dać tobie życie.

Czyli w pewien sposób ty sam umożliwisz sobie w ten sposób przyjście na świat.

Rozdział 43

Otwórz swój umysł.

Otwórz swoją duszę i swoje serce.

Przenieś się w czasie i spotkaj się z twoim tatą kiedy był małych chłopcem. Dokładnie tak samo, jak spotkałeś się ze swoją mamą.

Zaopiekuj się nim. Daj mu swoją miłość i swoją wewnętrzną moc. Otwórz szeroko swoją duszę i powiedz mu, że jesteś tam dla niego. Powiedz mu, że go kochasz i że zawsze przy nim będziesz. Będziesz się nim opiekował, będziesz go wspierał i chronił.

Pamiętaj, że zło powstaje tylko z braku miłości.

Dorośli mężczyźni swój podświadomy strach i brak poczucia bezpieczeństwa często zamieniają na agresję i przemoc. Czują się tak bezsilni wobec swoich własnych emocji, których kompletnie nie rozumieją i które w pewien sposób dzieją się poza ich możliwością percepcji, że reagują lękiem przeradzającym się w złość i przemoc.

Dlatego rodzice biją swoje dzieci. Czują się tak obezwładniająco bezsilni, że to wywołuje w nich falę agresji, którą kierują na każdą osobę, która znajdzie się w pobliżu. Na dzieci, na żonę, na zwierzęta, na innych ludzi, najchętniej słabszych od siebie.

To nie wynika z ich zła ani okrucieństwa.

Moim zdaniem zło i okrucieństwo nie istnieją jako odrębne cechy. Są tylko emanacją głęboko skrywanego podświadomego strachu, który przejmuje kontrolę nad uczuciami, myślami i czynami. Człowiek wtedy jest jak pies przykuty do łańcucha, który tak bardzo boi się większego cierpienia, że jest gotów odgryźć rękę każdej istocie, która podejdzie zbyt blisko. Nie dlatego, że lubi krew. Tylko dlatego, że miota się w ciasnej klatce własnego przerażenia.

Nie usprawiedliwiam w ten sposób przemocy. Wiem tylko z czego ona się bierze i dlatego jestem w stanie wybaczyć wszystkim, którzy mnie fizycznie skrzywdzili, bo wiem, że sami w pewien sposób byli jej ofiarami.

Wiesz jak to jest.

Niektórzy ludzie potrafią dostrzec i zrozumieć swoje uczucia, a dla innych wizja spotkania z tym, co naprawdę czują, jest tak obezwładniająco przerażająca, że są gotowi przez całe życie odwracać się do samego siebie plecami, byle tylko się tym nie zajmować.

Powiem ci więcej. Alkohol, marihuana, papierosy i inne używki podsuwane ci przez zachodnią cywilizację dodatkowo zatrzaskują wszystkie okna, przez które mógłbyś spróbować zobaczyć prawdziwego siebie. Odcinają wszystkie drogi. Zmuszają cię do tego, żebyś krążył przez całe życie po niewielkim, wewnętrznym labiryncie, starając się niezbyt mocno obijać o mury.

I ciągle, przez cały czas, towarzyszy ci strach, stres, fobie, lęki, nerwice i inne przypadłości.

Czy krążenie po labiryncie twojego strachu jest twoim wyborem?

Tak i nie.

Wybierasz pozostać w sferze tego, co znasz, bo kieruje tobą strach przed nieznanym. Jesteś więc niewolnikiem własnego umysłu.

Stąd bierze się agresja i przemoc.

Nie jest więc teraz ważne jak zachowywał się twój ojciec kiedy byłeś dzieckiem. Być może opuścił dom i założył nową rodzinę, być może bił i wyzywał twoją mamę, być może znęcał się nad tobą, być może był przesadnie surowy i wymagający, być może ciągle cię krytykował, być może nigdy cię nie zaakceptował, być może wstydził się ciebie albo w ogóle nigdy się z tobą nie spotkał.

Odsuń na chwilę wszystkie swoje emocje, swój lęk i poczucie krzywdy.

Uwolnij się od nich.

Cofnij się do czasu, kiedy twój tata był małym dzieckiem. Patrz na niego. Znajdź moment, kiedy zatrzyma się i spojrzy na ciebie.

Przytrzymaj go myślami. Wyślij do niego całą swoją miłość, dobroć i zrozumienie. Zaakceptuj go. Powiedz mu, że go kochasz. Otwórz ramiona i pozwól, żeby się w ciebie wtulił.

Wtedy zrozumiesz jak bardzo potrzebuje twojej siły.

Daj mu całą twoją wewnętrzną moc. Daj mu swoje wsparcie, miłość i przyjaźń. Zaopiekuj się nim tak samo, jak wcześniej zaopiekowałeś się swoją mamą.

Bądź pierwszą osobą, która czyni wyłącznie jednoznaczne dobro.

Dotychczas prawdopodobnie łączyła was tylko milcząca niechęć albo wojna, czyli jedyną aktywną emocją, która was łączyła, był strach. A co można zbudować na strachu? Sam powiedz. Tylko coraz więcej wojny, agresji i nieporozumień.

Spróbuj inaczej.

Poczujesz wtedy coś najbardziej niezwykłego na świecie.

Prawdziwą miłość, której nikt i nic nie jest w stanie umniejszyć ani zranić. Poczujesz w sobie serdeczne, dobre ciepło i sam będziesz chciał dzielić się nim z innymi.

Możesz się przenieść w dowolne miejsce i czas w całym wszechświecie.

Kiedy widzisz kogoś, kto potrzebuje wsparcia albo pomocy, zatrzymaj się przy nim.

Kimkolwiek jest.
W którymkolwiek momencie historii świata.

Zatrzymaj się przy nim mocą swojej duszy.
Zbliż się do niego myślami. Wejdź w jego jaźń. Poczuj to, co czuje.
Nie musisz wiedzieć jak to zrobić.
Po prostu pozwól, żeby to się stało samoistnie.
Bądź tylko obecny i gotowy.
Patrz.
Czytaj jego uczucia. Bądź w jego myślach i w jego ciele.

Nie lituj się. Nie dawaj mu swojego smutku, żalu, gniewu na niesprawiedliwość ani cierpienia z powodu jego bólu.
Wyślij do niego dobro i miłość. Przekaż mu całą swoją wewnętrzną moc. Połącz się z nim mocą twojej wolnej, wszechobecnej duszy. Daj mu swoją siłę.

W każdej chwili możesz przenieść się w dowolny moment i miejsce.

Wszyscy jesteśmy ze sobą połączeni.
Wszyscy żyjemy na planecie utkanej z naszych myśli. Możesz po nich swobodnie wędrować dokądkolwiek zechcesz.

Oczyść swoją duszę.
Karm się dobrem.
Twórz wokół siebie pozytywną przestrzeń.

Tak rośnie twoja wewnętrzna moc.

Możesz się nią dzielić ze wszystkimi istotami, łącznie z samym sobą z przeszłości.

Im więcej oddajesz swojej pozytywnej mocy, tym więcej jej w tobie rośnie.

Właśnie w taki sposób możesz wszystko zmienić.

Swoje życie.

Życie innych ludzi i innych istot.

Nasz wspólną przyszłość.

Cały świat.

Rozdział 44

Myślę, że świat zewnętrzny istnieje w chmurze utkanej z podświadomych oczekiwań i pozorów, a jej siła jest równa mocy wspólnych przekonań zbiorowej podświadomości. Tak tworzy się zbiorowa iluzja, w której żyjemy.

Z jednej strony wiadomo, że to jest iluzja, ale z drugiej strony bardzo trudno ją dostrzec i uświadomić sobie na czym polega, ponieważ wszystko w dostrzegalnym i namacalnym świecie dookoła nas jest tak skonstruowane, żeby do niej pasować.

To oznacza, że ludzie żyjący w iluzorycznej rzeczywistości sami tworzą dowody na to, że ich rzeczywistość jest prawdziwa. Chcą w to wierzyć, bo to daje im pozór poczucia bezpieczeństwa i siły.

Ale tylko pozór. Stąd wzięła się iluzja władzy i pieniędzy, która rządzi światem w naszej zachodniej cywilizacji, mimo że w gruncie rzeczy jest bezradna jak dziecko wobec sił większych od siebie, które naprawdę rządzą światem. Takich jak choćby Siła Natury.

Iluzje kłują, bolą,
przynoszą
cierpienie.

W ten sposób
zmuszają nas
do poszukiwania
prawdy

Kiedyś często się dziwiłam jak to możliwe, że nasza cywilizacja tak bezmyślnie tworzy tak niezwykle autodestrukcyjne iluzje, jak choćby przemysłowo robione jedzenie z dodatkiem toksycznych substancji wywołujących choroby nazwane później „cywilizacyjnymi". Najśmieszniejsze w tym wszystkim jest to, że publicznie mówi się o chorobach „cywilizacyjnych" jako czymś nieuniknionym, okropnym i zagrażającym ludzkości, ale nie dodaje się, że choroby cywilizacyjne są najzwyczajniej w świecie dziełem rąk ludzi tworzących tę cywilizację i że można im zaradzić poprzez wprowadzenie kilku konstruktywnych zmian w sposobie życia i myślenia.

O tym cywilizacja milczy, bo nie chce o tym wiedzieć. To zachwiałoby równowagę iluzji pieniędzy, władzy i wojny.

Ale to nic.

Iluzje są potrzebne.

Wiesz dlaczego?

Iluzje zmuszają nas do poszukiwania prawdy.

Dają nam narzędzia potrzebne do myślenia, kwestionowania, zastanawiania się i odkrywania tego, co jest naprawdę wartościowe.

Iluzje kłują, bolą, dostarczają cierpienia i bólu. Sami je tworzymy, trzymamy się ich i chcemy w nich trwać – bo tak nam podpowiada nasza cywilizacja – ale jednocześnie chcemy się od nich uwolnić.

Podświadomie każdy człowiek wie, że chce prawdziwego bezpieczeństwa, pokoju i miłości. Nie iluzji, która na chwilę przykrywa kolorową mgłą to, co jest przykre, złe albo trudne. Nie iluzji, która karmi nas ładnie wyglądającym jedzeniem nafaszerowanym toksycznymi dodatkami sztucznie pobudzającymi zmysł smaku, zapachu i łaknienia. Nie iluzji, która mówi, że wystarczy dużo zarobić, żeby być szczęśliwym.

Wiem, niby to wszystko wiesz. Kiwasz głową, może nawet myślisz, że to oczywiste i że przecież każdy wie, że „pieniądze szczęścia nie dają".

Ale nie chodzi teraz o to co myślisz.
Chodzi o to co ROBISZ.

Bo jedna z największych iluzji naszego świata polega na tym, że ludzie mówią i myślą co innego, a co innego robią. Każdy klient w kolejce do baru ze śmieciowym jedzeniem wie, że śmieciowe jedzenie jest szkodliwe i powoduje otyłość, a jednak stoi w tej kolejce i oblizuje się na myśl o swoim hamburgerze albo parówce z keczupem.

Rodzic zapytany w programie telewizyjnym odpowie, że oczywiście nie należy bić swoich dzieci, ale potem w domu bije swoje dzieci z poczucia bezsilności.

Wierni przekazują sobie na koniec mszy „znak pokoju", ale po wyjściu z kościoła wracają do swoich wojen, pielęgnują urazy, żale i krzywdy.

Ale to nic.

Iluzje są po to, żeby dać nam siłę do poszukiwania prawdy.

Bo iluzje zawsze bolą. Zawsze przynoszą żal, rozczarowanie i cierpienie.

Kiedy tysiąc razy potkniesz się w życiu o iluzje, w które sam tak chętnie chciałeś wierzyć, w końcu pukniesz się w czoło i postanowisz, że od tej chwili układasz swoje życie wyłącznie w zgodzie z prawdą.

I wtedy właśnie wszystko się zmieni, a ty poczujesz, że wreszcie naprawdę żyjesz.

Rozdział 45

Wszystko jest być może zupełnie inaczej niż ci się wydaje. Przywiązujesz się do swoich wyobrażeń, bo one pasują do twoich podświadomych lęków i oczekiwań. Wierzysz w iluzje i pozory w nadziei, że zdobędziesz w ten sposób poczucie bezpieczeństwa i sensu. Robisz to instynktownie, bez zastanowienia, bo tak cię nauczono. Tak robili wszyscy, których znasz. Zarówno prawdziwi ludzie, jak i bohaterowie filmów czy książek, bo przecież postacie fikcyjne zostały stworzone przez ludzi, którzy wychowali się w świecie podobnym do twojego.

Iluzje działają znakomicie tak długo, jak twoje zmysły są przytłumione alkoholem, papierosami, ekscytotoksynami[7] ze

[7] Przypomnę, że ekscytotoksyny to substancje znajdujące się w glutaminianie sodu i innych dodatkach stosowanych w masowej produkcji żywności. Drażnią komórki nerwowe w mózgu, doprowadzając je do tak gorączkowego dygotania, że powoduje ich śmierć. Ich chorobliwe drżenie przed śmiercią jest odczytywane przez zmysł smaku jako przyjemność, stąd masz wrażenie,

śmieciowego jedzenia i śmieciowymi informacjami dostarczanymi przez środki masowego przekazu.

Odbierasz sygnały ze świata, ale nie jesteś w stanie ich w pełni odczytać i zrozumieć. Żyjesz więc tak naprawdę tylko w połowie. Tylko połowę rzeczy jesteś w stanie pojąć, zapamiętać, dostrzec. I tylko z tego częściowego oglądu świata wyciągasz wnioski, formułując z nich postanowienia dotyczące twojej teraźniejszości i przyszłości.

I ciągle masz wrażenie, że czegoś ci brakuje.

Ciągle czujesz, że gdzieś blisko jest jeszcze coś, czego nie potrafisz uchwycić.

Niby masz wszystko. Niby wszystko wiesz, ale nieustannie towarzyszy ci takie dziwne, trudne do opisania wrażenie, że to „wszystko" wcale nie jest *wszystkim* i że umyka ci coś ważnego.

Jest tak?

A może myślisz, że przesadzam kiedy piszę o tym, że jesteś w stanie odbierać tylko połowę sygnałów i informacji ze świata dookoła?

Nie przesadzam.

Znam to doskonale z mojego własnego życia. Obserwuję to u innych ludzi w różnych zakątkach świata.

Podam ci kilka przykładów. Najpierw ten, który wydaje mi się najbardziej wymowny.

że to jedzenie dobrze smakuje, mimo że w rzeczywistości twoje zmysły są zmanipulowane przez syntetyczny proszek, który mechanicznie zmusza twoje neurony do zachowania, które jest nienaturalne i autodestrukcyjne. Więcej napisałam o nich w książce „Największe kłamstwa naszej cywilizacji".

Każde dziecko wie, że „alkohol szkodzi". Prawda? W miejscach, gdzie sprzedaje się alkohol, jest to wyraźnie napisane. A jednak ludzie wydają się tego nie widzieć i nie rozumieć co to oznacza.

Tak samo jest z palaczami. W Boliwii na opakowaniach jest napisane, że „Nikotyna uzależnia tak samo jak heroina". A jednak ludzie kupują papierosy i je palą, bo jakimś magicznym sposobem informacja umieszczona w widocznym miejscu na pudełku nie dociera do ich świadomości. Czytają, ale nie rozumieją w pełni co to oznacza.

Każdy człowiek o stuprocentowo zdrowym, jasnym umyśle zatrzyma się widząc ostrzeżenie o śmierci albo poważnym niebezpieczeństwie. Zastanowi się na czym polega to niebezpieczeństwo, sprawdzi co ono oznacza i jakie mogą być jego konsekwencje, i dopiero potem podejmie decyzję o tym, czy chce ponieść takie ryzyko.

Tak samo jest z jedzeniem.

Każdy wie, że „śmieciowe jedzenie" jest niezdrowe, bezwartościowe, obniża sprawność organizmu i szkodzi mu na wiele sposobów. Ludzie o tym wiedzą. Słyszeli to wiele razy w telewizji, może od lekarza, może czytali o tym w książce. Wiedzą o tym, ale nie rozumieją co to oznacza, i nie są w stanie zastosować tej wiedzy w praktyce w swoim własnym życiu i dla ochrony swojego własnego zdrowia. Ten temat właściwie ich nie interesuje. Ale zaraz! Kiedy ktoś ci mówi, że twoje życie jest w niebezpieczeństwie, ty po prostu ignorujesz tę informację i obojętnie przechodzisz obok niej?...

Pamiętam co kiedyś myślałam i jakie podejmowałam decyzje. Informacja o tym, że palenie papierosów „powoduje wiele groźnych chorób" istniała dla mnie we mgle. W białej, gęstej mgle, w której ginęły nie tylko informacje, ale i postanowienia, chęci, gotowość do podjęcia wysiłku i zmiany mojego życia.

Miałam wrażenie, że chcę, ale nie mogę. Chcę, ale mam spętane ręce. Chcę, podejmuję decyzje, ale nie jestem w stanie ich zrealizować. Chcę, chciałabym, ale spowija mnie gęsta mgła, która mnie oszałami1a, osłabia, odbiera mi siły.

I tak rzeczywiście było.

Do czasu, kiedy się ocknęłam. Zaczęłam wprowadzać zmiany do mojego życia. Jedną po drugiej, stopniowo, konsekwentnie.

Zaczęłam MYŚLEĆ.

Zaczęłam widzieć, rozumieć, czuć.

Niespodziewanie poczułam się SOBĄ.

To jest najbardziej niesamowite uczucie na świecie!

Czuję, że jestem sobą w kompletny, pełny, najlepszy sposób. Wreszcie niczego mi nie brakuje. Znikła pustka, poczucie nieokreślonego chaosu i niedosytu.

Wiem, że mogę zrealizować wszystko, o czym marzę. Wiem, że znajdę w sobie siłę i umiejętności, żeby to zrobić.

Wiem, że żyję w cudownym, przyjaznym świecie i że to jest dokładnie moje miejsce i czas.

Jestem szczęśliwa, że zajmuję się moimi projektami i pracami. Dziękuję za wszystko, co mam.

Zycie jest obrazem
twojej
świadomości.

Kiedy zmieniasz
swój
sposób myślenia,

zmienia się
jednocześnie
twoja
rzeczywistość.

Czuję się całkowicie spełnionym, szczęśliwym człowiekiem i z radością myślę o tym co było, co jest i co będzie.

O to właśnie chodzi w życiu, prawda?

Kiedyś wydawało mi się, że to musi być bardzo trudne – osiągnąć taki stan i mieć pewność, że przetrwa wszystkie burze.

Teraz wiem, że to jest łatwe.

Zacznij od uwolnienia swojego ciała i umysłu od rzeczy, które je osłabiają i spowijają we mgłę sztucznie wywołanego oszołomienia.

Spróbuj uwolnić się od wszystkich używek i fabrycznie robionego jedzenia. Od mięsa z masowych hodowli, cukru, alkoholu, glutaminianu sodu, aspartamu, syropu glukozowo-fruktozowego i wszystkich innych syntetycznych dodatków. Odłącz się od szumu śmieciowych informacji.

Jeśli zawołasz z niesmakiem i zdumieniem, że nie będziesz przecież jadł trawy i mieszkał na pustyni, to proszę zajrzyj do książek z serii „W dżungli zdrowia”[8]. Tam napisałam wszystko, co wiem o zdrowym i niezdrowym jedzeniu.

Zapewniam cię, że ja nie jem trawy i nie żyję w chacie pustelnika. Dzisiaj ugotowałam zupę z soczewicy z ziemniakami i żółtą papryką. Była pyszna. Na bieżąco wymyślam dziesiątki nowych zdrowych dań.

---

[8] Pięć tomów: „W dżungli zdrowia”, „Moje zdrowe przepisy”, „Moja dieta cud”, „Największe kłamstwa naszej cywilizacji”, „Największe skarby naszej cywilizacji”, wyd. Burda Książki 2014/2015.

Spróbuj zmienić styl życia.

Poczujesz jak twoja dusza zaczyna się budzić do życia. Staje się lekka, radosna, uśmiechnięta, optymistyczna, chętna do działania, spragniona wiedzy i zmian na lepsze.

Poczujesz jak twoje ciało staje się twoim przyjacielem, jest silne, zdrowe, wspiera cię i współpracuje z tobą w każdej sekundzie.

Poczujesz jak otwiera się twój umysł, staje się bystry, sprawny, uwielbia się uczyć i zapamiętywać.

I odkryjesz pewnie, że prawie wszystko, w co wierzyłeś wcześniej, było właściwie komicznie nieporadną iluzją, która dawała ci chwilę ułudnej ulgi, po której zawsze następowało trzęsienie ziemi i katastrofa.

Ale to już przeszłość.

Ten, kto raz się przebudzi, nigdy już nie będzie chciał wrócić do poprzedniego snu w mglistych oparach pozorów.

Życie jest obrazem twojej świadomości. Kiedy zmieniasz swój sposób myślenia, zmienia się jednocześnie twoja rzeczywistość.

Nie tylko ta dotykalna i istniejąca w jednym wymiarze określonym przez czas i miejsce.

Zmieniają się też wszystkie inne równoległe rzeczywistości. Możesz w nich być, jeśli tylko zechcesz. Możesz podróżować między nimi i stawać się częścią wszystkiego. Wszystkiego, co było, co jest i co będzie.

Rozdział 46

Świat jest być może zupełnie inny niż ci się wydaje.

Dopóki patrzysz na niego przez pryzmat tego, czego nauczyłeś się wcześniej, masz w głowie gotowe formułki i przekonania, których właściwie nigdy nie kwestionowałeś.

Wszystko jako dzieci powtarzaliśmy bez namysłu, bo tak nam kazano. Potem posłusznie ruszyliśmy do następnych szkół, gdzie znów kształtowano nasze umysły zgodnie ze stanem ówczesnej wiedzy i nikt nam nie powiedział, że ta wiedza w gruncie rzeczy niekoniecznie mówi nam prawdę o świecie. Mówi nam natomiast bardzo dużo o stanie umysłów naukowców, którzy ją formułowali.

Niedaleko jeziora Titicaca w Peru jest muzeum rzeźb z kultury Pucará. Naukowcy na podstawie znalezisk starają się odtworzyć zasady życia panujące w starożytnej kulturze. Nie ma żadnych świadków, nikt nie może opowiedzieć jak naprawdę było. Można się tylko domyślać, ale wnioski wyciągane przez archeologów są tylko w takiej mierze prawdziwe, jak pozwala na to ich stan świadomości.

W niewielkim muzeum stoi kamienny posąg. Przewodnik mówi, że to jest najważniejsze znalezisko, które mówi nam ogromnie dużo o życiu ludzi w tamtych odległych czasach.

Patrzę na czarny posąg, który ma mniej więcej dwa metry wysokości.

– Spójrzcie – dodaje przewodnik z namaszczeniem – postać trzyma w jednej ręce nóż. W drugiej ręce trzyma ludzką głowę. To dowód na to, że składano ofiary z ludzi i odcinano im głowy takim właśnie kamiennym nożem.

Ale halo, chyba raczej w przedszkolu wyciąga się takie wnioski!

– Ten posąg odzwierciedla też związek człowieka z naturą – ciągnie przewodnik – ponieważ na głowie monolitu są wyrzeźbione głowy pum.

Rzeczywiście, są głowy pum. Jest nóż i ludzka głowa trzymana w ręce.

Ale to może przecież oznaczać wiele innych rzeczy! Choćby to, że w taki żartobliwy sposób ludzie z kultury Pucará informowali resztę świata o tym, że „gotujemy z głową!".

Gotujemy, czego symbolem jest kuchenny nóż, i robimy to „z głową", czyli mądrze, rozsądnie, z namysłem, nie marnując żywności.

Jesteśmy przy tym zwinni i sprytni jak pumy, ponieważ potrafimy w abstrakcyjnie żartobliwej formie przedstawiać sceny z naszego życia. Bawimy się zagadkami, ponieważ nasze umysły są lotne, elastyczne i lubią wyzwania umysłowe. Tak samo jest na pewno z waszymi umysłami, ludzie wiele pokoleń później, którzy bez trudu odczytacie nasze zaszyfrowane komunikaty.

Czy nie zdziwiło cię nigdy to, że przedmioty pochodzące z dawnych kultur są interpretowane w najbardziej prosty, podstawowy sposób? Tak jakby ludzie w tamtych cywilizacjach byli duchowo, emocjonalnie i umysłowo bardziej ubodzy od nas. Mimo że jednocześnie wznosili konstrukcje, których nikt w naszym dzisiejszym świecie nie potrafi odtworzyć! Ich wiedza architektoniczna, matematyczna i astronomiczna była bardziej zaawansowana od naszej. A jednak przypisuje im się najbardziej proste, prymitywne intencje i zachowania, a ich sztukę interpretuje się w najbardziej prosty i prymitywny sposób.

Jeśli ktoś trzyma nóż, to na pewno chodzi o zabijanie. Jeśli ktoś leży bez głowy, to na pewno był ofiarą przemocy.

Ale przecież mogło być tak, że sztukę w dawnych cywilizacjach tworzyli wcale nie historycy, którzy ze śmiertelną powagą wykuwali w kamieniu konkretne fakty, ale poeci dusz, którzy tworzyli metaforyczne, wysublimowane żarty dotyczące wcale nie prawdziwych zdarzeń, tylko kondycji ludzkich umysłów.

To może oznaczać, że wszystkie posągi z kultury Pucará są dowcipnymi zagadkami stworzonymi przez niezwykle inteligentnych rzeźbiarzy, których zadaniem było gimnastykowanie swojego abstrakcyjnego umysłu.

Spójrz jeszcze raz na starożytny rysunek ciała leżącego na ziemi bez głowy. Może wcale nie chodziło o wojnę i śmierć.

Ten kto leży „bez głowy", może być ofiarą własnej bezmyślności, co artysta pokazał w przenośni, żeby go wyśmiać. Kto działa bez zastanowienia, kierując się powierzchownymi przesłankami, czyli kto działa „bez głowy", ten potem upada bezradnie w życiu.

Albo może to być artystyczne wyobrażenie hasła „Nie trać głowy", czyli pochwała umiejętności opanowania, zachowania trzeźwego myślenia w trudnych okolicznościach. Nie trać głowy, skoncentruj się, zbierz myśli i działaj rozsądnie. Bo ten, kto w obliczu strachu albo stresu traci głowę, ten upada.

Moim zdaniem ludzie w dawnych cywilizacjach wiedzieli znacznie więcej niż my. Byli wolni od materialistycznego przywiązania do rzeczy.

Dla Europejczyka instynktownym celem jest gromadzenie pieniędzy oraz przedmiotów, jakie będzie mógł za te pieniądze kupić. Im więcej ma, tym bardziej uważa się za szczęśliwego. Oczywiście w teorii może mówić, że najważniejsza jest rodzina albo Bóg, ale w praktyce chodzi tylko o pieniądze. Wystarczy spojrzeć na życie przeciętnego Europejczyka i sprawdzić ile czasu naprawdę poświęca Bogu, ile rodzinie, a ile zarabianiu pieniędzy.

Pieniądze i wizja posiadania niezliczonych zbiorów przedmiotów korumpują umysł. Zniewalają go. Uzależniają.

Kiedy jesteś uzależniony, tracisz wolność. Także wolność myślenia. To jest niezależne od silnej woli i postanowień. Jest to coś, co po prostu ogranicza zdolności twojego umysłu i swobodę twojej duszy.

To oznacza, że wszystko, na co patrzysz, jest przez ciebie widziane w ograniczony i cząstkowy sposób. Wszystkie twoje pozornie logiczne wnioski będą jedynie cząstkowym i niekompletnym opisaniem świata.

Z takiej właśnie perspektywy współczesna nauka patrzy na ludzi, którzy żyli w przeszłości przed nami. Przypisuje im myśli i cele, jakie sama posiada, zawęża ich sposób postrzegania świata nakładając na niego swój światopogląd.

Mówię ci o tym tylko po to, żeby ci uświadomić, że wszystko jest być może inne niż ci się wydaje.

Tak długo jak patrzysz na świat przez pryzmat tego, co zapamiętałeś i czego się nauczyłeś w szkole, widzisz tylko maleńki wycinek. I w dodatku ty sam nieświadomie nadajesz mu pewne barwy, które odzwierciedlają to, w co wierzysz.

Spróbuj spojrzeć szerzej. Nie tylko oczami i umysłem. Spróbuj spojrzeć swoim sercem, duszą, wewnętrznym okiem.

Wtedy odkryjesz nieprawdopodobnie cudowny, bogaty i niezmierzony świat nieograniczonych możliwości.

Rozdział 47

Biegłam przez las. Był koniec października, cudownie rześkie powietrze polskiej wsi. Bardzo wcześnie rano. Słońce dopiero podnosiło się na niebo, malując na chmurach wstęgi różowego światła. Biegłam powoli, bez pośpiechu, ciesząc się chwilą.

Uwielbiam polską jesień.

Lato jest bardziej ciężkie, szybkie i zachłanne. Rośliny z całych sił czerpią z mocy słońca i ziemi, żeby stworzyć i nasączyć słodyczą owoce. To czas wytężonej pracy, tęgich upałów, skoncentrowania na zrealizowaniu misji ukształtowania nowego życia.

Potem przychodzi jesień, która jest lekka, zwiewna, odpoczywająca. Dojrzałe owoce same spadają na ziemię, drzewa otrząsają się z liści, ziemia przygotowuje się do snu. To czas miłości, radości i siły. Zawsze się tak czuję. Kocham i czuję się kochana. Kocham świat i czuję, że świat odpowiada mi tym samym.

Biegłam więc przez jesienny las. Suche żółte liście szeleściły poruszane wiatrem, śpiewały ptaki zachwycone tym przejrzystym, ciepłym porankiem, niebo wydawało się radosne, bliskie i dobre.

Stanęłam na skraju piaszczystej drogi. Zamknęłam oczy.

Poczułam, że otacza mnie cudownie przyjazna moc. Wypływa w równiej mierze ze mnie, jak i z lasu, z budzącego się słońca, z ptaków i ze wszystkiego, co powstaje z połączenia ich wszystkich. Z moich marzeń, z nadziei i wiary, z przyrody, z powietrza i pierwszych promieni słońca, z oddechu ziemi, kropli rosy i słodkiego soku owoców. Ze wszystkiego, co w tamtym momencie składało się na moją rzeczywistość we wszystkich jej widzialnych i niewidzialnych sferach.

Poczułam, że stoję na krawędzi jednego świata, a przede mną otwiera się zupełnie nowy świat. Wielki, niezwykły, pełen nieznanych zjawisk, tajemnic i nowych odkryć. Wspaniały, fascynujący, zapraszający do niesamowitej podróży.

Gdybym miała narysować to, co wtedy poczułam, narysowałabym to w taki sposób:

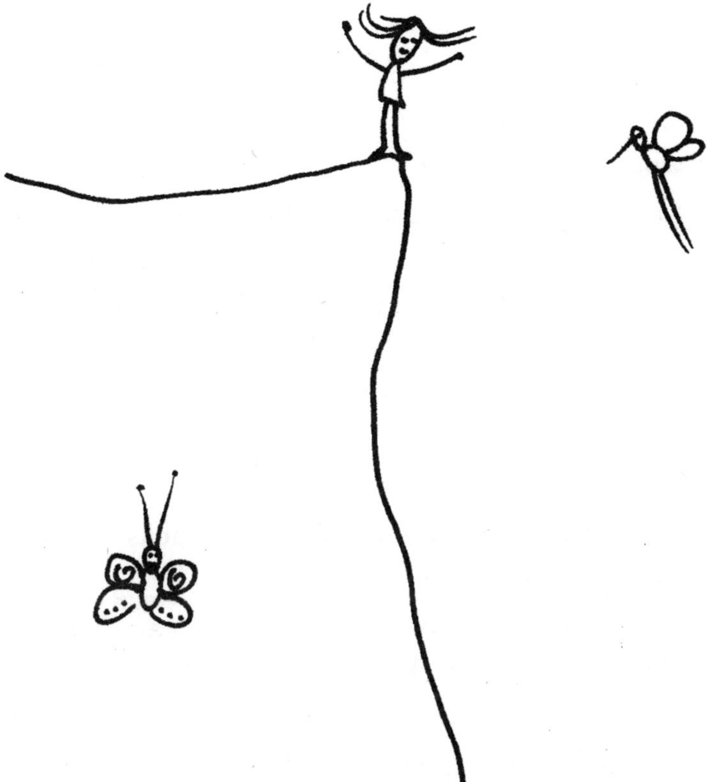

Gdybym mieszkała tysiąc lat wcześniej, kiedy trudno było o dostęp do pióra wiecznego i kartki papieru, zrobiłabym ten rysunek na kamieniu albo skale.

A ty przyszedłbyś do mnie tysiąc lat później z lupą i cyrklem, spojrzałbyś na postać stojącą na krawędzi wysokiej góry i co byś powiedział?

Zapewne coś w rodzaju:

– Na tym rysunku jasno widać, że ludzie w tamtych czasach byli poddawani przerażającym rytuałom. Strącano ich w przepaść, żeby przebłagać bogów. Istnieje nawet przypuszczenie, że niektórzy sami w ten sposób składali swoje ciało w ofierze.

Czy widzisz to co ja?

Umysł człowieka wychowanego w czasach nieustającej wojny o pieniądze, o ropę naftową i o władzę, żyjącego w ciągłym strachu przed atakiem terrorystycznym, biedą, uchodźcami i kradzieżą tego, co zdołał nagromadzić, karmionego codziennymi informacjami o bombach, zamachach, rewolucjach i napadach, jest w stanie funkcjonować tylko w obrębie tego strachu. Podświadomie nakłada ten strach na wszystko, co widzi. Dla niego jest oczywiste, że ktoś stojący nad przepaścią czuje przerażenie i nie chce spaść.

Tymczasem ja stojąc na krawędzi narysowanego przeze mnie świata czułam radość i szczęście. Nie było żadnej otchłani, w którą się spada i która oznacza koniec istnienia. Wprost przeciwnie. Z czubka tego świata, który miałam pod stopami, przechodzi się miękko do następnego świata o wielu nowych wymiarach, który unosi mnie ze sobą tak jak chmurę zaczepioną na niebie. Nic się nie kończy, nie przerywa, nie mowy o strachu, śmierci ani ofiarach.

Jest tylko życie, radość, rozwijanie się, poznawanie nowych światów.

Spróbuj spojrzeć jeszcze raz na swoją rzeczywistość.

Spróbuj zapomnieć o tym, co pamiętasz i co zasiała w tobie zachodnia cywilizacja.

Spróbuj obudzić w sobie czystą, jasną duszę, która jest w stanie nawiązać łączność ze wszystkim, co istnieje dookoła. Także z tym, co było kiedyś i co dopiero się zdarzy.

To fascynujące uczucie.

To zupełnie nowe życie.

Rozdział 48

Przez dziesięć lat mieszkałam pod Warszawą, w miejscowości Mysiadło. Bardzo lubiłam to mieszkanie. Duże, jasne, pełne słońca.

Niedaleko ciągnęły się pola, gdzie rosła kapusta, buraki, ziemniaki i zboża. Często tam chodziłam na spacery. Codziennie rano biegłam na pole przez małą ścieżkę zarośniętą latem wysokimi trawami.

Na końcu ścieżki był mostek.

Przed mostkiem rosły dwa drzewa – dąb i brzoza. Po dwóch stronach ścieżki. Dąb po lewej i brzoza po prawej. Wiem, że byli parą, chociaż dąb niechętnie się do tego przyznawał. Ale brzoza co roku stała jakby trochę bliżej dębu i widziałam jak na wiosnę wyciąga do niego gałęzie z listeczkami.

– Dzień dobry, Dębie Dębowy – mówiłam do niego co rano w myślach. – I Pani Brzozo.

Szeleściły liśćmi w odpowiedzi.

Czasem kiedy wracałam z porannego biegania, stawałam pod dębem i opierałam się o jego korę. To była bardzo przyjemna chwila wytchnienia. Szczególnie w dni świąteczne, kiedy całe miasto spało. Gasł szum samochodów i fabryk, a ja czułam się jak jedyny człowiek na całej planecie.

Pewnego dnia pobiegłam jak zwykle. Wzdłuż pola z kapustą, obok czerniejących łąkowych ziół, w stronę pola, gdzie latem kwitły czerwone maki.

Był listopad. Poprzedniego dnia przyleciałam z Ameryki Południowej, gdzie przez dwa tygodnie wędrowałam po dżungli.

Zatrzymałam się przy dębie, oparłam o niego ręce i policzek. Zamknęłam na chwilę oczy i nagle poczułam coś niesamowitego.

Wewnątrz drzewa jakby coś się przebudziło i skierowało do mnie. Drgnęło i pośpieszyło w moim kierunku, tak jakby oczekiwało na ten moment. Wewnętrzna siła tego drzewa skoncentrowała się nagle w jednym miejscu na korze.

I wtedy poczułam, że polski dąb pobiera ode mnie coś, co we mnie zostało umieszczone. Czyta we mnie! Tak jakby czytał komunikaty zapisane we mnie przez amazońskie drzewa!

To było tak, jakby odbierał przesyłkę nadaną do niego prosto z amazońskiej dżungli! A ja byłam tylko posłańcem, dzięki któremu drzewa mogły się ze sobą komunikować!

Chciałam się ruszyć, ale nie mogłam.

Drzewo trzymało mnie przy sobie.

Uwielbiam polską jesień!

To czas miłości, radości i siły!

Stałam więc bez ruchu i czułam ten niezwykły, przedziwny przepływ informacji, który przechodzi przeze mnie, przez moją krew, moje serce, przez moją skórę i jest wyciągany ze mnie przez polskie drzewo, które w ten sposób nawiązuje łączność z innymi drzewami świata.

Nie broniłam się przed tym i nie czułam strachu.

Czekałam cierpliwie aż dąb przestanie spijać ze mnie pocztę nadaną do niego w Amazonii.

Pomyślałam, że to niesamowite! I jednocześnie zabawne.

Ludziom wydaje się, że są tacy mądrzy i że mają tak cudownie rozwiniętą technologię, która umożliwia latanie samolotami i docieranie bez wysiłku do najdalszych zakątków naszej planety. Myślą, że to jest wielkie osiągnięcie, że to jest dowód na ich nadrzędną rolę, inteligencję i wyższość nad innymi gatunkami.

Tymczasem być może prawda jest taka, że to drzewa wpadły na pomysł, żeby ludzie rozproszyli się po kuli ziemskiej jak kurierzy, którzy będą posłusznie przenosili na swojej skórze informacje, jakie zechcą na nich zapisać inne formy życia.

Dyrektorzy wielkich firm też nie chodzą osobiście do innych prezesów, żeby wymienić z nimi opinie i podzielić się wiadomościami. Mają do tego posłańców.

Kurierowi może się wydawać, że to on jest najważniejszy, ponieważ ma samochód, którym jeździ po mieście, podczas gdy dyrektor zostaje w zaciszu swojego gabinetu na najwyższym piętrze biura.

Ale co właściwie kurier wie o tym, jak naprawdę wygląda życie i praca prezesa?

Nie wie nawet co się znajduje w kopertach, które przewozi. A nawet gdyby którąś z nich otworzył, być może wcale nie umiałby odczytać i zrozumieć tego, co tam jest napisane.

Z nami może być tak samo.

Może to nie my chcemy podróżować i docierać na koniec świata, żeby ogłaszać swoje odkrycia.

Być może jesteśmy tylko posłusznymi posłańcami, którzy wypełniają wolę innych żywych istot, w ogóle nie zdając sobie z tego sprawy.

Być może kierują nami drzewa, a może one też są jedynie częścią większego systemu, którym rządzi ktoś inny.

To niesamowite.

A najbardziej niezwykłe jest to, że TO JEST MOŻLIWE.

Powiem ci jeszcze coś.

Niedawno czekałam na lotnisku na samolot. Zbliżała się północ. Nie lubię nocnych samolotów i staram się ich unikać, ale czasem nie mam wyjścia.

Patrzyłam na zmęczonych pasażerów, którzy opierali się o ściany, siadali na podłodze, głowy im opadały, oczy zamykały się do snu. Nie chciało im się nawet już rozmawiać ani żartować, ani złorzeczyć. Wszyscy szukali każdej najmniejszej okazji, żeby usiąść, odpocząć, zdrzemnąć się chociaż odrobinę.

Brak snu był ważniejszy od wszystkiego!

Ciążyły im torby i plecaki, twarze mieli poszarzałe, włosy zmierzwione. Nikt już nie poprawiał makijażu, rękawów swetra ani rozwiązanych sznurówek. Wyglądali jak grupa nieszczęsnych uchodźców w poszukiwaniu skrawka nowej ojczyzny.

I wtedy mnie olśniło.

Czy wiesz dlaczego człowiek koniecznie musi spać?

Czy wiesz, że bez snu człowiek po prostu umiera? Wiesz dlaczego?

Biolog pewnie powie, że podczas snu powstają nowe komórki potrzebne do zasilenia utrzymujących nas przy życiu układów wewnętrznych: odpornościowego, kostnego, mięśniowego i nerwowego.

To wszystko prawda, ale wydaje mi się, że nie cała.

Człowiek został w taki sposób zaprojektowany przez naturę w jednym, bardzo ważnym celu.

Żeby za bardzo nie przeszkadzał i nie zdążył za dużo zepsuć na świecie.

Zobacz. Jesteśmy trochę jak żywe roboty zaprojektowane w taki sposób przez Naturę, żeby mieć ograniczone zasilanie.

Ludzie uważają siebie za władców planety, ale w gruncie rzeczy są bardzo bezbronni i słabi. Wystarczy człowiekowi zabrać wodę, żeby umarł po trzech dniach. Wystarczy człowiekowi zrobić za zimno albo za gorąco, żeby przegrzał się na śmierć albo zmarł z powodu wyziębienia.

Wystarczy pozbawić go snu, żeby osłabł i stał się niezdolny do normalnego funkcjonowania.

Myślę, że to nie jest przypadek.

Codziennie wieczorem połowa ludzkości żyjąca na jednej ziemskiej półkuli zasypia. Przestaje pracować, przestaje śmiecić, przestaje niszczyć środowisko przestaje stosować przemoc i dążyć do bezwarunkowego zarabiania coraz więcej pieniędzy. Zasypia. Nie jest w stanie dłużej handlować, wycinać i betonować.

Ludzie zaczynają mrugać ze zmęczenia, potem ich wewnętrzne systemy coraz bardziej zwalniają, praca przychodzi z coraz większym wysiłkiem, aż wreszcie poddają się, zdejmują z siebie ubranie i całkiem bezbronni kładą się pod kołdrami. Zapadają w sen i w tym momencie całkowicie tracą władzę nad swoim życiem.

To niesamowite!

Władcy świata są w rzeczywistości słabi jak niemowlęta. Nie mają żadnego wpływu na to, co podczas snu dzieje się z ich ciałami. Nie mają nawet cienia pewności, że dotrwają do świtu i że będzie im dane o poranku otworzyć oczy.

W ten sposób Natura ma nad nami kontrolę.

Codziennie połowę ludzkości wysyła w niebyt snu i wtedy naprawia to, co ludzie zdążyli popsuć w ciągu dnia.

Widzisz?

Wszystko jest tak, jak powinno być.
Wszystko, co się dzieje na świecie, ma jakiś sens.

Czasem nie jesteśmy w stanie go zrozumieć i objąć naszym ludzkim rozumiem, ale to nieistotne.
Nie chodzi o to, żeby stworzyć kolejny komplet nikomu niepotrzebnych definicji i system martwych nauk.
Chodzi o to, żeby ŻYĆ.

Chodzi o to, żeby oddychać, czuć, kochać.
Kochać życie.
Być otwartym na to, co jest.
Zaufać, pozwolić się prowadzić.
Odkrywać.
Zdumiewać się i cieszyć.

Wtedy poczujesz, że jesteś kochany.
Przez wszystkie możliwe wymiary rzeczywistości, przez czas, przez ziemię, powietrze, wodę i słońce.
I wtedy zrozumiesz.
Także to wszystko, co dzisiaj wydaje ci się takie trudne i zawikłane.

Rozdział 49

Jechałam przez góry w Boliwii. Był koniec dnia, ostatnie promienie słońca, cztery tysiące metrów nad poziomem morza. Mało tlenu w powietrzu, niskie ciśnienie, przenikliwy chłód skuwający ziemię po zmroku.

Kiedyś w tych okolicach mieszkali Inkowie. Uprawiali ziemniaki, kukurydzę i kaszę quinoa. Czcili ziemię, słońce i góry, bo od nich dostawali to, co jest potrzebne do życia. Wystarczy spędzić kilka nocy w wiosce andyjskich Indian, żeby to zrozumieć i poczuć to samo. Wstać przed świtem w zmrożonej ciemności, umyć się w lodowatej wodzie, a potem z największą wdzięcznością zjeść na śniadanie talerz gorącej zupy z andyjską marchewką.

Patrzyłam w gęstniejący mrok za oknem. Nagle na poboczu pojawiła się Indianka. Drobna, szczupła staruszka w kolorowej spódnicy, z tobołkiem na plecach. Drobnymi krokami, ale szybko i zdecydowanie szła naprzód, trochę skulona przed wieczornym chłodem.

Zatrzymałam się przy niej myślami. Poczułam jej odwagę, upór, wytrwałość. Zimne policzki i przyśpieszone bicie serca. Zdrętwiałe dwa palce, którymi przytrzymywała ładunek zawinięty w pasiastą tkaninę.

– Ogrzewam cię myślami – pomyślałam. – Weź moje ciepło, weź moją moc, moją siłę.

Indianka uśmiechnęła się do mnie.

Podeszłam do niej i wyciągnęłam ręce, żeby ją podnieść. Poczułam jak cofamy się w czasie do miejsca, w którym ona najbardziej potrzebowała wsparcia. Była teraz małą dziewczynką o rumianej twarzy i czarnych oczach. Kołysałam ją w ramionach i mówiłam:

– Moja śliczna, moja kochana, jesteś bezpieczna. Już wszystko dobrze, teraz odpocznij, śpij spokojnie, jesteś ze mną. Kocham cię.

Była otulona kocem, ciepła, roześmiana, szczęśliwa. Czułam jak jej serce uspokaja się, chłonie radość i buduje z niej swoją siłę, która poprowadzi ją w przyszłość przez życie.

– Wszystko będzie dobrze – powiedziałam do niej. – Ja zawsze będę z tobą, zawsze dam ci ciepło, miłość i wsparcie. Zawsze kiedy będziesz mnie potrzebować.

Indianka podniosła oczy, spojrzała na mnie i powiedziała:

– Ty jesteś Pachamama!

Uśmiechnęłam się do niej.

Przez chwilę była jeszcze dzieckiem w moich ramionach i jednocześnie staruszką w tradycyjnej andyjskiej spódnicy i grubych rajstopach. Patrzyła na mnie lśniącym wzrokiem.

Ludzie myślą, że
chcą podróżować.

Ale być może
w rzeczywistości
jest _zupełnie_ inaczej :)

Pachamama to Matka Ziemia, bogini andyjskich Indian. Właściwie „bogini" to nieodpowiednie słowo, ale w naszej zachodniej cywilizacji nie istnieje pojęcie, które określa obecność mocy, która daje życie, rozwój i siłę wszystkim istotom.

Słowo „Bóg" pochodzi ze sfery rozmaitych religii, które zbudowały je w taki sposób, żeby odpowiadało ich potrzebom i służyło królom, dla których religie były ważnym narzędziem sprawowania władzy.

We współczesnych religiach „Bóg" jest czymś dowolnym. Można wybrać sobie Boga i religię. Można zmienić Boga i religię. Można przyjść do kościoła lub świątyni albo nie przychodzić. Można się modlić i odprawiać rytuały albo nie mieć z nimi nic wspólnego.

Możesz nawet mieć wrażenie, że w naszej zachodniej cywilizacji relacja człowieka z Bogiem jest zależna od człowieka, bo to on wybiera w kogo wierzy i czego od swojego Boga oczekuje.

Zabawne.

Najbardziej krucha i bezbronna istota na Ziemi usiłuje być Bogiem dla Boga, którego wybiera spomiędzy innych Bogów jak gruszkę na stoisku z owocami. No, ale mniejsza z tym. Ludzie robią to co robią do czasu kiedy odkryją, że można robić coś innego albo inaczej.

Wracam do andyjskiej Indianki w górach Boliwii.

Gdyby ta staruszka umiała napisać książkę, to zapewne napisałaby czym jest Bóg, ponieważ ona osobiście przeżyła wizję i doświadczyła łączności z Bogiem. Z jej subiektywnego punktu widzenia Bóg zatrzymał się przy niej, wybrał ją, przemówił do niej i obiecał jej wsparcie. Dał jej ciepło i miłość, które wypełniło jej serce. Z jej perspektywy wtedy zdarzył się też pewien cud, ponieważ w jednej chwili z jej duszy znikła pustka, samotność, chłód, które towarzyszyły jej przez całe życie, a w ich miejsce pojawiła cię nadzieja, obietnica, wiara i serdeczne ciepło.

Tak naprawdę to wcale nie był Bóg, bo przecież to byłam ja, kiedy zatrzymałam się między warstwami rzeczywistości. Dałam jej tylko ciepło mojego serca i moich myśli. Podzieliłam się z nią moją wewnętrzną mocą. Tylko tyle. To potrafi zrobić każdy człowiek, jeśli tylko oczyści swoją duszę z ograniczających nakazów i definicji zapisanych w nim przez cywilizację skupioną na materialistycznym dążeniu do posiadania.

Ja nie miałam żadnej nadzwyczajnej wiedzy. Pozwoliłam tylko, żeby staruszka sama zabrała mnie do takiego momentu w jej życiu, który był decydujący i stanowił ważny punkt zwrotny, mimo że ona wcale nie zdawała sobie z tego sprawy. Jej dusza sama mnie tam zaprowadziła i wtedy właśnie zorientowałam się, że mam przed sobą małe dziecko, które jest niepewne, przestraszone i wydaje się, że jego serce na chwilę stanęło.

Być może było chore, może tylko zmarznięte, a może straciło rodziców, nie wiem, ale to nie było ważne. Najważniejsze było to, że to była chwila, w której na zawsze zmieni się jej życie, bo to, co zostanie zapisane wtedy w jej podświadomości, będzie ją później prowadziło dalej.

Wzięłam to dziecko w ramiona i przytuliłam. Chciałam dać mu ciepło, poczucie bezpieczeństwa i pewność, że jest kochane, akceptowane i potrzebne. Z takiego podświadomego przekonania wypływają później fantastyczne życiowe konsekwencje. To jest jak ciepły, przyjazny płomień, który zawsze płonie w twojej duszy i zawsze możesz zaczerpnąć z jego mocy, niezależnie od tego jak trudne, ciężkie i skomplikowane wydają się sprawy.

Tak, to jest ten sam płomień, który posiałam w sobie z przeszłości kiedy byłam już dorosła ☺ A najbardziej niezwykłe jest to, że ten płomień staje się tym bardziej mocny, im więcej oddajesz go innym. Ale to odkryłam dopiero po pewnym czasie.

Stało się więc tak, że zobaczyłam staruszkę wędrującą poboczem drogi w boliwijskich Andach. Zatrzymałam się przy niej myślami, a ona sama zabrała mnie do miejsca w czasie, kiedy potrzebowała wsparcia i pomocy.

To co poczuła mogło zostać przez nią odebrane jako spotkanie z Bogiem, zresztą ona sama powiedziała do mnie, że jestem Pachamamą, co wtedy mnie zaskoczyło, ale po chwili zrozumiałam coś niezwykłego.

Zobacz.

Być może w taki właśnie sposób powstały różne dokumenty uważane dzisiaj za Święte Księgi napisane na podstawie relacji o wizjach i spotkaniach z Bogiem.

Być może to byłeś ty, który cofnął się w czasie i dał komuś swoją moc! Nie byłeś oczywiście Bogiem, byłeś tylko sobą, ale dla kogoś, kto doświadcza nagłego spokoju, ulgi, szczęścia, nadziei, i kto wierzy w materialistyczne religie współczesnego świata, to mogło wyglądać jak cud i obcowanie z Bogiem.

Rozumiesz?

To my tworzymy wszystko, co jest.

Jesteśmy częścią Siły, która daje życie.

Nasze możliwości są tak ogromnie wielkie i piękne, jak sam wszechświat.

Rozdział 50

To właśnie chciałam ci powiedzieć.
Wszystko jest tak, jak powinno być.
Nie jesteśmy ani ofiarami, ani ciemiężcami.

Jesteśmy tylko w pewnym punkcie drogi, która prowadzi nas do miejsca, w którym mamy się znaleźć.

„My" jako ludzkość i każdy z nas z osobna, bo ta droga jest wspólna, ale jednocześnie składa się z pojedynczych wędrówek każdego z nas.

Już teraz wiesz wszystko, co jest ci potrzebne, i znasz odpowiedzi na wszystkie pytania. One są w tobie. W twoim umyśle znajdują się okruchy całej wiedzy, która istniała, istnieje i będzie istnieć. Masz do niej dostęp w każdej chwili, a jeśli masz poczucie, że wciąż czegoś ci brakuje, to tylko dlatego, że szukasz dookoła zamiast spojrzeć w siebie.

Otwórz swój umysł i otwórz swoje serce.
Oczyść swoją duszę.

Spróbuj znaleźć iluzje, które ograniczają twoje pole widzenia. Kiedy nazwiesz je po imieniu, odbierzesz im moc.

To co jest proste, wydaje się najbardziej trudne, ale jest tak tylko dlatego, że patrzysz na to poprzez schemat myślenia, do którego jesteś tak przyzwyczajony, że wydaje ci się jedyny możliwy – mimo że istnieje wiele możliwości patrzenia na daną sprawę i rozumienia czym ona jest.

Spróbuj oswobodzić swój umysł.

Spójrz na świat tak, jakbyś nie widział go nigdy wcześniej.
Spróbuj spojrzeć w taki sposób na swoje życie.

Powiem ci, że to jest najbardziej fascynująca rzecz pod słońcem.

Wyjść z więzienia schematów, które powierzchownie porządkują rzeczywistość i dają złudzenie kontroli.

Poczuć w sobie prawdziwą siłę, która istnieje w zgodzie ze wszystkim, co ciebie otacza, wspiera i jest wspierana.

Doświadczyć totalnej wolności, która jest jak przyjazny ocean, w którym zanurzasz się, a on dalej unosi cię w przyszłość.

I móc jednocześnie w każdej chwili dotrzeć w dowolne miejsce czasu przestrzeni, żeby spotkać się tam z tym, co czeka na ciebie. Także jeśli jesteś to ty sam z czasów zamętu i burzy.

Jesteś jednością ze wszystkim, co istnieje. Stanowisz część wszystkiego. Masz dostęp do wszystkich wymiarów rzeczywistości. Możesz podróżować między światami. Jeżeli tylko zechcesz.

Jesteś jednością
ze wszystkim,
co istnieje.

Masz dostęp
do wszystkich
wymiarów
rzeczywistości.

Możesz podróżować

między światami.

Beata Pawlikowska

październik 2015

ZOBACZ WIĘCEJ Z TAP2C

Przygotowaliśmy dla Ciebie wyjątkowe multimedialne materiały i niespodzianki. Możesz je obejrzeć na smartfonie lub tablecie. Potrzebujesz tylko aplikacji TAP2C.

1

Pobierz i uruchom darmową aplikację TAP2C dostępną na Google Play i AppStore

2

Zeskanuj okładkę

3

Znajdź zdjęcia oznaczone ikonami

4

Dotknij, gdy pojawi się ikona i ciesz się dodatkową treścią

TAP2C | www.tap2c.com

Od Autorki:

Lubię przecinki. Daję im artystyczną wolność, nieskrępowaną schematem. Przecinek mówi czasem więcej niż słowo, zatrzymuje myśl, oddziela znaczenia, a czasem nadaje im nowy sens. Także wtedy kiedy znika.

I dlatego przecinki w tej książce są postawione i zniknięte zgodnie z artystyczną wolnością, wbrew zaleceniom korekty i na moją odpowiedzialność.

Edipresse Polska SA, ul. Wiejska 19, 00-480 Warszawa

Dyrektor ds. książek: Iga Rembiszewska
Redaktor inicjujący: Natalia Gowin
Produkcja: Klaudia Lis
Marketing i promocja: Renata Bogiel-Mikołajczyk
Digital i projekty specjalne: Katarzyna Domańska

Tekst, rysunki i zdjęcia: Beata Pawlikowska
Projekt okładki: Beata Pawlikowska i Maciej Szymanowicz
Opracowanie graficzne: Beata Pawlikowska i Maciej Szymanowicz
DTP: Maciej Szymanowicz

EDIPRESSE KSIĄŻKI

Biuro Obsługi Klienta
www.hitsalonik.pl
mail: bok@edipresse.pl | tel.: 22 584 22 22
(pon.–pt. w godz. 8:00–17:00)
www.facebook.com/edipresseksiazki

Druk i oprawa: Skleniarz, Kraków

ISBN: 978-83-7945-227-9

POLECAMY:
Beata Pawlikowska

BLONDYNKA NAD GANGESEM

SZCZĘŚLIWE GARNKI.
Kulinarna książka z przepisami na wiosnę

SZCZĘŚLIWE GARNKI.
Kulinarna książka z przepisami na lato

SZCZĘŚLIWE GARNKI.
Kulinarna książka z przepisami na jesień

SZCZĘŚLIWE GARNKI.
Kulinarna książka z przepisami na zimę

SZCZĘŚLIWE GARNKI.
Kulinarna książka z przepisami na święta

SZCZĘŚLIWE GARNKI.
Kulinarna książka z przepisami na ciastka

MIĘDZY ŚWIATAMI

SOKI I KOKTAJLE ŚWIATA

SZCZĘŚLIWE GARNKI.
Kulinarne przepisy na cztery pory roku.
Wybrane najlepsze przepisy

KOT DLA POCZĄTKUJĄCYCH